上海市知识青年历史文化研究会

知识青年历史文化丛书

海外扬帆

与新中国同成长的那代人

方 韧 主编

上海人民出版社

海外扬帆

不负韶华

樊心瀚

二〇二〇 八六

目 录

序
我要做骄傲的中国人

读完《海外扬帆》，我的心情久久不能平静。这本书的作者们，是一批当年上山下乡的上海知青，书中展现的天地，不是知识青年在农村的经历，不是当年知青常说的"广阔天地"，而是一个更为辽阔、更为宽广的天地。这个天地，包容了五洲四海，远及世界的多个角落。本书是记录上海知青走向世界、创造辉煌的一本书。

经历过上山下乡的这一代人，他们的人生，并没有被定格在历史的那一页中。上山下乡的经历，对大部分知青来说，是初涉人生的第一课，是漫长生命之路的开场。尽管艰苦曲折，但对有志向、有情怀的年轻人而言，这一段经历是磨砺，是淬火，是准备。我想起了诗人邵燕祥写过一首题为《记忆》的诗，很短，却很有意思：

记忆说：

我是盐。

别怨我撒在你的伤口上，

让你痛苦。

把我和痛苦一起咽下去——

我要化入你的血。

我要化入你的汗，

我要让你

比一切痛苦更有力。

在这一代人的精神史中，上山下乡的经历应该像这首诗中说的那样，成为盐，撒在伤口上，并不是为了折磨人，而是为了使记忆者的骨骼更为坚强，思想更为深邃，因而也更加有力量。这样的盐，谁能够消灭，谁能够拒绝呢？

《海外扬帆》这本书，展现的就是上海的知青离开农村后的经历。他们从那个时代走出来之后，去了哪里？做了什么？他们在人生舞台上，又续演了什么样的剧本？书中的37篇文章，展现了37位上海知青走向世界的人生经历。他们的人生舞台，五花八门，七彩纷呈。这本书的作者有几个共同点：（1）都是当年知青，有过上山下乡的经历；（2）都先后走出国门、走向世界，成为和世界各国发生千丝万缕关系的中国人；（3）都保持着积极的人生态度，从未放弃对理想的追求。即便是在混沌灰暗之中，理想之光一直在他们的心头亮着。这是他们克服困难、逾越障碍、走出困境的精神力量。

这本书中的37位上海知青，用他们的智慧才华，用他们的坚韧毅力，在世界各地，在不同领域创造了成功的业绩。他们之中，有的成为世界名校的校长，有的成为著名的学者、科学家、作家、医生、艺术家，有的成为创业成功的企业家、投资者。有的虽然并没有显赫的地位和名声，但生活得充实、丰富而平静，向世人展示着中国人的美好形象。这些走向世界的当年知青，有一个共同的特征，他们始终保持着对美好理想的追求，保持着积极的人生态度，不遗余力地弘扬人间真理和美好善良，也没有忘记在海外弘扬传播中华文化和中国人的精神。他们一直在默默地激励自己："我要做骄傲的中国人。"

我也是当年的知青，这本书引起了我的强烈共鸣。我由衷地为这些同辈人骄傲。能为这本书作序，也是我的荣幸。

赵丽宏

2024 年 8 月 2 日于四步斋

前　言

1949 年 5 月 27 日，上海解放。10 月 1 日，中华人民共和国正式成立，那个年代出生的人都被称为新中国的同龄人。

他们和新中国同甘共苦。十几岁时，他们中的绝大多数人打起背包到农村去、到边疆去，肩负着时代的重任，投身广袤的田野，将青春献给了祖国的农村。1972 年，美国总统尼克松和日本首相田中角荣相继访华，随后中日邦交正常化，中美建交。党的十一届三中全会后，中国迈出了改革开放的步伐，国门打开了，出国留学、研修考察、投资移民一时掀起高潮。这代人结束"土插队"的生涯，回到城市时大多已过而立之年了。然而为了追求梦想，他们中的不少人再次打起背包走向海外，开始了"洋插队"的生活。

本书中的 37 位作者都是新中国成立前后出生的普通的上海人，他们中有自中国公安部 1978 年受理自费出国申请后第一波出国留学的自费生，也有 1972 年中日邦交正常化、1979 年中美建交后首批赴美、赴日或赴欧的公费留学生、进修生。其中大多数的自费生，因那时人民生活并不富裕，只能向亲朋好友借款出国留学。

本书的作者，用自己的亲身经历叙述了他们在异国他乡的奋斗，以及与海外友人的交往；记述了对家乡的思念之情，以及对祖国的深深眷恋。他们怀着让世界了解中国、让中国了解世界的心愿，在地球村里当起了民间的友好使者，架起了跨越五大洲四大洋促进世界经济文化交流的桥梁。每一个人的故事都饱含深情，令人动容。通过品读这些故事，我们能够了解到这代人在海外生活的艰辛与不易，以及他们面对挑战时的勇气与坚韧。

我们希望这些故事不仅是一代人的记忆，还能够流传久远，激励更多的人勇敢面对生活挑战，追求梦想！

本书编委会
2024 年 7 月

一、东渡亚洲

从东京白领到沙漠卫士

易解放

1949 年 5 月 27 日，上海解放了。翌日，我呱呱坠地，来到了人世间。6 月 6 日，爸爸到派出所给我报户口。民警问："叫什么名字呀？"爸爸说："上海解放了，就叫易解放吧！""好啊，易解放！今天报户口，出生日期就写今天了。"民警这么对我爸爸说。

下乡知青成长为教育战线的三八红旗手

我与新中国一起长大，有一首歌唱道："我们这一辈，和共和国同年岁，上山练过腿，下乡练过背，学会了忍耐，理解了后悔，真正尝到了做人的滋味……"

我家有兄妹六人，我是长女，为了减轻家庭负担，1968 年 11 月 11 日，我跨出上海市第八女中的校门，毅然打起背包前往江苏省盐城大丰上海农场。

从繁华的大城市上海来到黄沙飞扬的东海之滨大丰农场。我们在当地老干部的带领下，种植棉花，围垦造田，修建水利，春耕、夏锄、秋收，学会了各种各样的农活。我从小喜欢唱歌跳舞，经常参加文艺节目排练演出，受到了大家的好评。

1972 年上海师范大学文艺系来农场招生，我获高票通过，被推荐去上海师范大学文艺系读书。1974 年大学毕业后，我来到上海豫园中学当音乐教师，是全校 18 个班级中唯一的音乐老师。我用心上好每一堂课，同时成立了乐队和舞蹈队，参加区市级比赛时屡屡获奖。

1978 年，我与杨安泰结婚了。老杨是上海第二医学院（以下简称"二医大"）64 届毕业生，有教养、有信用、脾气好，像个老大哥呵护着我。我俩属于高龄结婚，医院根据我全血指标低下的身体状况，告诫我很难怀孕。感恩上苍光顾，出乎意料结婚第二个月我就怀孕了，这让我们夫妇俩欣喜万分！可当时我国的经济状况还很落后，上下班乘坐的公交车拥挤不堪，我上班要转三趟车，腹中孩子的安危成了我的心病。有一次，我的孕肚被挤撞到公交车的扶手角上，差点导致流产。为了保住孩子，我申请调到我家附近的虹口区教育局工作。报到后，我被直接借调到虹口区团委，负责基层学校的少先队建设工作。那时，我每天挺着大肚子，几乎跑遍了虹口区所有的中小学。那年 12 月 1 日，天使般可爱的孩子降世了。产假休完后，组织照顾我，让我在离家 3 分钟路程的全日制实验学校担任团委书记。孩子一岁半后，我又被调到虹口区青少年教育办公室工作。

1978 年，改革开放的春风势不可挡，求学历争文凭的潮流席卷全国。我虽有上海师范大学文艺系毕业的文凭，但为了适应国家发展的需要，我向虹口区领导提出了脱产到教育学院读中文系的申请。领导说："你工作这么多年了，有了大专学历，工作业绩也蛮优秀，你年纪不轻了，又要工作，又要带孩子，再去读中文系，你吃得消吗？"同事们也说："你已过了读书年龄了，何必再寒窗苦读呢？吃吃老本足够了。"可我觉得吃老本无出息，偏偏不听劝说，义无反顾地放弃了提干的机会，去教育学院中文系脱产学习。三年时间里，我如饥似渴地读书，学期考试成绩总是名列前茅，最终以优异成绩取得了中文系文凭，被安排到虹口区电大干部进修学院（以下简称"电大"）当教师。我的学生都是机关干部，他们是来补习高中课程的，如果学期结束考试不及格，拿不到高中文凭，就不能在政府机构留任。我体会到他们的辛苦，于是自己放弃双休日休息，加班加点给学员们补课。看到一批批学员取得了合格证书，我很开心。为此，我于1987年被评为上海市虹口区教育战线的三八红旗手。

我的留学生涯

我是一个始终有追求的女性。在中文系读书时，我曾经读过周作人先生翻译的日本文学作品《古事记》，觉得译本读起来不够流畅，便希望自己将来能够学好日语，试着重新翻译《古事记》。我期待中日之间的文化能够更好地交流互鉴。

20世纪80年代，乘着改革开放的春风，我毅然辞去电大老师的工作，在1987年10月18日告别丈夫和不满8岁的儿子，开始了日本的留学生涯。那年我已经38岁了，第一次尝到了什么叫背井离乡、寄人篱下。

来日本前我仅学了几句日语，到了日本后语言不通、举目无亲，又无人领路，经朋友的朋友介绍，先借居在东京偏远地区的朋友家里，刚进门就被下了逐客令："你只能借住一周！"我一下子坠入了生活的窘境。我第一天是黑夜时分被人带过来的，没有看清路，次日白天想出去走走，又怕走丢了。房东也不理我。离开上海时，我听说东京很繁华，什么都有，于是行囊中连一块小饼干都没有带。就这样，我在借住的房子里饿了三天三夜。终于，女房主带我去商业街转了一圈。我记住了哪里有电话亭，哪里是车站，买了最低价的米和菜、最便宜的鸡翅鸡腿回家了。此后几乎每餐都是同样的料理，怎么省钱怎么过，弄得我至今都不想再吃鸡。七天后，我请人帮忙在东京东中野车站附近找到并租了一间不到8平方米的没有窗户、终日不见阳光，过道狭窄得要侧身才能通过，简陋得无法再简陋，租金却不便宜的房子，暂时落了脚。此处唯一的优点是离市中心近，交通方便。

为了快速闯过语言关，我白天在日语学校认真听讲，晚上拼命补习。我经朋友介绍在学校附近找了一家盒饭店打工，店员对我非常好，一边教我做盒饭，一边揣着日汉字典教我学日语，我们成了好朋友。三个月后我可以自由出行东京了，四个月后我到百货公司一家妇人服装店打工。其间，我开阔了眼界，认识了很多有教养的朋友，学到了许多日本的生活常识，领略了日本文化。自费留学学费很贵，那时我总是省吃俭用，能省则省。在百货公司打工半年，我每天都会经过一家和式糕饼店，看着一款款精致美味的糕点，好想吃呀，可是每次看着标价100日元的糯米团子，我心中总是盘算着"国内这个价格可以买多少斤蔬菜和米"。为了省钱，为了早日把家人和孩子接来日本团聚，尽管心心念念地馋了半年多，我硬是没有勇气花100日元买一个尝尝……总是想着多攒点，盼着一家人早日团聚，一起共享这美味的糯米团子。

在语言学校读书时，我的目标很明确，一年半后要去报考大学研究生。我把这个想法告诉了班主任老师，她说："你日语没有基础，一年半要考研究生？这是异想天开，如果考上了我给你戴大红花。"其他老师看我这么自信，都鼓励我加油。这一年半里，我白天在学校攻读日语，下课后就去打工。

为了生存和交学费，我一天打三份工。上午去盒饭店做盒饭、送盒饭，午餐免费。下午去日语学校上课，晚饭是盒饭店老员工打包给我带着的，他们特别照顾我。晚上赶到百货公司服装店卖服装，店长特别照顾，让我躲在更衣室匆匆把盒饭吃完。对面茶叶店的店长还会亲切地送来一杯热茶，非常暖心。当时的中日民间氛围确实很好，令人怀念。很多上了年纪的日本民众确实在历史问题上对中国怀着负罪感和赎罪感。服装店工作结束后，一周两个晚上我还得赶到日中贸易公司，给企业领导上中文课。服装店店长觉得我人很机灵、销售业绩好，对我特别照顾，还教我学日本文学故事。有时候我实在累了，站着都会睡着，店长也不责怪，还让我到试衣间休息一会儿。半年后，要离开那个百货大楼和服装店时，我怀着感激之情写了一篇动情的散文，没想到被登载在《明亮的生活》杂志的头版。要知道，能在那本杂志上发文章的大多是日本的名人。

一年半后，我如愿以偿考取了日本重点大学国立お茶の水女子大学教育学部国文学科研究生。那年，我正值四十不惑之年。

进入大学院学习后，我好胜心强，学习十分努力，不输给年龄比我小一半的日本学妹们。1989年暑假，日本在石川县举办了第一届国际留学生交流大会，从全国著名大学挑选300位优秀留学生参加，我在国立お茶の水女子大学的众多留学生中被选中参加。在那年的"石川县第一届国际留学生交流大会"期间，我第

易解放（中）与两位留学生在お茶の水女子大学校庆时表演节目后的合影

一次走进日本人的家里，和他们同吃同住、互相交流，受到了主人一家的盛情招待，了解了普通日本家庭的生活习惯及石川县的历史文化，受益匪浅，终生难忘。今年（2024 年）元旦，石川县发生了强烈地震，遭受了重灾，我非常担忧牵挂当年曾经接待过我们的那些石川县的日本友人，如今他们是否安好？但愿他们能够躲过这一劫难，平安地活着。

1990 年年初，我被日本交通公社集团公司 JTB 的信息管理分公司录用。从事电脑系统信息资料的管理，以及对中国的海外业务接待。JTB 集团公司是日本女大学生就业时的首选。凭我一个人做三个人工作的能力，我在公司里站稳了脚。那时我边读书边工作，收入丰厚。我家先生老杨在加拿大医院做访问学者结业后，也来到东京，开了一家保健诊所。儿子杨睿哲也在东京都中野区读初中了。一家人团聚在一起，其乐融融。这让我更加专注于自己的学业和事业。

除了学习工作之外，我还经常参加中日企事业单位的咨询顾问工作，为中日友谊、经济、文化的交流奉献力量。我在学习日本国文、历史文化专业的同时，还参加了日本中小企业国际经营管理顾问的资格证书考试。1999 年 4 月 1 日，我经"通商产业省（现经济产业省）"社团法人全日本能率联盟审查通过，获得日本首批 534 名国际经营管理顾问资格，我是其中唯一的外国人，并被公告刊登在由日本大藏省编印的平成十一年（1999 年）4 月 1 日的《官报》上。

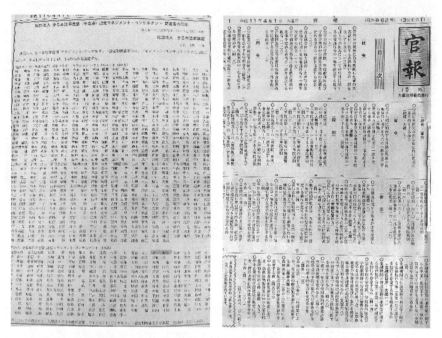

日本首批 534 位国际经营管理顾问的名字，登载在平成十一年（1999 年）
4 月 1 日的《官报》上，易解放也在其中，而且是唯一的中国籍外国人

　　我的不懈努力儿子杨睿哲看在眼里，记在心上，多多少少也受到了影响。他刚到日本读初中时，学校担心他可能因语言问题而跟不上，结果他每次考试都名列前茅。到上高中时，儿子让所有人刮目相看，还被大家选为班长。睿哲对数字非常敏感，可能是遗传了曾在上海永安公司当财务部长的爷爷的基因吧。睿哲进入高中，选修了会计专业，在读高二时，他竟然就考取了日本文部省颁发的会计一级证书。为此，日本著名的中央大学会计系以推荐录取的方式接收了这位中国留学生。那时，我们为有这样聪慧优秀的儿子感到骄傲，一家人生活充实而温馨。

　　儿子被大学录取后，他就去勤工俭学。他在学校吃饭，日常生活根本不用我操心。在家里，他也是个非常孝顺的儿子，几乎不再用父母给的钱。在我的记忆中，儿子在双休日和节假日几乎没有好好地休息过，非常勤奋。看着日益长大成

一家三口在加拿大观光留念

熟的爱子，我和丈夫也开始考虑回国安度晚年。

爱子不幸遭遇车祸　全家坠入痛苦深渊

2000年5月22日，就在儿子即将大学毕业的前夕，一场突如其来的车祸带走了我们的命根子，也毁灭了我们为之骄傲的一切。

这是一个我家最黑暗最绝望的早晨，大学三年级的儿子像往常一样骑摩托车前往中央大学上课，随后我也去JTB公司上班了。与儿子分手不到半小时，我突然接到校方电话，说杨睿哲在上学途中遭遇车祸，已经被送到附近的日本医科大学附属医院抢救了。我刚听到这个噩耗还没有反应过来，完全不知所措。我立刻通知了杨爸，并向我单位的领导请了假，疯狂地赶到医院。儿子已经在抢救室里了。一个半小时后，抢救室的大门打开，医生说："我们已经尽力了。"一种可怕的绝望突然间将我无情地吞噬了。我立即冲进抢救室，只见儿子睿哲躺在病床上，嘴里插了一根管子，旁边是从胸腔里抽出来的半瓶积血，睿哲的脸色蜡黄蜡黄的，眼睛还没有闭上，嘴巴微微半开着，似乎在说："妈妈，这次我闯大祸了！我恐怕再也回不去了……"睿哲的身体还软软的，还是热的，我把耳朵贴在睿哲的胸腔上，他的胸腔寂静无声，我人生中第一次从儿子睿哲的身上体会到恐惧、心碎、绝望！我突然声嘶力竭地吼道："睿哲的身子是热的，你们为什么不抢救?！为什么不抢救?！"这时，一位医生过来安慰我，一边要把睿哲口中那根管子拔掉。我坚决不同意："孩子他爸是医生，让他爸来了再说！"那种胸腔没有声音的可怕，那种身体还是热的却没了生命的绝望，我无论如何都无法接受！

从诊疗所赶到睿哲身边的杨爸已经哭成了泪人，他在上海工作时也是个内科主任医师，曾经送走不知多少可怜人。今天看到躺在病床上的爱子睿哲，杨爸下意识地拔掉了睿哲口中的管子，亲自用手抚摸着爱子不肯闭上的眼帘，有着漂亮眼睛的英俊小伙子就这么无声无息地躺在我们面前。睿哲的身边只有我和杨爸，还有两位亲阿姨绝望无奈地呼唤着他的名字，哭声和呼叫都已经无法唤回睿哲，如果说我前半生的奋斗为的就是儿子的未来，那么此刻这一切都已经不复存在。

爱子杨睿哲生于1978年12月1日，是经抢救剖腹产出世的，也是我国改革开放初期出生的，是一个有使命感的男儿。睿哲卒于2000年5月22日上午9时20分，不满22岁就离开了我们，他走得太早了！白发人送黑发人，我们感到生不如死，活着比死都难过！失去爱子睿哲的两年多时间里，我们每天都在绝望和痛苦中挣扎，看着儿子的遗像，捧着儿子的骨灰盒，守着没有爱子的空房和空床，我们老两口除了哭还是哭。为了不让对方痛苦，我和杨爸不敢当面提及爱子的名字。一出家门，邻居和同事的一声问候，也会让我痛哭流涕，两年时间里，我们不穿、不用带红色的衣物，没开口唱一句歌，我的生活里再也没有了任何希望！

为了儿子的遗愿去荒漠植树

上海的亲人们一直规劝我们走出悲伤，让孩子入土为安。我不知道如何从失去儿子的痛苦中走出来，只能天天追忆儿子生前的种种往事。有一天，我又一次追忆起爱子出事前两周，也就是2000年的五一黄金周的一天。我和儿子说："你快大学毕业了，爸妈退休后想回国。"这时，儿子对我说："你们回去想干什么？"我说："还没有想好。可能回国后会参加一些公益慈善活动吧。"这时儿子指着我身后的电视机说："最近，电视上常常报道中国的沙尘暴，妈妈，要不你们到内蒙古去种点树吧！咱们要么不干，要干就干大的，将来我毕业后也去那里种树。"多年前爱子睿哲的话解开了我当时的心结，我似乎又找到了活下去的理由和勇气。我和老杨商量回国去内蒙古植树造林，治理沙尘暴，完成儿子的生前遗愿。老杨非常支持我的提议，如果能把一片片沙漠变成绿洲，那不正是儿子所希望的吗？

为了完成爱子杨睿哲的生前遗愿，我于 2002 年 3 月 31 日辞职，用了一年时间筹备绿色生命公益组织。我谢绝日本 JTB 公司的多次挽留，辞去了收入颇丰的工作，转让了老杨的诊所，带着儿子的遗愿和睿哲的全部"生命保险金和交通事故赔偿金"，我们一起踏上了回国植树治沙的征程。

2002 年 12 月 12 日，我和热爱中国的 8 名日本友人发起成立了 NPO 绿色生命公益组织，组织的宗旨只有一个——为治理中国的沙尘暴募集资金、植树造林。经日本社会组织管理部门的批准认定，我们于 2003 年 3 月 31 日获得了公益活动资格。我被推选为理事长。

刚成立的公益组织既没有活动资金，又没有任何植树资金。组织成立了，为了完成爱子的使命，我认定了捐款植树的必要性。公益植树先从自己做起，爱子留下的所有资金我们不用来养老，而是全部奉献到爱子生前的愿望中去——到内蒙古植树治理荒漠！

4 月 1 日，我在沈阳机场见到了前来迎接我的库伦旗团委的四位主要成员，我马不停蹄地跟着他们从沈阳到库伦旗，从内蒙古东部到西部，走了 800 多千米。一路上没有一条像样的路，我们在沙漠路上颠簸了约 7 个小时，终于到了库伦旗一条又短又破旧的小街上，那就是库伦旗的政府所在地了。

当晚，那四位团干部和几位林业局的干部为我们举办了欢迎会，我第一次看到了内蒙古人喝酒海量，第一次受到了献哈达的高级礼仪，第一次听到了美妙动听令人动情的蒙古歌曲。虽听不懂蒙古歌，那首《母亲》却听得我热泪奔流。我突然觉得，库伦旗需要我留下！

第二天，我跟着库伦旗团委的儿女们去科尔沁沙地的塔敏查干沙漠，坐在他们的吉普车里，一路颠簸得厉害！不是经常激烈晃荡，就是无数次脑袋撞上吉普的天花板，好疼！不远的路走了几个小时，第一次见到茫茫的塔敏查干沙漠，我被深深震撼了。

这片沙漠位于我国京津地区沙尘暴主要源头的荒漠带上，素有"八百里瀚海"之称，"塔敏查干"在蒙语里更有"魔鬼"和"地狱"之意。无垠的光秃秃的沙丘上，找不到一丝生命的痕迹。

我虽然在上山下乡的时候也去过江苏的农村，但农村的落后荒芜或恶劣环境都不能和内蒙古沙漠相比。来到内蒙古，满眼能望见的都是无边无际的沙丘，我开始感到恐惧：自己变卖所有家产凑出来的资金会不会全被白白扔进沙漠中得不到一丁点儿成果呢？

就在此时，儿子的音容笑貌又浮现在我眼前，仿佛儿子在说："妈妈，你是勇敢的人，你一定能够成功！"我从心里对儿子说："既然答应你要做这件事，我就一定要干出点样子来。既然已经走出了这一步，我就不能打退堂鼓。"

我回日本向理事会作了汇报。理事会通过决议，与内蒙古通辽市库伦旗政府签订了援建一万亩生态林的协议。绿色生命组织提供植树资金，并协同当地政府负责管理树木的成长。植树后20年内不准砍伐，20年后，所有树木都将被无偿捐赠给当地农牧民。

我代表NPO绿色生命签下了协议，可是组织还没有申请到任何植树资金，更没有得到组织运营费，我只能动用儿子的生命保险金。

2004年4月22日在那里种下第一棵树的场景令我难忘。一望无际的塔敏查干沙漠中，拖拉机开了一米深的沟，然后我们跳到这个沟里每隔2米挖一个洞，再把树种下去，种好以后，还得浇水。茫茫沙漠哪来水？要打井，必须先找水源，我们打了好几口塑管井才打出水。当时，200多名学生加100名库伦旗村民，几乎库伦旗全部成员都来参加植树，更有农牧民拉上自家的马车、牛车、驴车装上平板拖车和大水桶，到水井处装满水再拉到植树地点，他们从家里拿来面盆水桶，接水，爬坡，给种完的树一棵一棵浇水。从山头望下去，黑压压的一片，甚是壮观！

那天晚上，我和当地参加植树的内蒙古青年一起吃饭、唱歌跳舞。小伙子们对我说："易妈妈，我们会把睿哲的心愿当成自己兄弟的心愿那样去努力实现。"他们知道我喜欢听蒙古长调，就常常唱起《梦中的额吉》和《母亲额吉》。听着这群与儿子一般年纪的小伙子们的歌声，我潸然泪下。在内蒙古，我忽然找到了家的亲切感和归属感。儿子睿哲离开了，但他为我指明的路，使我在更广阔的世界里收获了众多儿女。

我的第一次植树非常艰难，好不容易种了3000多棵树，因为没有用拖拉机挖深沟，树苗种得比较浅，一夜之间就被吹倒了，加上沙子被风刮得流动，等我们回到种树的区域，全傻眼了，北方的大风把刚刚植入的幼苗给卷跑了，树苗被连根拔起，现场凌乱不堪。

那时我们就像看护儿子一样看护着这些树苗。有时候夜半风起，猛然惊醒了，我就会赤脚奔出去，想看看树苗有没有被风吹倒。等到自己被冷风吹冻醒之时，才明白这里离植树基地还很远，光凭脚根本走不到，唉，小树的成长已经成了我重重的心事了！

当地严重缺水是我更担心的严峻问题。八年小旱，十年大旱，这树种下去，井水抽不上来，树苗在太阳炽烈的烘烤之下日渐枯萎。我与大家几乎陷进了绝望之中，五天之后，一年无雨的库伦旗下了一场透雨，第一批树苗的成活率高达70%，我不禁泪流满面，觉得这是儿子在冥冥之中助我一臂之力。而且这种植树后会下雨的情景时而发生，我们的植树成活率达到85%。

第一年我们只种了1万棵树，离110万棵的目标还很遥远。我一直以为能筹到社会捐款，却频频碰壁，有人怀疑，有人反对，但我顾不得这些，为了最大可能寻找赞助合作，我开始在中日两国之间奔波往返。为了省钱，有时我都舍不得坐飞机，而是花两天两夜的时间坐鉴真轮货运船去日本，船只能到达大阪或神户，为了省下资金多种树，我经常坐便宜的夜间长途汽车，在车上蜷缩一夜从日本关西到东京。或者不坐新干线，而是坐普通电车，途中换乘十多次，经过近一天的旅途劳顿，到达目的地东京。

在国内外，我募集的资金实在太少，每年20多万的运营费却又不得不支出。如同当年初到日本时的打拼，我继续咬牙扛着，只有老杨默默支持着我。库伦旗一万亩荒漠中需要种植110万棵树，需要1100万元人民币的资金，儿子一个人的生命保险和事故赔偿金是不足以承担的。艰难的时候，我一狠心卖掉了上海的第一套商品房。日本有一句话："石头上面站三年。"为了植树造林，我下定决心，在石头上面站五年，甚至一辈子，看它成不成！

"大地妈妈"的绿色生命

2007年我再一次前往日本募捐时，得到当地媒体的采访报道，随即一篇名为"中国老人为了儿子的承诺，种下上百万棵树木"的报道由日本传回中国。

2008 年，我为儿子种树的消息，突然在中日两国广为报道，我被亲切地称为"大地妈妈"。这突如其来的改变，使得捐款人数不断增加，世界各地的志愿者纷纷加入我们的植树行列。

2009 年，我被推选上旅游卫视主办的"2009 我的梦想"活动。我的梦想故事打动了电视观众、现场观众、评委和嘉宾。我幸运地闯过了一道道难关，从 32 万个梦想家中脱颖而出，成为幸运的 2009 位梦想家之一，接着披荆斩棘进入 60 名优秀梦想家行列，之后 60 位梦想家被分成 10 个组、每组 6 个人，决胜者十人被誉为"非凡梦想家"。在最终的梦想盛典中，我和另一位男士并列成为非凡梦想家中的冠军，分别获得了由中国民生银行提供的 50 万元圆梦基金，随即，我把获得的梦想基金全部用于库伦旗的植树造林公益事业，一分不留，也没有用于组织运营。颁奖仪式上，为我颁奖的李宇春呼吁自己的"玉米基金"参与我的植树资金募集的大行动，听说募集到不少植树资金，可惜，因为玉米基金没有设立植树造林的项目，募集到的植树捐款一分钱都没有进入我们绿色生命组织的账号。此事成了春春的遗憾，也成了我永远的遗憾！但是，我为完成爱子生前遗愿坚持带领国内外志愿者植树的行动和故事，深深地打动了无数的企业和个人。

2010 年，我竟然提前三年完成了在那一片内蒙古东部的科尔沁沙地库伦旗基地植树 110 万棵的承诺。为该地区防止沙尘暴的侵害，为东北地区的经济振兴作出了贡献。

2011 年至 2019 年，我又带领广大志愿者在内蒙古西部乌兰布和沙漠种植了 500 万棵梭梭树，完成了绿化荒漠一万亩的任务。为缓解内蒙古西部的沙漠侵入黄河的状况，为绿化乌兰布和沙漠，为肉苁蓉基地的迅速扩展，为内蒙古西部药食同源医药事业的发展作出了贡献。

2013 年至 2019 年，绿色生命组织还带领了一批又一批志愿者来到北京正后方的浑善达克沙漠，成功完成了种植 80 万棵樟子松的任务，直接为防治京津地区和华北地区的沙尘暴，为我国的中医药材的发展作出了应有的贡献。

2019 年，我们绿色生命组织还来到了具有千年历史的敦煌，在"西出阳关无故人"的敦煌戈壁援建一万亩生态林，完成种植梭梭、沙枣、杨树、柳树等 200 多万棵，为防止库穆塔克沙漠侵入敦煌建起了阻挡的屏障。为建设中国的绿水青山，让荒漠变成金山银山，我不仅付出了千万以上的私人资金，还卖掉了 3 套私人房产用于植树造林。为了完成爱子生前绿化沙漠植树造林的愿望，我做了一个母亲应该做的事，无怨无悔。

为了实现儿子的生前遗愿，我常年超负荷工作。20 年公益活动中，我共做了10 次大手术。2010 年因乙结肠有癌前期病变，我被切掉了 10 厘米的肠子，由于没有时间及时治疗，一直拖拖拖，一个小肿瘤变成大肿瘤。一次手术中，我还切掉了 3 个子宫肌瘤。手术出院后也没有时间好好休息，甚至在手术住院期间，我都在为 2011 年的春季植树做协调工作，筹措植树资金，募集组织植树队伍，安排住宿、车辆、餐饮，等等，经常两三天通宵达旦没有时间睡觉休息。这样的状态一直延续至今，已经有 22 年了。2010 年做的手术还引起了切口疝的毛病，腹壁无法愈合，肠子习惯性开裂，几乎每年秋冬都要接受一次剖腹大手术，把整个肠子搬出体外重新整理，再放进腹腔重新缝合。就这样反复折腾，人吃苦之外还耗费手术费、医药费。2015 年，国内的医生拒绝再次给我做腹腔手术，说是再次剖腹就没法缝合了，建议我做微创。当初这么大的腹部微创手术国内还没有把握实施，我只能去日本接受腹部微创缝补，放入人工腹膜，巩固腹部，以防再度裂开。至此，我的腹部经历了 5 次大手术，之后再未打开过。但是留下的肠粘连引起的肠梗阻一不小心就会发作折磨我，让我多次住院抢救治疗，至此软便的药一天都大意不得，否则够遭罪的，还会引起可怕后果。

2016 年，在内蒙古磴口植树期间，由于没有时间休息，过度劳累，我摔了一跤，右侧锁骨严重错位骨折，因为当时没能及时手术，回到上海手术接骨时，已经错过了最佳治疗时间，至今留下后遗症。

2019 年，我在内蒙古赤峰工作期间又摔成了第二腰椎粉碎性骨折。这是我人生中最严重的一次受伤事故。有人提议用直升机来山区接我去上海，经费大得吓人，我不干。有人说："您为了植树几千万元都舍得捐献，这样严重的腰椎粉碎性骨折，您为什么不能怜惜一下自己的身体啊！"我还是没同意，我得留些钱继续植树呢。幸亏有志愿者帮忙，把一台商务面包车拆掉了所有的椅子，铺上一床棉被，志愿者的两位好朋友从内蒙古山区轮流疾驶，分秒必争，只用了 26 个小时就把我送到了上海长征医院。一路照顾我的是快 80 岁的老伴和我们团队的老志愿者姜妈妈。同时，我得到了上海市卫计委、市侨联、虹口区侨联、妇联、川北街道等单位领导的关照，请到了上海长征医院史建刚教授亲自为我治疗和手术。史教授是我国最著名的脊椎手术专家。史教授用了三种技术治疗了我的第二腰椎粉碎性骨折，还在我的脊椎插进 2 根钢条，在脊椎左右侧加上 6 个钢钉。史教授的手术非常完美，我身体恢复得很快，3 个星期后开始下地练习走路，收到了比较理想的恢复效果。住院治疗期间，史教授每天来看望我，上海市的相关领导和志愿者都在百忙之中前来关心我、慰问我，给予我极大的安慰。我作为一个平凡的公益人士，感到了无上的荣光。住院期间，除了我家先生，还有跟随我多年的老志愿者姜妈妈、席妈妈、严妈妈日夜陪伴照顾我，在我卧床一个月的日子里，端屎端尿，轮流值班送茶端水洗衣服，不求任何回报，一路陪伴。溜溜、冬梅、姜冰等从北京、广州赶过来，大立、小缪，以及常熟的吴总等都在百忙之中抽出时间来看望我、照顾我，这使我觉得做公益非常荣光！有这么多志愿者关心我，大家都会亲热地叫我易妈妈，替代我的爱子杨睿哲来尽一份孝心。虽然我们老夫妇无儿无女，可是每当我碰到困难时，就有很多志愿者像自己的儿女一样守望守候着我，我做公益事业，和好人为伍，做对了！值得了！只要人人都献出一片爱，世界将变成美好的人间。不是只能唱的，而是我可以实现的！

在大沙漠种树虽然苦，却是我自己愿意的，付出自己的巨额财产，牺牲自己

2007 年，库伦旗的百姓为易解放的儿子杨睿哲建立纪念碑

的身体健康，我不怪谁，不怨天、不怨人、不怨地，是我自己愿意这么干的！我能够在做公益事业的时候为安慰儿子的灵魂做点事，这点付出是值得的，也是极其有成就感的。做慈善公益积德积福正能量满满！

库伦旗的村民特地在 2007 年为我儿子杨睿哲建立了一个纪念碑，碑的正面是我与老杨写给儿子的一段话：

活着，为阻挡风沙而挺立；倒下，点燃自己给他人以光明和温暖。

立碑的地方就是我种上第一棵树的地方，我觉得那里好像有我儿子在看管着，生长着，这也许就是生命的延续。

来自海内外治沙造林的志愿者们

在我们绿色生命组织里参与治沙治荒植树造林的志愿者，最初只是一支不到百人的队伍，现在已经拥有近 10 万名志愿者。年龄最大的 87 岁，最小的 5 岁。他们来自全国各地，还有来自日本、美国、加拿大、新加坡、韩国、马来西亚、法国等地的外国友人。

这些志愿者中另有一群特殊的人——像我一样的失独父母。他们听到我的故事，纷纷慕名前来。在内蒙古荒漠相聚，这些承受着相似伤痛的父母们抱头痛哭起来。

为了帮助大家缓解悲痛，我带着他们种树，向他们分享自己植树造林的心路历程。我会把小树苗当作儿子，叫着儿子的名字，对它说，你乖乖地、好好地长大；等到小树长高了，我会觉得孩子在那里成长了，那是他的生命在延续。许多失独父母与我一样，通过植树寄托哀思。我还让他们把对孩子的思念写成留言放在心愿瓶里，埋在乌兰布和沙漠同命人纪念碑下，我们相约十年以后再回来，取出我们一起埋下的心愿瓶，验证自己的心境发生了怎样的变化。亲自确认自己种下的小树是否长大。我期待带领更多的失独家庭走出丧子之痛，让荒漠的生态林成为解脱放生的吉祥之地，让孩子的生命在绿色中延续！

我深切体会到，自己创立的绿色生命组织的公益事业，不但完全改变了我们夫妻俩的生命轨迹，而且改变了自己的人生方向，让我们找到了活着的真正意义。自从干了 20 多年公益事业，我才发现以前的自己太渺小。自从投身于对社会、对他人、对环境有意义的事情，我才觉得自己的人生价值有了意义。奉献自己，获得公众对自己的认可，我感到了真正的欣慰和无比的荣幸。

其实，在我发起成立绿色生命公益组织之前，即 2003 年年初，我们就向希望工程捐出儿子"生命保险金"25 万元，以爱子名义在雷锋的故乡——湖南省长沙市望城县捐建了一所"学士睿哲希望小学"，我担任名誉校长，希望让更多孩子有机会接受更好的教育，为祖国培养更多的栋梁之材。2004 年，我亲自牵线，促成了湖南睿哲小学与日本东京都谷户学校结成姊妹学校。如今，象征中日友谊的樱花每年都在校园中盛放。学士睿哲学校的校舍从一幢发展为三幢，孩子们的素质得到良好发展，如今的学士睿哲希望小学已俨然成为湖南省一张亮丽的名片。

我清晰地记得 2003 年 12 月 1 日，睿哲 25 岁生日那天，我们捐建的学士睿哲希望小学举行了竣工仪式。由于赶来路途遥远，校方怕我们年事已高受不了劳顿，便让我们在竣工仪式开始前到休息室稍事休息。我刚靠到枕头，就昏睡了，朦胧中看到我家先生手牵着睿哲，可爱的睿哲笑嘻嘻地向我走来，形象清晰俨然是他本人，他扑到我怀里，我从梦中惊醒了。虽然，没能跟睿哲长久地拥抱亲热有点遗憾，但是，这次梦中邂逅，可是我们二人在睿哲离世 3 年后第一次如此清晰的重逢。而且，睿哲的心情特别好，是笑着来见我的，这对于失去爱子 3 年的母亲而言是莫大的安慰。至少爱子的微笑托梦传递给我的信息是他对我们为他捐建"学士睿哲希望小学"是赞同的、乐意的。天上人间母子连心，20 多年的植树活动中，一次次为种下的小树苗带来雨水，这难道不是天上的睿哲对我带领广大志愿者种下的小树进行的维护吗！为什么我们的植树成活率基本能达到 85%，这难道是单纯的凑巧吗？

22 年让 4 万亩荒漠成绿洲

完成了库伦旗第一个十年计划，我已 63 岁了。2012 年的下半年，我又在内蒙古西部的阿拉善地区的乌兰布和沙漠签下了第二个一万亩计划。最初我想种树的的确确是为了还儿子一个心愿。但是不知道为什么，做着做着，我根本停不下来

三块基地的小树苗已经长成绿树林

了，植种越来越变成我自己的一份责任，一副根本卸不下来的重担。

我觉得这一路走来活出了一个大我，我已经摆脱了过去那样一个狭隘的天地。如今的塔敏查干沙漠、乌兰布和沙漠、多伦植树基地中，以及敦煌万亩戈壁上，我们已经累计种植了1000多万棵树木，4万多亩荒漠成了绿洲。

上海电视台的主持人曾问我："您大漠种树究竟图什么？"我回答说，没什么可图了。一方面，我是为了儿子生前的一个愿望，希望能够让儿子安心一点，另一方面，还有一个深层的原因，自从做了环保以后，我就觉得如果环境变差，会对将来的孩子们的生活产生不好的影响。所以为了还活着的孩子们的今后，我必须趁现在还有这样一个机会，还有这样一份能力，还有这样一些关系，我想帮他们去打一些基础。所以我在国内开展了"百万母亲捐献种百万棵树"的活动，号召每位母亲捐出10元钱，栽下一棵树。我想，妈妈们能够都行动起来的话，今后孩子们的生活环境会好一点。我必须告诉所有的妈妈，如果你们爱自己的孩子，你们现在不是要想办法帮他攒钱，买车买房，而是要想办法给他多种树，创造一个适合孩子生存的绿色环境。

我还举办了"跟着易妈妈徒步千里去敦煌植树治沙"活动。2023年8月28日，我们在敦煌举办了以"亿万个人、亿万棵树"为主题的"3·12"植树节公益宣传活动。

我国沙漠面积很大，虽然我们已经20年如一日在治沙种树，但按照我国现在的生态环境来说，我到死都完不成全国的治沙任务，要几辈人才能解决，因为沙漠太大了。

但是特别有意思的是，常年干旱无雨的沙漠里，只要我一来就会下雨，这神奇的一幕引得当地百姓称我为"送雨娘娘"。听到这个暖心的称呼，我会回答说："或许是儿子的在天之灵看到了这片绿洲，是喜极而泣下的泪雨！"

凤凰网公益盛典主持人问我："带领'NPO 绿色生命'公益组织荒漠植树，你最大的成就感是什么？"我说起有一次到北京出差，我和出租车司机聊起了自己的植树造林工程。听到司机感叹，怪不得现在北京的沙尘暴好多了呢！这就是对我所做的事情的最高肯定和褒奖，前所未有的成就感油然而生。我曾得到过大大小小不少的公益奖项，如第七届中华慈善奖、4 次国家林业局突出贡献奖、2 次全国绿化委员会颁发的"全国绿化奖章"、全国文明家庭荣誉称号、全国最美家庭表彰、全国学雷锋最美志愿者、"中国十大公益人物"称号、第二届全国道德模范提名奖获得者、2 次"全国归侨侨眷先进个人"、第三届中国百位优秀母亲、多次中国妇女慈善奖、2024 年全国侨界十大杰出人物提名奖、上海走近他们十大人物、第三届感动内蒙古十大人物等 30 多项全国级或省级以上荣誉称号，但这些对我来说不是终极目标。老百姓说我们的植树造林对他们产生了积极的影响，这轻轻的

2024 年 5 月 18 日，易解放（左一）和上海侨联女侨胞联谊会代表在敦煌阳关林场植树

一句话反而让我极其满足和高兴，胜过任何奖励。

如今打开我们"NPO 绿色生命"公益组织的网站，展现在我们眼前的那一张张照片、一段段视频、一幅幅彩画、一篇篇报道，都记录下我们这 20 多年里每个团队的志愿者，每个企事业团体对世界环保植树治荒治沙的奉献和爱心。这是我跟广大志愿者共同努力的成果，我深感荣耀！

我今年满 75 岁了，与共和国同龄。我的内心还在不断地跟儿子对话，每天，每天都会有，因为儿子在我心里始终是活着的。如果没有孩子生前非常纯洁的一句心愿，也许今天的我就不是从前的我，也不会是今后的我。

为了早日实现我国的绿水青山就是金山银山的伟大中国梦，我将继续努力，公益植树——干到我走不动为止！

作者简介

易解放，旅日华人。

1949 年 5 月，出生于上海解放第二天。

1968 年，赴江苏盐城大丰上海农场务农。

1972 年，经推荐选拔进入上海师范大学文艺系。

1974 年，上海师范大学大专毕业后当过中学音乐教师。

曾在虹口区电大任中文教师。带薪攻读上海市教育学院中文系本科。

1987 年，赴日本东京自费留学。

1989 年，考入日本国立お茶の水女子大学成为古典文学研究生。

1990 年，进入日本最大的旅游公司 JTB 交通公社集团公司，负责日本对中国国际业务及电脑资料管理。

2003 年至今，为日本 NPO 绿色生命公益组织创始人兼理事长。

2020 年，成立敦煌市绿色生命公益服务中心，任理事长，继续为四大生态基地的保护不忘初心、砥砺前行。

做"映像诗人" 用镜头传递中日文化

冯学敏

　　中华人民共和国成立后的 1953 年，我在上海这座现代与传统交织的魔都出生，它给予我生命的底蕴，养育我成长。1970 年，17 岁的我去了云南，直到 1980 年离开，我把青春年华献给了云南。云南边远的原始森林，让我看到了大自然的美丽，一幅幅美景让我陶醉，勾起了我创作的激情。那段岁月虽苦，却很难忘。

　　改革开放后，1985 年我作为中国新闻出版协会第一个公派生，东渡日本，在日本最大的出版社讲谈社摄影部进修一年，回国后，我又自费到日本大学艺术系念研究生，最后留在日本发展。这样的地理跨度和文化深度，为我的艺术创作奠定了独特的基调。

来到日本近 40 年，我身在海外，心系故乡。我用镜头记录历史、文化和自然，用镜头呈现中日文化交融的精彩画面，用镜头探索和彰显中日文化的互动和影响。做"映像诗人"——用镜头传递中日和世界的历史文化信息，成了我这一生的追求和职责。

云南——人生的历练

1970 年我去云南当知青时，从上海坐三天三夜火车到达昆明，再坐四天巴士到景洪，再从景洪坐半天船到澜沧江的橄榄坝，到达缅甸边境。我们在军垦农场砍伐森林，种植橡胶树。记得去时下着雨，女同学们都哭了，不能想象要在这里过一辈子。父母给我准备了 5 年的生活用品，美加净牙膏、扇牌肥皂等，当时最好的东西都带来了。欢迎我们的第一顿餐食是"九菜一汤"（韭菜），大米饭在大锅里煮，再在蒸笼里蒸，米汤里放盐巴，飘一点韭菜和猪油。两个月吃一次猪肉。早上 5:30 起床，光着膀子砍原始森林中的树木。住在山上茅草房里时，看得到星星，下雨时罩一块塑料布，雨流下来……在那里，我看到了原始森林大自然的美，看到了勤劳智慧的少数民族，看到了朴实无华的民风……我想用相机拍下这些美景和故事。我对摄影的热爱是与生俱来的。我还是小学生的时候，就开始为同学拍照，使用的是从同学处借来的苏联 120 折叠式相机。上了中学后，就用借来的莱卡 135 相机进行人物和风景的拍摄。那时，心中充满梦想的少年们一起分享了我拍照的乐趣。在云南当知青，劳动之余想要用照相机记录下这些画面，可是没有摄影的条件，我只好以画代照片。我喜欢画水墨画，画了很多云南山水梯田画，也喜欢书法，写了很多励志的字书。直到现在办展览、出画册，我都是自己题写刊头和标题。我还画陶板、瓷瓶等。这些都为我日后的摄影生涯打下了基础。

我在云南红土地待了 10 年。这段知青岁月终生难忘，对我而言是一段人生的历练。

2000—2001 年，日本 NHK 电视台用两年时间跟我去云南，拍摄《天空中的梯田——摄影家冯学敏云南之旅》专题片。当年的小树苗经过 30 多年的岁月洗礼已经长成了参天大树，我十分欣慰。正是这 10 年知青生活的磨炼，才造就了今天不畏惧任何困难的我，也培养了我"只要有 1% 的希望，就一定要付出 100% 的努力"的意志和品质。

留学日本　摄影伴终生

1982 年，我回到上海担任《上海画报》社的摄影记者，开始了职业摄影生涯。摄影是一项旁人难以体会的艰苦工作，但热爱让我无怨无悔，并乐在其中。

在《上海画报》社当了 3 年记者，画报社要求我们能写能拍，一个人出去采访，自己发现题材，自己写文章，自己拍摄。我的《云南组照》就运用了提炼主题、发现主题、表现主题的技巧，受到了领导和同仁们的一致好评。

1985 年，我很幸运作为中国新闻出版协会第一个也是唯一的一位公派摄影记者，踏上"相机王国"，到日本最大的出版社讲谈社摄影部研修学习，从而开阔了眼界。这一年我如饥似渴、如鱼得水、受益匪浅，摄影水平有了很大提高。

当时，讲谈社不仅拥有 2 万多名员工，还拥有很多杂志，58 位摄影师，7 个摄影棚，大卡车开得进去，什么题材都拍。进入讲谈社的经历也彻底颠覆了我的摄影世界。20 世纪 80 年代的中国还相当闭塞，当时在讲谈社，不是背一台好相机别人就当你是专家。在日本，没有人看你的设备，大家只用作品说话。这一年我没有休息，抓住一切时间学习广告摄影、报道摄影。周一至周五拍广告摄影，我跟着去采访。中国当时刚开始改革开放，还没有广告，只有新闻报道。而日本的学校分得很细，摄影学校、大学、专门学校，日本有三十多所专门学习摄影的学校。

周六周日我就去拍自己喜欢的风土人情，五花八门。我还喜欢拍日本的橱窗，不要小看这小小的一块橱窗，展现的却是一个综合体，包含了服装款式、色彩构图、文化表现，是一个国家的工业、科技、文化发展的缩影。研修的一年时间里，我用掉了 1000 卷胶卷，当时柯达克罗姆胶卷刚出来，有一种油画般的厚重感。一卷 980 日元，冲洗一卷也要 900 日元。这在当时相当于国内一个月的工资了。虽然贵，但我舍得花，我把自己大部分的工资都花在这上面了。讲谈社摄影部长看了我周末拍摄的作品，把摄影师们都召集起来观赏品评。以后每到周末，他都会给我 20 卷柯达胶卷，供我周末创作。后来日本的报纸报道"中国摄影家眼中的日本"，选了我的 120 幅作品，并讲述了我一年用 1000 卷胶卷的故事。我拍摄的一张加班夜景大楼成了代表作，受到时任日本摄影家协会主席的好评，并被介绍给日本当时的首相中曾根康弘。回国后，我在中国美术馆和上海美术馆办了汇报展，尼康、富士、柯达都曾给予赞助。

在日本研修的那一年里，我"疯狂"地拍摄了1000卷胶卷。即便如此，一年期满，我仍然觉得自己需要学的东西还有太多太多。一狠心，我回国便提出了辞职，打算自费赴日继续深造。

1988年3月，我如愿以偿，再次踏上日本岛国自费留学，成为日本大学艺术学部摄影专业研究生。其间，我走访了日本各地，用一个中国人的眼光去捕捉日本人习以为常、于我则是新鲜好奇的镜头。在领略日本独特风光、风土人情的同时，也深切感受到中国文化对日本的影响。山川异域，风月同天。中国、日本分别成了我的精神原乡和第二故乡。

我拍摄的一组"橱窗艺术"作品，于1991年汇成了两本有关橱窗艺术的摄影集。作品集在中国出版后，上海南京路上的各大商铺纷纷效仿。一时间，十里洋场变得更加洋气十足。我回国时看到了，感到非常高兴，因为自己学以致用，给祖国派上用场了。

用摄影展示中日两国文化

定居日本近40年，我虽然身在海外，却始终念着祖国、心系故乡。我始终把《故乡》系列、《印象》系列贯穿应用在我的摄影事业中，通过摄影这一媒介，讲述两国的文化故事，表达文化情感。《故乡》系列探讨的是文化根源与个人身份，《印象》系列则更多地展示两国文化间的相互感知和影响。在这些作品中，人们不仅能见到中国的山水、古镇、传统艺术形式，还能观察到日本的自然景观、日常生活和节庆习俗，两种截然不同却又在某种程度上相互渗透的文化在我的镜头下，实现了一种视觉和意义上的和谐共生。

我对摄影的要求不仅仅是要有记录，更要有一种文化的再创造。要让观者能够感受到中日文化之间的差异与联系。每一幅作品都是一个故事，讲述着中日两国人民如何通过艺术、历史、日常生活中的细节，来认知和欣赏彼此的文化。

我的《故乡》系列有：《绍兴酒的故乡》《云南普洱茶的故乡》《景德镇瓷的故乡》《贵州油菜花的故乡》《四川熊猫的故乡》《云南稻作的故乡》《西藏心灵的故乡》《长白参的故乡》等。

我的印象系列有：《中国印象》《日本印象》《贵州印象》《湖州印象》《新疆印象》《散步印象》等。

每一个主题我都耗时少则一年，多则五年，每年都要利用假期多次往返于中日之间。在我的镜头中，那片土地永远瑰丽、深邃而神秘，那里的人永远淳朴、善良又多情。无数的日本人通过我的镜头进一步了解中国，并在中国看到了自己的文化之根。

这些作品真实地记录了中国的好山好水和历史文化，其中还包括一些已经消失或即将消失的原生态景观。

作品中我最满意的还是云南系列，拍摄云南的作品很多，如何表现这个我度过青春年华的土地？如何向日本人介绍云南？日本人喜爱茶，又是农耕民族，日本的茶和稻作文化都与中国有关，而云南是茶的发源地，我就以茶文化和梯田稻作文化作为云南摄影的两大主题。我去图书馆和中文书店学习，制作拍摄计划。云南是亚热带地区，生长普洱茶。茶有两种，有大叶茶和小叶茶。原来茶叶都在树上，后来为了采摘方便才把树与灌木嫁接，而云南还保存有两三千年的古茶树，十分珍贵。我拍摄了茶马古道，从西双版纳一直到西藏。西藏没有蔬菜，宋朝时人们便将散茶从云南运到西藏，用茶换马，几个月路途中，散茶又成为砖茶。日本的静冈绿茶就是从云南传来，近年也开始流行红茶黑茶。

拍摄"云南梯田"作品对日本的影响很大，我13次专程从日本赴云南拍摄，日本NHK也跟踪采访了我两年，专题节目《天空中的梯田——摄影家冯学敏云南之旅》是一部50分钟的专题片，2002年播放了9次。随着镜头，日本观众看到了普洱茶，看到了打糕，看到了蔓延到天际的梯田，看到了当地的木拖鞋、榻榻米、纳豆、农家的糯米饼与日本一模一样，日本不可或缺的文化要素在云南一一找到对应。他们非常激动，感觉寻到了根，认为哈尼族是他们的祖先。哈尼族因中原战乱南逃定居在云南，是个不屈不挠的民族，用两千年的时间，利用大自然的循环和规律开垦梯田，因此被称为"雕刻的民族"。这部专题片极大地提升了云南在日本的知名度。作品在东京都美术馆和东京都写真美术馆、纽约联合国总部、加拿大等地展出。我很感谢日本NHK给我机会拍摄云南，我当时在ADK做副部长，公司也很支持我。而日本人通过我的拍摄，看到了一座由山脚到山顶3000多层梯田覆盖的高山，山中村村寨寨名字不一样，梯田的水就是来自山顶上的水，

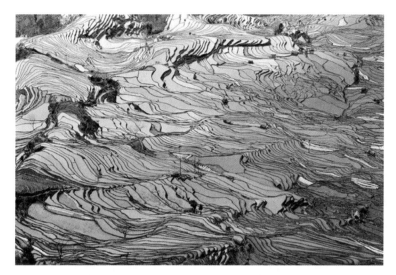

代表作之一《云南元阳梯田》

完全利用自然，太阳将多余水分蒸发，雨水则又浇灌旱田，从而保护森林水源。云南梯田的冬天和秋天各有风韵，联合国副秘书长称赞秋天稻作的梯田作品像梵高的油画，并欣然收藏。

我拍摄的"云南印象"系列作品也为我赢得了1999年度的日本摄影界最高奖"太阳奖"。这个奖项被誉为"日本摄影界诺贝尔奖"。"太阳奖"创建36年来第一次颁发给一个外国人。我获奖的消息轰动一时，被新华社、中央电视台、日本NHK争相报道。

"太阳奖"的评委都是日本当代美术、广告、摄影、文学的大家，如摄影家荒木经惟、艺术家石冈瑛子、文学家立花隆等。他们评选时除了看作品的构图和色彩，还考察其背后的文化沉淀和自然生态，以及作者的洞察力、主题表达力和真挚情感等多方面人文要素。

我曾拍摄"酒文化"。中国饮酒历史有2500多年。我的第一个专题是1988年开始拍摄的绍兴黄酒。绍兴是周恩来的原籍地和鲁迅的故乡，也是我母亲的故乡。我喜欢鲁迅小说中的绍兴，日本人也喜欢绍兴。1985年我公派到日本，日方请客招待用绍兴酒，我才知道绍兴在日本是一个品牌。日本第一家进口绍兴酒的是京都宝酒造，有40多年历史。我拍摄了对日本清酒有影响力的《绍兴酒的故乡》专题，后来每次展览京都宝酒造都给予赞助。

前排右为冯学敏，后排左为荒木经惟，后排右一为作家立花隆

　　我还拍过贵州茅台酒。我曾到贵州 17 次，茅台酒拍了 4 次。茅台酒曾经帮助过长征时的红军。我曾由旅游局长和厂里宣传部陪着一起进去拍摄。

　　我也曾拍摄"景德镇瓷文化"。我去过 10 次景德镇，这之前在日本拍过五年的陶瓷。日本陶瓷从中国传来，日本人爱青花瓷，青花瓷来自景德镇。北宋五大官窑，其中四个都在北方，宋末时，10 万陶工南逃涌入景德镇，明朝才出现了景德镇的辉煌。中国的陶瓷西周时就有了，宋朝白瓷，明朝五彩，清朝粉彩、珐琅。景德镇青花是从波斯传来的，后来传到朝鲜半岛，1606 年，朝鲜的李三白在日本发现陶土，有田陶瓷振兴，距今已有 400 多年。后来日本陶瓷发展，有了九谷烧、益子烧、唐津烧，等等。我采访过有田烧第 13 代今泉今右卫门先生，那一次也是中国媒体第一次前往报道，他很热情，陪了我两个小时。40 多人的工坊，除了我的相机快门声音，安静得没有其他声音。这种神圣的感觉和先生的敬业精神令我非常感动。

　　后来我去景德镇这个拥有 2000 多年历史的瓷都，拍摄了不少无名的陶瓷匠人。陶瓷作品中没有他们的名字，他们默默无闻的贡献带来了灿烂的陶瓷文化。当时拍古窑 24 小时烧窑，"把桩"师傅吐一口痰就知道火多少度，我买了两条烟，与他们共度了一整夜。晚上师傅拿杯子给我喝茶，弟子们惊讶，20 多年了他们都没有喝过师傅的茶。几年后再去，他已经去世了，我拍摄的照片就送给他家人作纪念。

我为自己创作的所有作品定下两个主要基调：红与蓝。以蓝色来表现厚重、宁静和神秘，以红色来衬托朴实、热情和力量，让作品富有生命力。

2006 年，我在联合国展出的《情系故乡——中国文化之旅》，有"China Blue""China Red"两本摄影集，以"中国蓝""中国红"为主题。中国蓝，主要表现中华文明上下 5000 多年历史的悠远，让观众感受中国的神秘、领略中国的内涵。中国人很善良。中国红可以表达中国暖暖的人情。我去祖国内地拍摄，不管在云南还是西藏，老百姓再穷，都会请你到家里吃饭喝水。多年生活在东京这个国际化大都市，每次回国拍摄都感觉心灵受到洗涤。

日本摄影界泰斗荒木经惟曾称赞我的作品饱含"有色彩的感情"。日本著名作家立花隆则指出："冯学敏用穷极的眼神将'云南'的魅力提炼出来，让我们看见作者对云南的倾心有多么深刻。"联合国副秘书长陈键也曾评价："冯学敏出色的创作不仅仅源于他高超的技艺。他的作品是在异乡邻国的心灵感悟，来自他对哺育他成长的文化的眷恋。"的确，之所以能够拍出如此多打动人心的作品，是因为我始终深爱着那片生养自己的土地。拍摄绍兴，不仅仅因为从那里走出了日本人非常喜爱的鲁迅、周恩来，还因为那里是我母亲的故乡。镜头里的绍兴也是我送给母亲的礼物。云南，更是写满我青春记忆的地方。

用摄影记录中日文化交流的历程

我在日本一直想用摄影这种视觉艺术表现中日文化交流的根源。几千年来，中日民间交流源远流长。日本保留了很多东方文化，比如京都有西安的缩影，鲁迅的作品一直在人们记忆中。而日本也有很多东西值得我们学习。2018 年是中日和平友好条约缔结 40 周年，我于同年 10 月举办了"中国日本印象"展览。2022 年 7 月，我拍摄了鉴真大师的铜像。2023 年是中日和平友好条约缔结 45 周年，我举办了"湖州印象"展。作为在日华人，我希望中日友好，希望为中日文化的交流，略尽绵薄之力，我觉得自己有责任做好中日民间文化的交流使者。

这里说说我拍摄平山郁夫丝绸之路美术馆藏品的事。

平山郁夫曾经沿着丝绸之路走访了西至罗马、东至日本的 37 个国家和地区，收集藏品包括陶器、瓷器、纺织品、雕刻、青铜器、金银制品及各种硬币等近万件。平山郁夫丝绸之路美术馆位于山梨县，美术馆地处偏僻，那儿山清水秀，像个世外桃源。我在 1985 年公派留学时曾采访过平山郁夫，2007 年再访时，他送给我一把签名的扇子。平山郁夫去世后，其藏品被捐给了国家，其家族则运营着文化基金会和美术馆。平山夫人是基金会名誉会长，儿子是早稻田大学教授，儿媳担任美术馆馆长，也是希腊文物专家和考古专家。

后来黄山美术社的陈建中社长找到我，他看过我的很多专题作品，希望我能拍摄平山郁夫丝绸之路美术馆藏品。平山郁夫是画家、慈善家，还是东大校长、日中友协会长，我为他的精神和对中国的友好情怀感动，有份亲近感，所以立刻答应了。拍摄从 2021 年 11 月开始，半年内我拍了 3000 件作品，作为馆藏记录，还出版了画册。文物保存得非常好，收藏太丰富了，可以办很多展览。拍了半年，我等于走了一趟 40 年的丝绸之路，了解到景德镇青花瓷的蓝从希腊和波斯传来；唐三彩，曾叫古三彩，色彩也是来自波斯。按陶瓷、土罐、金属、钱币等不同分类拍摄，用的器材、镜头、灯光、背景、布都不同。2022 年 8 月，照片在敦煌展出。

人民网曾经采访我，让我用一个字形容日本。我用了一个字——"细"。不像

2022 年 8 月，冯学敏拍摄的景德镇瓷器照片在敦煌展出

中国与美国是大陆文化，日本是岛国文化，特定的地理环境决定了民族特性，他们生存空间比较小，因而比较精、比较细，办事有计划，周到细致，认真仔细。日本人做事都会约定协议或签订合同，提供法律保证，我觉得这一点很值得我们学习。

用摄影将中国文化传向世界

生活在日本近 40 年，在中日文化方面我不仅是一个观察者，更是一个记录者和传播者。我赴中国拍摄 80 多次，涉及的专题有几十个，每一次拍摄都深入探索，呈现了中日文化彼此间的互动和影响。几十年来，我爬千山涉万水，用心观察自然，用心与人交往。用镜头捕捉壮丽山河，展现人们自然的笑容，用独特的视野和浑厚的内涵，不断探索中日文化的美学，并将这一切传递给全世界。我曾在中、日、美、加、法等国家和地区举办过 42 次个人影展和 11 次联合影展。

作为摄影家，要热爱你的被写体。爱他们，才能充分了解他们，充分了解之后，才能有的放矢地表现他们。每到一处拍摄地，我都投入其中，观察一山一水，与当地人民同吃同住，用心理解生于此地、长于此地的人们，用镜头留下他们生活中平凡而有意义的一页。

情感是艺术创作的灵魂。我举办专题摄影展，是想让海外读者热爱照片背后的故事，热爱产生故事的中国文化。比如"贵州印象"，我说，少数民族淳朴的民风、传统的文明古训，以及古老的酿酒文化被奇迹般原汁原味地保留下来，使这个多彩的"文化千岛"越加引人入胜。

2001 年，贵州旅游局局长来到日本，邀请我去贵州拍摄，我到 2004 年才成行。那年，我第三次进西藏拍摄"心灵的故乡"系列作品时出了车祸。因为道路条件过分恶劣，我乘坐的汽车爆胎后翻了几个滚，把我甩出了车外。为此，我昏迷了三天三夜。后来，浑身打满石膏的我从阿里到拉萨、成都、上海，辗转几地，住了八个月的医院才康复。这八个月里，贵州旅游局局长几次赶来看我，令我很感动，于是我出院后第一场拍摄就来到贵州。当时文化部副部长前来考察，要把贵州介绍到法国。一个村庄 3000 人，有 1200 人都来演出。当地媒体都跟着领导走，演员表演完也准备离开了，我就让三个姑娘站着让我拍。照片在一家小报刊

代表作之一《欢迎到苗家来做客》

出，贵州省委宣传部部长看到了，立刻发到《贵州日报》头版。

这件偶然的作品在 2006 年被送到纽约联合国总部参加特展"情系故乡·中国文化之旅"，中国政府办开幕式，来了 25 个国家的大使、3 位联合国副秘书长。我想如何说明作品呢？就起标题为《欢迎到苗家来做客》吧。结果观展嘉宾们说："作品中人物洋溢着幸福的笑容，与世界上任何好客的民族相通，视觉艺术无需语言，可以跨越国界。"这就是中国的文化魅力。

2013 年 11 月，我曾在巴黎中国文化中心举办过"贵州印象"摄影展，时任贵州省旅游局局长傅迎春率贵州歌舞团同时演出，共同庆祝中法建交 50 周年。

2024 年 4 月 22 日至 5 月 1 日，浙江省湖州市委书记陈浩率代表团先后到法国、瑞士、西班牙考察访问，并举办历史文化名城的"在湖州看见美丽中国"城市推介会。我在会上展示了我拍摄的并曾经在日本展览过、用湖州的绫绢制作的《湖州印象》挂轴摄影作品。

拍摄"湖州茶文化"是在 2023 年 3 月，那时我第三次造访湖州，终于完成了因疫情耽搁三年的对湖州茶文化的拍摄。湖州拥有 2300 年历史，素有水乡泽国之称。这里不仅是湖笔之乡、丝绸之乡，还是茶的发源地，唐代的陆羽曾在这里撰写了中国最早的《茶经》。2024 年拍摄春茶时，我去了山间茶田，走访了茶农，也拍摄了江南独特的小桥、流水、古树、民居。三次前往湖州拍摄的作品汇册为《湖州印象》。

冯学敏（左三）向法国前议长赠送摄影作品

　　开幕式合影，从左至右：全日空前驻欧洲支社长、尼康公司前驻欧洲支社长、贵州省前旅游局长傅迎春、文化中心殷福主任、冯学敏、法国前议长、邓励前代办及夫人、前驻法大使馆文化参赞吕军

《湖州安吉茶山》

2023 年 6 月，举办用湖州的丝绸制作挂轴的"湖州印象"摄影展，从左至右：湖州市委书记陈浩、日本前首相福田康夫、中国驻日大使吴江浩、冯学敏

　　我之所以热衷拍摄云南、贵州、绍兴、湖州等系列作品，是希望将中国各地的风土人情、民族文化和自然风光传递到世界。

　　《湖州印象》摄影作品在法国展示，这也是我的摄影作品第二次亮相巴黎。2024 年是中法建交 60 周年暨中法文化旅游年，双方都希望在经贸、旅游、文化、教育、体育、青年交往等方面进一步交流合作，为中法两国深化全面战略伙伴关系作出积极贡献。

这些年，我从来没有忘记要用自己的镜头"报效祖国"：一方面，把日本的先进文化介绍给中国，助力祖国的发展，让中日友谊不断加深；另一方面，将中国介绍给世界，拉近故乡与世界的距离。

用摄影唤起人们对"和平、生命、健康"的重新审视

晨曦下含着露珠的一朵小花，暮色中缓缓流过的一条小河，秋风吹起的一片树叶，枝条在高墙上投下的一片斑驳……这些在生活中早已被世人熟视无睹的风景，我在疫情期间用镜头一一凝固，让无数人惊叹——原来我们离美好是如此之近，从而让大家对和平、生命、健康有了一次新的认识。

突然而至的新冠疫情给世界按下了"暂停键"，原本已经着手创作"湖州印象"系列作品的我也不得不取消回国拍摄的计划。生活一下子变"慢"了，却给我带来了意想不到的惊喜：看，每天清晨，阳光下的一枝一叶、花开花落竟然是如此之曼妙。我在散步途中，忍不住一次次掏出手机，将那些打动自己的瞬间拍摄下来，再发到社交媒体上和大家分享。没想到，这些偶得竟然引来了无数的关注和效仿，认识或不认识的朋友纷纷留言点赞。我渐渐意识到，疫情中大家无法见面，这也是一种很好的交流方式。于是在大家的鼓励下，我有意识地将手机换成相机，开始"认真"创作。两年间，我在社交媒体平台分享了140篇"散步印象"系列作品，表现平时不经意的身边的花草树木和街头建筑的景象。2023年年末，在东京中国文化中心举办的"大地——中国摄影家田捷砚·冯学敏摄影展"上，展出了四川摄影家田捷砚航拍中国大地的作品和我在地面拍的40幅疫情期间街前屋后的花卉、建筑作品。

疫情可以挡住人们外出的脚步，却无法改变大家对生活的热爱、对和平的向往、对生命的珍视。每一幅摄影作品都是拍摄者情感的积淀、心灵的投射，所谓"意于心而表于形"不过如此。从事摄影创作几十年来令我醉心不已的也正在于此。

我从小喜欢画画、写字，喜欢看摄影展、艺术展，喜欢听音乐，也喜欢打乒

乒球，虽然水平一般，但竟在 1991 年全日本广告界乒乓球单打中获得第四名，2022 年 7 月代表在日华人取得文联团体赛第三名。我办展览都会播放相关的音乐来映衬场景，每次拍摄回来，我也会在家里播放当地的音乐来激发一种灵感、怀念和回顾。

　　绘画的色彩、光线和构图对摄影影响很大，所以懂画画的人拍照也会如鱼得水。我看展览，会先粗看一遍，再对自己感兴趣的三四幅驻足凝视，回去能画出构图，最后消化变成自己的。我对光比较敏感，光与影是摄影的基本语言，光和影里面有故事，以小见大，可以在细节中寻找独特的点。平时养成独特视角，积累沉淀，之后当你发现一样东西突然闪过的时候，就会抓住这样的瞬间。

　　肯·海曼（Ken Heyman）说过："当你按下快门的一瞬间，首先你要知道是什么吸引你，你要表达什么，想告诉读者什么。"如果没有感动你、吸引你的话，不要按快门。画画跟摄影的区别是，画可加，摄影简为重，画上没桥可以

东京街头的"散步印象"系列作品

加，摄影却不行，一定要到现场拍摄。日本的"写真"就是用照相机现场记录此时此刻此景。摄影不是用最贵的器材才好，差的器材也能拍出好的作品。以前胶卷很贵，要冲洗出来才安心，否则忐忑不安。现在数码摄影，随时可以删掉重拍。中国文化元素丰富，摄影技术多样，如今有更多中国摄影师走向世界，用独特的手法展现中国文化的魅力，十分可喜。高科技发展这么快，我们需要与时俱进，不断学习，跟上时代，创作出更有表现力、传播力的作品。我相信你我都能做到！

2023年12月7日至17日，"大地——中国摄影家田捷砚·冯学敏摄影展"在东京中国文化中心举办。此次展出的作品不再是那种承载了中华五千年文明之神秘与深邃的恢宏之作，而是每个人日常生活中随手皆可得的风景碎片。此次摄影展是在大家的鼓励下，由"无为之为"而来的"有为之为"

相机陪伴我一生，摄影成了我的终生职业。我用镜头拍摄记录下无数次中日友好交流的重大活动，拍摄过在日华人华侨开展的各项有影响力的活动，拍摄过中日两国间异同的文化、美丽的山河、传统的民风……一位位普通人、一桩桩普通事都让我动情。如今虽然年岁已高，可心还年轻，我还会继续穿梭在中日两国的大地上，用镜头记录中日两国经济文化发展的新篇章。

作者简介

冯学敏，旅日华人。

1953年，出生于中国上海。

1970年，下乡到云南农场。

1982年，为《上海画报》摄影记者。

1985年，为日本讲谈社摄影部中国新闻出版协会公费研修生。

1989年，为日本大学艺术学部摄影专业研究生。

1995年至2020年，任日本国旭通信社（现〈株〉ADK）摄影部副部长、部长，制作部局长。曾任上海师范大学客座教授。

1999年，荣获日本摄影最高奖·第36届"太阳奖"，为首位外国人获得该项殊荣。

2000年，获得"世界华人艺术大赛"金奖。有30幅作品分别被纽约联合国总部、东京都写真美术馆、中国驻日大使馆、中国美术馆、上海美术馆、绍兴市博物馆、景德镇市美术馆收藏。

2000年，被聘为美国洛杉矶摄影学会荣誉顾问，美国阿罕布拉市、蒙特利公园市荣誉市民。

曾获中国文化部"世界华人杰出艺术家"荣誉称号。

2010年，获中国文化协会"感动中国文化人物"荣誉称号。

1986年至2023年，在中国、美国、法国、加拿大、日本、韩国、西班牙、澳大利亚的世界各大城市举办个人摄影展43次、联展16次、巡回展2次。出版专题摄影集"故乡系列"及"印象系列"等摄影书籍22册。

现为中国摄影家协会会员、日本写真家协会会员。并任世界华人摄影联盟副主席、日本华人文学艺术界联合会副主席、在日华人摄影交流协会会长。湖州市侨联海外顾问，湖州市南浔区海外文化大使。

我在日本研修证券

阚治东

  1970年3月，我17岁刚初中毕业，响应国家号召下乡到黑龙江省黑河地区逊克县逊河人民公社双河大队，在这个高寒地带、浩渺荒原上的小屯子里生活了九年，度过了青春岁月。1979年3月，我返回上海，通过银行的严格考试，进入人民银行上海分行杨浦区办事处工作，开始了我的金融生涯。

赴日研修生选拔

在被推荐到北京参加中日两国青年交流项目选拔研修生前，我不知道要去日本研修的主题。这是在中国推行改革开放政策后的交流项目，选拔过程严格，要通过层层筛选和相关科目的考试。条件包括年龄 35 岁以下、科级干部、大学学历、懂日语及政治可靠等。我 1952 年出生，1979 年起在人民银行上海分行工作，1984 年转到工商银行上海分行宝山办事处担任计划信贷科科长，主要负责宝山区的工商信贷。我从北大荒回上海后通过不断学习，已经获得了大学学历。我几乎满足所有要求，唯独对自己的日语水平不太自信。因为我是通过广播讲座和参加夜校学习的日语，担心在全国范围内的选拔中竞争力不足。

尽管在工商银行的工作十分顺利，我还是决定参加这次选拔，因为我总是愿意抓住任何可能改变命运的机会。这种态度也是我从黑龙江返城后放弃安置机会，选择参加严格的银行招聘考试进入银行的原因。接到参加考试的通知后，我花了几天时间复习了所有日语教材，然后搭乘绿皮火车前往北京。

进京赶考

抵达北京后，我和其他考生一起住在共青团中央机关招待所，它由地下防空设施改建而成。虽然条件艰苦，但我们这些热血青年迅速打成一片，招待所变得热闹起来。

第二天，我们被带到团中央机关会议室。团中央国际联络部负责人邓亚军与我们见面，讲述了外派研修生工作的重要性，并强调这是一项加强中日青年交流的重要活动。他告诉我们，被选拔出的人在国外将成为民间友好使者，回国后将成为现代化建设急需的人才。

他向我们解释了这一轮选拔研修生的流程。当年由团中央选派并由日本两大政党青年组织接收的研修生名额不足百人，研修类型分为半年期和一年期两种。选拔工作先是在全国各地展开，然后到北京进行进一步选拔，他希望我们珍惜这次难得的机会。尽管邓亚军鼓励了大家，但如此低的录取比例使很多人的心冷了下来。

日语笔试对我来说并不难，口试时我自告奋勇要求排在第一个，因为我清楚，随着考试的进行，问题只会越来越难。考官的问题都是日常对话的内容，我回答得比较流畅，一路下来自我感觉很顺利。

回到上海后，家人和同事询问我考试情况。因录取率低，我觉得把握不大，便未多言，之后也逐渐淡忘了这件事。然而过了两个月，我意外地收到了录取通知书，被告知：经过考试我已被录取，成为团中央（对外称：中华青年联合会）赴日学习第五届研修生。

母亲让我走入证券生涯

一场突如其来的意外，使我差点放弃赴日学习的机会。因为正在这时，母亲确诊癌症晚期，这令我心如刀绞，我怎能忍心离开她！然而即使病重如此，母亲也坚决让我赴日本研修。因为在她心中，我是家庭的希望，应该继承并背负起家庭的重担。

当时别说网络，连电话都不普及，和家里的联系方式只有书信。我知道一旦赴日，可能意味着和母亲的永别，因此我本意是放弃研修，陪伴母亲度过她最后的时光。但母亲坚决不让我这么做，因为在那个年代，去发达国家学习先进的知识是很多年轻人梦寐以求的。母亲借助亲人和朋友的力量，列举了各种理由说服我去日本。

回想起幼时，家中受到"文革"的冲击，母亲成了家里的顶梁柱。尽管在外人看来，她是个瘦弱的女性，但就是这弱小的身躯承载起家庭的重担。母亲的坚持，让我更深刻地感受到她的期望，我无法反驳。我最终没有放弃东渡日本的机会，是因为我想到，只有我有了更多的本领和更强大的力量，才能让母亲安心。1987 年的秋天，我带着沉重的心情前往日本。离家那一天，尽管心中难过，但我尽力表现得平和，不愿意做出生离死别的样子。

在日本的日子，每次接到母亲病情好转的消息，我心中便感到宽慰。然而两个月后的一天，不知怎么的，我从噩梦中惊醒。待研修结束回国我才知道，正是那一天我失去了母亲！家人和朋友帮我安排了母亲的后事，并决定对我隐瞒真相。

因为他们知道，如果我中途返回，就意味着放弃了研修，一切归零。

回国后，我常常回想离家那一天，母亲努力从床上站起来，静静地看着我离去，直到看不到我为止……

"洋插队"的生活

研修期间最大的挑战是孤独。我曾在东北插过队，与研修生活比较，经历都是艰苦的，前者是物质生活贫乏，后者是精神生活贫乏。

在日本，研修形式是集中与分散学习，主要是到日本两大政党青年组织成员的对口企业学习。研修费用由日方提供，每人每月8万日元左右，当时折合人民币约4000元，国内工资不变。这在当时看来是很大一笔收入，但我们被告知，日本是一个高消费国家，如果我们想带回家电等商品，那么这些钱还需要省着花。当时，国家规定在国外生活半年以上的，归国时可以免税带回一些外国商品。

我们那批研修生约70人，分为两个班级。一个由自由民主党的青年组织接纳，另一个由社会民主党的组织接纳。在东京，我们在一家五星级酒店受到了热烈的欢迎。

会议上先是主持人和政要讲话，然后是中华青年联合会代表邓亚军发言，最后是研修生代表致答谢词。因为我们的日语水平有限，在最后致答谢词时出了点儿意外，日方听不懂我们的日语，只能临时请了翻译。因此，我立志尽快解决语言障碍，毕竟日方不可能为每个研修生都配备翻译。

生活很好　学习很累

欢迎宴会后，我和同学张世林，一位来自内蒙古东胜市工商银行的优秀代表，被指派到日本一家老牌证券公司——蓝泽证券株式会社进行为期一年的研修。这是一家在金融界有着重要地位，由蓝泽基尔先生的祖父于70年前创立的家族企业，如今它已经发展成拥有3000多名员工的大公司，其本人是自由民主党青年组织的主要成员。

我们住在公司宿舍，位于东京的目黑区。公司专门请了一对日本老夫妇照顾我

阙治东（后排中间）与蓝泽证券员工合影

们的生活起居，他们不仅会为我们准备每日的餐食，还会维护我们生活环境的整洁。

　　尽管生活上有贴心的照顾，研修生活还是异常艰辛。每天早上 6 点起床，匆匆洗漱、吃完早餐，7 点准时出门。接下来要换乘东横线、银座线等三路轻轨和地铁，才能到达位于东京日本桥附近的公司。每天的专业学习结束后，我们还要花两个多小时跟着公司给我俩聘的日语老师学习日语。回到宿舍，还需用日语写《研修生当日行动报告》并上交老师，然后复习当天的专业知识和日语。学习任务很重，我们往往要到深夜 24:00 之后才能休息。

漆岛课长和几位"老乡"

　　除了紧张的学习，研修期间对我们的最大考验是要耐得住寂寞。尤其是在研修初期，每个人都有这种感觉：时间过得无比缓慢。甚至有一位同学待了两个月就放弃研修回国了。日本方面为了缓解我们的压力，特意安排了一些班级活动，让我们有机会放松，从繁重的学习中"逃离"一会儿。我们的带班老师漆岛课长，虽然起初严肃、高傲，其间彼此也有过误解，但时间一长，他渐渐变得对我们非常友善。

此外，在日本的这段时间，我们结交了一些新的朋友。其中一位就是西川先生，他是三和铁器的一名员工，对中国有着深深的热爱。他曾在"文革"期间来到中国，与农民同吃同住，体验他们的生活。另一个朋友小杉，曾在中国东北生活过一段时间，因此与我们一见如故。

总的来说，我的日本研修经历充满了挑战，同时充满了发现。我每天都要努力去适应这个新的环境，同时需要面对各种压力和困难。我尝试在每一天日常生活中找到兴趣点，然后写成文章或书信与朋友们分享。

把"证券"听成"政权"

正如许多人会有的那样，我们充满了对异国文化的好奇，又带着敬畏和深深的不解，像海绵一样每天吸取大量新的知识和观念，一年的学习效果可以说胜过国内很多年。

20 世纪 80 年代初，我曾参加过两期野村证券在上海举办的证券学习班，然而并没有得到多么深刻的体会。在那个时代，很少有人了解证券业务，学生们的主课是政治经济学，以往的课本上将股票和股票交易所视为资本主义的腐朽产物。当时"文革"已经结束，人们的思维也逐渐变得活跃，师生间就教材中的经济理论问题进行了激烈的争论，股票和股票交易就是争论的重点之一。虽然争论很多，但我们始终没有理解股票和股票市场对社会的积极意义。所以，当研修课题公布的时候，我的课题引起了一些"骚动"。"阚治东和张世林，研修证券。"周围有人窃窃私语："政权？怎么还研修政治问题？"虽然我没有把"证券"误听成"政权"，但我还是感到一片茫然。但是到达日本后，这种茫然很快就被日本证券业和相关金融行业的强大，转化为一种震撼。

在蓝泽证券总部研修

蓝泽证券位于东京中央区的日本桥，这是一个与纽约华尔街齐名的金融要地。这里有世界最大的股票交易市场之一——东京证券交易所，有 70 多家证券公司的总部。从日本最大的投资银行野村证券大楼，到名不见经传的小证券公司，这里处处都是证券公司的招牌。

日本桥是日本的证券信息中心，那里汇聚了日本主要的证券金融报纸、期刊的总社。通过无偿或有偿的信息传递网络，投资者可以随时了解日本的股市、债券市场、兑换市场的行情，以及与这些市场相关的经济信息，还可以随时了解世界各大证券市场的行情。

日本桥还有日本最大的证券资料库，里面存放着日本证券行业完整的历史资料，包括各时期的证券法规、证券交易统计资料、上市公司资料，以及各种报纸杂志档案。

此外，这里还有无数与证券业相关的公司，如结算登记公司、证券金融公司、证券抵当公司、证券投资信托公司等，它们使证券交易变得更加便利。

从蓝泽证券本部大楼走十多分钟，就可以到达东京证券交易所。当时在东京证券交易所上市的公司有 1551 家，市值达到 430 兆日元，占世界股票市场总额约40%。这里每天都有大量的资金流动，那是日本经济巨人身上不断流动的血液，也是调节日本经济平衡发展的润滑剂。证券市场上每一点的涨跌都牵动着日本千万投资者的神经，影响着全世界的证券市场。

在蓝泽证券大阪分公司实习期间，我们曾以蓝泽证券员工的身份在大阪证券交易所交易大厅工作了几天，深刻感受到证券交易中的热烈气氛，也学到了很多。我现在仍然能用手势表示多种日本股票的名称，比如，"富士重工"就是先比画出一个象形的山，代表"富士"，再单手举起，代表"重工"。

在日本证券公司实习

当时日本有 255 家证券公司，下设 1767 家分公司。其中，野村证券规模最大，1987 年营业收入更是高达 81.8 兆日元，其超过东京电力、丰田汽车等大型企业，成为日本全行业纳税排名第一的公司。这使得野村证券成为我们早期证券人的梦想模板。"做中国的野村，做中国的美林"也成为一代证券人的梦想。

日本证券公司内部等级森严，非常讲究礼仪。男性职员需要穿西装打领带，女性职员则需穿公司发的统一服装。每家公司的服装款式和颜色都不同，因此通过服装颜色就可以判断出该职员属于哪家公司。据说，日本桥那一带是日本最文明的地区，我在研修期间亲眼见证了这一点。当人们相遇时，都会主动打招呼。

证券公司职员的工作非常辛苦。以蓝泽证券公司本部为例，一般工作人员早上 7:00 就陆续到岗，女职员可以在晚上 19:00 左右回家，但男职员通常要工作到晚上 22:00。这就是为什么日本的一些年轻女性不愿意找证券公司的职员做男朋友，因为他们在家的时间太少。

证券公司的前台职员都有各自的客户，他们详细地了解每一位客户的信息。在交易所交易时间内，这些职员会在公司内部关注市场变化，并通过电话向客户通报相关的行情信息，以此从客户那里获得买卖委托单。一些职员的桌子上会有多达 6 部电话，他们常常需要同时接听两部电话，以回答客户关于各家公司股票的开盘价、高值、低值、现值及买卖预约等各种问题。

前台职员的业绩主要通过他们代理买卖的手续费收入来体现，这也导致他们的收入差距非常大。以蓝泽证券上野分公司为例，该分公司有 10 名前台职员，他们在 1988 年 2 月的 21 个营业日中，人均手续费收入为 676 万日元，其中收入最高的是 1762 万日元，最低的只有 16 万日元。

证券公司会给每个职员设定业绩指标，并将每个职员每天的手续费收入打印出来，供职员盖章确认。公司每月还会公布手续费收入较高的前几名。手续费收入直接关系到年终奖和职位晋升，所以每个职员都非常重视自己的这项收入。

一个职员手续费收入的主要决定因素是他们拥有的客户数量，以及客户的经济状况。每个职员都有不断发展新客户的任务，对于新职员来说，这个任务尤其艰巨，每个新客户都需要他们通过不懈努力去争取。

我曾随蓝泽证券职员全程了解和体验了这项工作。说实话，证券公司的职员们基本上都不喜欢这项工作。他们必须强忍压力，总是带着笑容去努力工作。有一次，我随蓝泽公司越谷支店的一名职员一起去发展新客户，他在路上告诉我，他非常讨厌这项工作。我们驱车前往越谷市郊区的一个住宅区，逐家逐户地自我介绍和宣传。有些人很有礼貌，会打开门和你交谈几句，更多的人则是通过对讲器简单地应答你几句，便不再理会。在遇到这样的情况时，我们只能连连道歉，临走时还要在他们的信箱里留下一份小礼品和一张名片。走完一条街后，我对这项工作的困难程度有了深切的体会。

证券公司的营业员有许多方法来判断潜在客户的经济状况，例如他们会观察客户的汽车是豪华型还是普通型，房屋的新旧程度，院子里的植物是否为稀有品种，甚至连晾在外面的衣服也可以成为他们判断客户经济状况的依据。一旦他们选定了目标客户，就会不断上门推销和电话联系，即使被客户赶出门也不会气馁。大部分客户都是通过这样的方式慢慢发展起来的。

然而，种种辛苦的背后有着丰厚的收入和强大的绩效机制激励。日本证券行业的收入远高于其他行业，公司内部的收入差异也非常大。例如，蓝泽证券的新职员月薪为 10 万日元，但一些老职员的月收入可高达 500 万日元。一般职员不会怀疑这个制度的合理性，他们只是默默地鼓励自己"加油工作，以后也能挣这么多钱"。到了年底，每个职员都会得到一份年终奖。例如，1986 年蓝泽证券公司的员工平均年终奖为 200 万日元，折合人民币 10 多万元。今天看来这可能并不多，但在当年的中国，"万元户"就是富人了。

"操盘" 5000 万日元

在日本研修期间，我还调研了日本股市的投资者。出乎意料的是，大部分投资者并不是我们预想中西装笔挺、精明强干的商人，而是老人和家庭妇女。这个现象的出现与日本社会的习俗有关，很多日本妇女婚后不再外出工作，而是在家管理财务，成为家庭的"财政部长"。

阚治东（右）向蓝泽证券前辈请教

在分公司研修的过程中，我们参与了一个假设性的投资游戏。其间，我们被假设拥有 5000 万日元，需要进行选股投资及运作，到离开时要总结投资亏盈并叙述原因。对此，我们兴奋地投入了大量的时间和精力，每天进行电脑操作和翻阅相关资料，忙得不亦乐乎。

通过在蓝泽证券公司的各个部门研修，我对股票买卖、债券、国际化进程、交易清算程序、电子交易设备，以及证券公司的自营买卖等有了深入的理解。我还有机会实地考察多个地方的分公司，更深入地了解了日本证券业务的运作过程。

亲历"黑色星期一"

更值得记忆的是，我在日本期间亲历了被称为"黑色星期一"的股市大暴跌。1987 年 10 月 19 日那个星期一，东京证券交易所的交易大厅一片混乱，委托单铺天盖地，大量的股票被抛售。日经指数瞬间下跌了 23%，东京证券交易所的股票市值蒸发了 100 多万亿日元。这场金融灾难让我深刻体会到股市的风险和残酷。

尽管经历了这样的灾难，日本的股票市场却很快恢复了元气。仅在数月后的 1988 年 4 月，日经指数就创出了 26769.22 点的历史新高。在此期间，我和张世林也多次从公司那里得到被称为"大入"红包的 5000 日元或 10000 日元的奖励。

收获梦想

在日本研修的最后一个月，我是在东京证券图书馆里度过的。在那里，我几乎翻阅了所有能够找到的证券相关资料，每天从早上 8:30 坐到下午 17:30，不仅是为了完成研修报告，更多的是为了了解日本证券市场的发展历史。

在日本期间，我以《漫步日本证券市场》为总题，为国内一家媒体专栏撰稿，一共写了 10 多篇介绍日本证券市场的系列文章，如《日本的金融中心》《东京证券交易所》《日本证券公司》《日本证券公司职员》《日本股票投资者》《日本证券情报》《日本证券国际化进程》《日本证券公司分配制度简介》《浅谈日本商业服务接待》等，目的是提高自己对日本证券市场的观察和解析能力，同时向国内读者介绍我在日本证券业的所见所闻。

研修结束后，日本东京青年会议所组织了研修报告会，由日本自由民主党青年组织政要担任考官，每个研修生用日语报告了研修收获和体会，并回答考官提出的问题，然后向日方递交了用日语书写的研修报告。报告通过后，日方则为每个研修生颁发了结业证书。

从日本归来，回到北京集中总结，我在专业研修报告之外，还向组织递交了一份厚厚的《赴日研修个人总结报告》，其中谈到一年海外研修的体会时，我这样写道："这一年的研修生活是人生中难得的学习和锻炼机会，在充满异国情趣和与我们不同的社会制度的环境下，既有热情，又有冷漠，我们似客、似学生，又似被布施的对象。虽然天天欢笑堆在脸上，但是对家人的思念，对祖国前程的苦思，整天交织在心头……这一年虽身居异国他乡，但无时无刻不在怀念国内的一切。每天的电视新闻里面最让我关注的就是与我国相关的新闻，每天的《经济新闻》《朝日新闻》《读卖新闻》等报纸拿到手，首先翻到国际版，每天回到宿舍第一件事，就是阅读《人民日报》海外版。即使参观游玩时，留下最深印象的也是与我国有关联的人文景观。我坚定地相信，我国如继续保持现在的发展势头，我们的子孙再到国外，就不会像我们今天这样寒酸了。"

作者简介

阚治东，已回沪。

1952 年 11 月，出生于上海。

1970 年，下乡到黑龙江逊克县。

1979 年，回上海考入银行工作。

1987 年，受团中央选派赴日本研修证券业务。

1988 年，任工商银行上海信托投资公司副总经理。

1990 年，任申银证券公司总裁。申银与万国证券公司合并后任申银万国证券公司总裁。

1999 年，创立深圳市创新科技投资有限公司，任总裁。

2005 年，创立深圳市东方现代产业投资管理有限公司，任总裁。

2014 年，成立东方汇富投资控股有限公司，业务遍布全国十几个省市。

曾任中国证券业协会第一任理事会常务理事，上海证券业协会第一任会长，上海证券交易所副理事长，深圳交易所理事，深圳市创业投资同业公会第一任会长。

曾获中国投融资行业领军人物、中国深圳创投领袖、100位中国最佳投资人、中国投资人500强TOP10荣誉称号等。

旅日旅韩进修教学两重天

翁敏华

　　从我 1968 年 8 月去北大荒下乡，至 1988 年 12 月到日本进修，正好相隔 20 年。这 20 年，正是我们祖国、我们个人华丽转身、翻天覆地变化的 20 年。打起背包，背井离乡，学习磨砺，奋发图强，两段经历给予自己的教益，令我终身受用。第一次留日我待了一年三个月，1990 年又"合作研究"半年。进入 21 世纪后，我以客座教授的名义，又去韩国大学工作了一年。现在回想起来，旅日与旅韩的身份不同，目的与感受也不同，可谓"两重天"。

旅日：我与后藤淑先生

我在昭和女子大学进修日本戏剧史与民俗学，师从日本能乐专家后藤淑先生。

后藤先生，1924年生人，1946年毕业于早稻田大学文学部，留校任职演剧博物馆馆员，专攻日本民俗艺能与传统艺能研究，退休后到昭和女大任教，是日本国文化财产保护审议会专门委员。我现在为上海市非遗保护委员会专家委员，与后藤先生的这一身份最为相近。在我第二次赴日的1995年，后藤先生获得了日本学术的最高奖项——紫绶奖。

听后藤先生上课是一种享受，特别是他时不时插讲"忆苦思甜"，非常有意思。他说他小时候从来不穿袜子，上大学后爱上戏剧，但买不起戏票，就买半价站票。他的父亲是村长，一心想让独子继承家业却没能如愿，他还说，上大学时有一位哲学教授津田先生很受学生敬重爱戴，却因为反战被封杀，著作被下架，人被开除，不知去向。战后，后藤和同学一起到东北的荒山野岭里去找老师，最终在一间草棚里找到了。

他还说，过去日本的学生们都很穷，但是每到岩波书刊出版的那一天，岩波书店门口就排起了长队，因为战争刚刚结束，青年学生要想知道真实的世界，要想获得真正有用的知识。而现在，哪个大学生口袋里没有几万日元的零用钱？但岩波书店门口再也看不到长龙了。

就这样，我跟着老师一路听了《艺能概论》《日本戏剧史》《生活文化史》等。因为有我在，老师上课时会尽量多写板书，用规范的语言讲课。有时只要有一个带疑问的眼神过去，老师就会转过身去多写几个字。凭着自己多年教学的经验，对老师的善意我是能感觉到的。感觉到了，便心怀感激，便会不由自主地想起鲁迅的《藤野先生》。有时老师一天上8堂课，我也跟听8堂，连我这听的人都感到累了，忍不住跟他说："您今天一天的课，赶上我在中国两个星期的工作量了。"老师说："乌拉呀嘛西呐（真羡慕啊）！"那天在电梯里遇到几位年轻教师，老师还把我的话复述给他们听，他们都叫起"乌拉呀嘛西"来，议论纷纷道："一边是有钱没闲，一边是有闲没钱。"其中一位说："我情愿用钱买闲，请问，哪里有卖的？"众人哈哈大笑。

除了跟堂听课，老师还安排我去他研究室进行"学术对谈"。我们从傩戏、傀儡、踏歌、田乐谈起，谈到日本能乐、中国南戏形式上的开场、表演，内容上的宗教故事、人物形象，还有伸出式舞台的大同小异、至今存在的祭祀驱逐功能，等等。我们还会在告别时互相布置"回家专业"。老师对中国戏剧很有兴趣。他于 50 年间收集调查的日本假面剧照片有 5 万张之多，凭直觉感到日本的假面艺术与中国文化不无关系，但他阅读中国戏剧史著作，却未发现有关假面的只言片语，很是失望。中日恢复外交关系后，每有学生到中国留学，他都要嘱咐：如果中国大陆有假面剧方面的消息，速告。果然，一个学生在信中说：中国的西南少数民族地区近年发现假面剧傩戏。他听说后高兴极了，第二天就着手准备前往中国，听说那些地方是崇山峻岭，他还特意去检查了身体。那一年，先生的老师本田安次先生已八十岁高龄，也要去，还态度坚决。就这样，老师乘兴而来、满载而归。这是他唯一一次出国。他的小女儿多次到美国旅游，并要带父亲同去，他都不去，说：美国又没有什么东西吸引我，这不是浪费时间浪费钱吗？

在贵州土家族的"傩堂戏"中，他看到了日本民俗艺能的许多影子：傩堂戏主持者"土老师"逆顺逆的转身顺序、五星型的跳跃方法，与日本艺能中阴阳师的"反闭"法很相似；傩戏中戴黑、白两种面具的土地神形象，则令他联想到日本能乐开场的"翁"曲——也是先戴黑面具、再换白面具。有一次，他对我感慨："日本，简直就像中国的一个少数民族。"我说："文化的流动，本来就不是国界所能阻隔的。"

那天，我刚步入他的研究室，就听见他问我："有什么问题要问吗？不然我可要提问了啊！"我知道他前半句指的是他给我布置的阅读日本古籍《群书类丛》《日本书纪》里的那些段落，他要提问的则是我给他"布置"的中国书籍中他读不下来的地方。他的"开场白"才说完，却全然不等我提问，先迫不及待地自己"享用"起来：什么是"药发傀儡""肉傀儡"，什么是"峙田乐"，等等。我的回答令他满意，他就哈哈两声，那不是笑，是慨叹，日本人都这样。

终于等到我提问了。我把摘抄于中文辞典的"俳优""田乐"条目交给他。一看"田乐"条，他惊叫起来："这段文字，怎么和日本的一模一样？"我不信，他便领我到图书馆藏书库同去查对。在狭小而幽暗的书架通道中，他蹲在那里翻书找书，好容易找到了，果然一字不差。他说是中国抄日本的，我说是日本抄中国的。我说张鷟的《朝野佥载》是中国唐代的书，而日本的大藏卿匡房卿比张鷟晚。其实我知道张鷟《朝野佥载》靠不住，心虚着。果然他将我一军："唐代有'永长'年号吗？"正击中我软肋。于是我败下阵来，承认《洛阳田乐记》是日本的可能性大。于是他像孩子般高兴得大笑起来……

他又问我，中国滑稽戏中有没有判官查小偷，结果查到自己上司那里去的情节？他说这段日记年代较早，当时的日本人似还编不出这样复杂的戏剧故事来，因而有学者怀疑它来自中国。我说："日本人不也很聪明吗？"可连我自己都听出来了，我的话里有不止一分的得意。

这样的"对话"场景还每每延伸到饭店。天色已暗，而"对话"意犹未尽，老师就会引我进小饭店去，继续"口诛笔伐"——我的日语口语不够用，便借助笔墨纸张。服务小姐端上菜来，先生一挥手："放到边上去。"这一放，每每放到饭菜冷掉。我至今珍藏着留有先生亲笔的纸片。有时翻出来看看，像鲁迅抬头看藤野先生的照片一样，用于勉励自己。

"对话"了两个月后，老师让我与他合作，给昭和女大学报《学苑》写论文，题目为《日本古典艺能再考》。老师与我议了提纲，包括"散乐考""俳优考""相扑考"等六章节，让我先写中国部分，用日文写，然后他修改我写的部分，并接写日本部分。老师很重视资料，资料排列很长一溜，他说不要紧，可以连载。我回宿舍写的时候还是先用一个晚上写2000字左右的中文稿，再花两个晚上译成日文，自己誊抄。后来校样下来，发现我的名字在前，我画个"S"调整一下次序。等正式发表，还是我的名字在前！

1989年3月18日，后藤老师领我去北区公（民）会馆，考察神乐、田乐、日本式狮子舞、打年糕歌、田游及吉谷神社奉纳舞。约好11:30在高田马场Big box（一大楼名）会面。我提前出门，先到新宿买了个佳能自动相机，花费26000日元。都说友都八喜（YODOBASHI）的相机是全东京最便宜的，果然如此。我还问商店讨了一卷24张的彩色胶卷（都是留学生们教的）。新相机正好用上，拍了十几张民俗艺能的场面。活动主持人本田老师已82岁，但口齿清晰、反应灵敏。我看得很认真，一边请教老师，一边作记录，宣传册上至今还留有许多笔迹。活动后，我们还拍照留念。就这样，我有了与两位老师的合影。照片里，我穿着日本祭礼服，两襟有"东京都民俗艺能保存会"字样，方巾飘动，神采飞扬。

就这样，后藤老师常带着我外出观摩、考察、参加学术会议。初夏的一天，我们在稻荷神社等着看神乐，有闲，我便跟老师瞎聊，竟把先生的恋爱婚姻史采访到手。过后向朋友炫耀，大家惊道："本事不小嘛！我们来了多少年了，至今跟导师说话连大气都不敢出。干脆，你改行当记者得了！"

翁敏华（右二）在后藤淑、本田安次两位老师的带领下，一同考察民俗艺能

日本人把结婚分作两类，一类叫"恋爱结婚"，一类叫"见合结婚"，后者顾名思义，就是"相亲"。问先生属于哪一类，答曰"见合"。

"哦？这么说，先生不曾恋爱过？"

"怎么会没有？爱过一个大学同班女同学。不过，那是'片手恋爱'。"

"片手"的词义我懂，就是"单程"。单程车票在日语中叫"片手切符"。那么，"片手恋爱"不就是"单相思"了吗？

"是的。她另有所爱，不久就结婚了。而我，只好接受传统的'见合'形式。无奈屡屡'见'而不'合'，直到第十个，才颇喜欢，她就是我现在的夫人。"

"听了先生的故事，真想能见见这两位先生生命历程中的重要女子。"

"初恋的那一个已经'没'了。她临死前的最后一个愿望，就是见一见我。"

"那您去了吗？"

"去了。怎能不去？"

心在一点点地沉下去。爱情，总与生离死别相缦相结。这，同样不分国别。

后藤先生就是这样的一位好老师，学问好，为人亦好，坦诚，爽直，平易近人，对学生要求严格，又不会让你感到害怕。和先生在一起，无论是讨论问题还是聊家常，总像是面对老朋友一样。在日本的中国留学生中，不少人与导师的关系处得并不好，以致有人在华文报纸上撰文呼喊道："藤野先生，您在哪儿？"读得多了，更为自己能遇到好老师而感到庆幸。回国后，我开始重视傩戏，重视田野调查，重视民俗戏剧与文人戏剧的比较研究，这一切，都与后藤淑先生给予我的教导与帮助分不开。

2018 年夏，我到东京怀旧。后藤先生早已往生，我见到了先生的大弟子山本晶子教授。聊起后藤先生，泪眼人对泪眼人。山本感慨道："现在的昭和女大，能这么在一起聊聊后藤先生的，几乎没人啦！"告别后，我又一个人在校园里走走。所到各处都有后藤老师的身影。礼堂门口是老师递给我钥匙的地方，他让我自个儿先去九楼研究室等着；树下长椅是他给我讲樱花"瞬寂"之美的地方；出了校门，左转走出百米，过天桥，是老师等车回家的站头，分明又见老师向我略一示意，道一声"じゃー"后飞快跑去，风掀起了他老人家灰黑色薄呢大衣的一角……

30 余年过去了。一个时代过去了！

旅韩：我与大学生们在一起

2002 年，我到韩国庆尚南道大邱市的庆山大学工作了一年，同时考察韩国戏剧与民俗，最终完成了"中日韩戏剧文化比较研究"的国家社科基金项目。

庆山大学设在山上，整座小山就是一所大学，宿舍在山脚，办公楼在山顶，教室在半山腰。我投宿在三号宿舍楼 310 室，笃底一间，倒也清静。周围都是学生，只我一个老师。房间很小，只有一室，条件不能算很好。到达后我的第一篇日记，是仿刘禹锡《陋室铭》写的一篇"斗室铭"："山不在高，有绿则灵；水不在深，有石则鸣；室不在大，有电话则行。"斗室是我的"根据地"，从斗室出发，北上首尔，南下釜山，东进浦项，西去全州光州，看戏，看资料，访前辈，交朋友，看民俗文化节庆，看同根异花的中韩演艺。每次满载而归回到斗室，把心得体会抖落在纸面上，心就会欢喜得直想哭。

到达韩国的第一夜，隔壁几个女生就来看我，送来一根棒棒糖，一只西红柿。我也请她们喝中国茶，用简单英语聊了两句。聊到唱歌，我问她们喜欢什么样的中国歌曲，她们异口同声道："嗯咪咪。"

我脑子迅速转动，想不出"嗯咪咪"是个什么歌。我让她们哼哼，她们害羞地推让了一会儿，有个大胆点的，就哼了起来。哦——原来是"甜蜜蜜"，原来是邓丽君的《甜蜜蜜》!

邓丽君的《甜蜜蜜》我当然会唱，我清了清嗓子唱起来，刚一句，女生们就热烈地鼓起掌来。等唱完，掌声更响。一位个子大点、挺阳光的女孩儿站起来，哇啦哇啦说了一气韩语，还做了个好像打人的动作，边上的文静女孩用英语对我说："老师唱得这么好，朴同学了，她明天就去给那个唱《甜蜜蜜》的韩国歌手吃耳光。"

这样的马屁还从来没有领教过! 等房间里恢复了安静，一个人了，心里还是甜蜜蜜的，一边吮着棒棒糖，一边将那歌儿又从头至尾轻轻唱了一遍。"真有这么好吗? 真比他们歌手唱得还好吗?"自唱自评了一番。

日子就这样由一首歌和一根棒棒糖开局，甜蜜蜜地过了下去。

在教室里教唱《甜蜜蜜》，学生们甜嫩嫩的歌喉响起，整个空间便像流淌着蜜糖。

和学生们一同看香港电影《甜蜜蜜》。过后我问："张曼玉扮演的女主人公和她的男朋友没钱，没地位，没有像样的住所，明明是苦，为什么还叫'甜蜜蜜'?"

几乎无有歧见，同学们一致认为："因为有爱，所以甜蜜蜜。"

是啊，张曼玉坐在男朋友自行车后座上，一边甩着两条腿，一边肆无忌惮地高唱《甜蜜蜜》，难道她心里不是甜蜜的? 难道非要坐到男人的高级轿车里心才会甜? 难道有高级轿车坐就一定会心里甜蜜蜜?

学生喜欢我的课，甜蜜蜜。

学生驾车带我去春游，让我系好安全带，"老师不系好我不开车"，甜蜜蜜。

学生看我穿好看的衣服去上课，有中华民族特色，起立，叫好，鼓掌，自然甜蜜蜜。

一年将尽，食堂组织联欢活动，并鼓动我唱歌，我要大家点歌，结果还是点了《甜蜜蜜》，掌声雷动。一位食堂的工作人员"阿祖妈"头戴维吾尔族小帽，手拍小鼓跳起舞来，还拉我跟她一起载歌载舞。真狂放! 真爽!

后来我知道，韩语里面形容笑的美感，没有"笑得很甜"这样的表达。而

"甜蜜蜜，你笑得甜蜜蜜"，完全是一种从味觉到视觉的"通感"。难怪韩国学生一唱起它来，一张张光洁灵动的脸上会漾出甜来。这种修辞方法，表现了中文的灵动，弥补了韩语的枯索。1999 年，韩国播放的一部电视连续剧《为了爱情》，就以《甜蜜蜜》作为主题歌。韩国的故事用中国的歌，也是韩国人好学善用、以中国式表达弥补自身不足的一个明证。

怪不得，韩国人似乎没有一个人不知道《甜蜜蜜》，卡拉 OK 里中文歌不多，《甜蜜蜜》却处处都有，用曲里拐弯的韩文标字幕，一个字也不识，旋律却是熟悉得如同身体的一个组成部分。想起一段关于《国际歌》的话：尽管语言不通，但一唱起《国际歌》，我们就能找到自己的朋友。这里，一唱起《甜蜜蜜》，就能找到我们共同的根。中国人"哦那啦、哦那啦"地唱着"大长今"，韩国人"甜蜜蜜"地唱着邓丽君，就这样，中韩两国人民的心离得很近。

我这个人无甚大病，然身体不很强壮。到韩国时，便在身边带了块刮痧板。别的部位自己能行，背部必须靠他人帮忙。在家靠老公，到韩国，我想女学生总归可以帮我的。我知道韩国对中国的医学仿效颇多，针灸火罐都有，那么，对刮痧应当也不陌生的吧？

我想当然了。至少韩国年轻女生对此相当陌生。我要跟她们解说半天，她们才能明白为什么要刮、怎么刮。待到让她们刮，一下一下，总是太轻，刮不出痧来。但人家孩子聪明，一两次后就教会了。3 月底，韩国受沙尘暴袭击，因为毫无思想准备，没做任何防御，结果支气管炎发作，上课时一点声音都发不出来。至惠，一个羞答答的女孩子，跑来给我送药递水。我让她刮痧，教了一会儿，她倒还下得了手。刮了一阵子，她用刮板轻扣我上背，"Very 红"，又扣扣下背，"Little 红"。我知道，上呼吸道毛病，上面一定是"Very 红"的。

如今，回国已经多年。在家里只要一刮痧，还似有怯生生的声音自远处传来："Little 红"——"Very 红"。

斗室之所以须"铭"，是因为异国斗室里所经历的事。我与我的学生们一起演绎的故事，让我刻骨铭心。

韩国人的语言能力一般都很强。韩语的发音系统复杂，据说是世界上语音最丰富的语种之一。韩国歌曲的好听，也与他们语音的丰富多变有关。

我去韩国那几年，中国大地正"韩流"滚滚，韩国也"汉流"滔滔。汉流的第一表现，便是学习汉语。在韩国，如今学汉语比学英语还热门。庆山大学 1996 年始设中文专业，到 2002 年，只过了 6 年，中文已成为热门专业。他们国际语学部（系）进来的新生先不分专业，一年级上基础课，自由试听英语课和中文课，到一年级期末才真正选择专业。我以为肯定选英文的多，其实不然。系主任金遇锡老师说："学生稍一犹豫稍一疏忽，中文系就没有余额了。"期末常有学生到系主任处"泡蘑菇"，坐着不走，要系主任助他实现"夙愿"，开读"心仪已久"的中文专业。我很幸运，赶上个好时候去教中文。此前去庆山大学的中国老师都是朝鲜族，我是第一个不懂韩语的汉人，教授方法又灵活，便受学生欢迎追捧，有了不少"粉丝"。

但是，教汉语很累。教低年级总得借助点什么（比如英语），教高年级你得知道他们过去学了什么，用已学过的词汇跟他们对话。学生说着说着会忘了我不懂韩语，一急，就会口吐韩语，再看到我毫无表情，才猛想起我没"耳朵"，便到胸口话匣子里搜索中文单词，还怕不对，一边哆哆嗦嗦地试着吐出，一边看着你表情变化。学语言，很累，师生都累。

学生们都很用功，夜以继日地学，常常来我研究室请教。他们老师说："有这么好的中国老师在身边，还不好好利用？"他们要把我用足。我心甘情愿让他们用足。

中文教室里学生坐得满满当当，晚来就找不到位子。有些不是中文系的同学，也会来旁听，作为选修。有时旁听生学得比专业生还好，因为兴趣使然。二年级的崔祯允，是他们（韩）国文系三年级学生，他手上的教科书与众不同。人家是恨拼音注得不够多，自己还要加注几个，他倒好，把汉字上的拼音全用修正液抹掉。我问他原因，他说他的学习方法是：背诵出一课，就抹掉一课，不让自己有丝毫的依赖思想。连后面没有教过的部分也有抹去的，原来他都预习过了，会读了。我将崔的课本举起给中文系学生看，他们纷纷汗颜。我问他为何选择中文作为选修科目，他说："因为喜欢，因为中文的读音非常漂亮。"让外国人这么赞美中文的读音，我真的有点心花怒放。他用"漂亮"一词形容中文读音，可见他自己有两只"漂亮"的耳朵，还有一颗"漂亮"的心。我把这个意思一说，他开心地笑了，脸上顿时"漂亮"了起来。

韩国大学教学非常严格。金老师调走后，系主任由刚从哈佛大学进修回来的孙老师担任。学生看到她，比看到金老师还怕。一天课上，一名学生读课文时把"我"读成了"吾"，孙老师勃然大怒，劈头盖脸地说："你连最基本的'我'都读不好，你永远去不了中国！"那瘦男生哭咧咧地到我处来，说是专门来学"我"字发音的。我忍俊不禁，说："现在中国的小青年也有'我'字发不好，也'吾、吾'的。"他同来的学长笑了，说他有几个中国朋友，果然也是"吾、吾"的。我说，走，跟我一起去见孙老师，我来跟她说，说"吾"就是"我"，更多些文言色彩，中国小青年现在返古，韩国学生"吾"一下也无大碍。两名学生让我说乐了，但他们不敢去，最后，只好反复操练"我——我——我"了事。

韩国人很懂得以娱乐助学习，学汉语时也如此。他们常常会建议我教唱中国歌，在音乐歌唱的快乐中把握中文、记忆中文，系里的语言实验室中有大量的中国电影电视剧，供给同学一边观赏一边接受听力训练。他们还会创造出一些中文游戏来，如"击鼓传花""咬耳朵传话""抢答成语"等。一叠纸上写有若干中文单词，全体同学都面对着它，只有一个同学背对着，另外一个同学说一句相关的中文话语，或者用肢体动作暗示，那个背对的同学猜上面的单词，这在我国也十分多见。说一句话的同学受到的考验最大，因为对口语表达的要求最高，猜单词的同学的听力要求高，反应要快。例如，纸上是"图书馆"一词，解说为"我们学习的地方"，猜为"学校"；"我们读书的地方"，结果猜"教室"了；再来一次"下课以后我们读书学习的地方"，才猜到"图书馆"。

中文系同学常常玩这样的游戏，隔一段时间，大概一两周吧，单词积累到一定量时，就举行一次，像小测验一样。他们还带到 MT 郊游上去做，称"学习型 MT"。

在学生们的启发下，我也设计了两项文字游戏，一是"词语接龙"，"母亲、亲人、人民"这样一路地接下去；一是"词语组花"，如把"馆"字作花心，花瓣有"图书""博物""体育""展览"等，如此举一反三。

我也常常寓教于乐，唱歌跳舞做游戏，吃中国点心，看中国电影电视。我让上海的侄女帮我弄到一盘中文版《野蛮女友》，放给学生们看，一上来就把他们逗得哈哈大笑：他们突然看到韩国人说起中国话来了，而且说得挺合口型。有的同学嘴里念念有词，估计是在复原韩语表达。演到后面感人之处，好些女生唏嘘不已。我又一次深切地感受到，中国的译制片是一流的。

我的汉语教学得到了韩国同行的肯定，后来我还到全州大学的一个学术节上去介绍经验。我说，汉语是一种美丽的语言，具有音乐性和美术性，我正是抓住了这两个特性开展教学的：引入具有绘画意味的文字游戏，引入"诵""歌"等音乐成分。当时，我演讲的题目是《美丽的汉语，快乐的学习》。

在韩国任教一年。最后一天课上，我教唱了中华人民共和国国歌。

于是，我们便有了一个非常特殊的结束。

那是一个在北京短期留过学的女生向我建议的。她说，那年五一，她们为了到天安门广场看升旗仪式，早晨3点多就起了床，学校大门没开就爬墙出去，又找出租又步行的，终于在5点前赶到了天安门。广场还没有开，周围已是人山人海。武警战士终于把围栏挪开，人们一拥而进，飞快奔跑，她们也被裹挟在人群中一起飞跑。等到解放军战士把一面五星红旗冉冉升起，眼看着红旗在蓝天猎猎飘扬，耳听着雄伟壮丽的国歌音乐，她们也像周围的中国人一样，落下了眼泪。

我问："那么，想学中国国歌吗？"

"想！"

我打印了歌词，介绍了词曲作者，领着读了两遍。"好，我先给大家唱一遍。"话音刚落，学生们就用嘴给我来了段前奏："嘣嘣嘣嘣嘣、嘣，嘣嘣嘣嘣嘣嘣嘣、嘣，嘣嘣嘣嘣嘣嘣嘣——嘣"！课堂气氛立即活跃起来，我也唱得格外有力。

"起来——唱！""起来……"，"不对不对！要后拍起，——起来！"

"起来！"

"还是不对，这样吧，大家跟我跺一脚，跺下去后再起唱，——起来！"

"——起来！"

"哎，对了！"

笑脸相向！

一边教着，一句一句，一边在心里感慨万千。

这可是我自小学一年级自己学会唱这首歌以来，第一次教唱国歌。

原先不觉得，原来这首歌里有这么多的后拍起。"——起来"，"——不愿做奴隶的人们"，"——把我们的血肉"，"——最危险的时候"，等等。

学生们跺着脚唱，咚、咚的，唱得很有节奏感，像在唱一首进行曲。那雄浑的气势，高亢的音调，还真像那么一回事！

临下课，我说："作为回报，你们给老师唱一首韩国国歌，要像韩国运动员一样，扪心而歌。"他们齐声唱着，仰着头，人人举起右手捂着左胸。年轻的脸上闪耀着自豪。四段，那么长。然而我注意了，没有人背不出，没有人"吃螺蛳"。我只听懂了一点点，但差一点也像学生们曾经有过的那样，在邻国的国歌声中掉下泪来。

作者简介

翁敏华，已回沪。

1949 年 5 月，出生于上海。

1968 年，赴黑龙江生产建设兵团五师五十三团工作。

1982 年，毕业于上海师范学院中文系，元明清戏曲学专业，获文学硕士学位。

上海师范大学教授、博士生导师。中国戏剧家协会上海分会、上海作家协会会员。曾任中国民俗学会、上海民间文艺家协会理事，上海中国戏曲学会副会长、上海师范大学女子文化学院常务副院长、妇委会主任等职。出版学术著作《龚自珍》《中国戏曲》《艺术学》(译著)、《中国戏剧与民俗》《关汉卿戏曲选评》《桃花扇选评》《中日韩戏剧文化因缘研究》《古剧民俗论》《东亚戏剧互动史》《中国戏曲与节日民俗》等十余部。

《中日韩戏剧文化因缘研究》及论文《中日古典戏剧形态比较——以昆曲与能乐为主要对象》，曾获上海市哲学社会科学优秀成果奖。

业余写作散文随笔、报告文学，共发表逾百万字，多次在海内外获奖，并出版散文集《讨好岁月》《浸泡韩国》《遗落在北大荒的青春》《昆曲雅酌》等。1999 年，出版于江苏教育出版社的报告文学集《你是我的太阳》(与人合作)，获国家图书二等奖。

留日专攻教育实践学

王一敏

结发夫妻定居横滨

我觉得现在的自己，很清静。生活在日本横滨市的海边，存款有一点，足够养老，但走到上海的大马路上，绝无掼派头的气魄。

我觉得现在的自己，很平和。当年负笈东瀛初时的女性好友，随着三观的开阔、人性个体的感悟，她们中不少人与旧的异性分手，又与新的异性结合，我大都了解实情，我大都支持她们。她们新的伴侣一般都不错，现在都已相安无事地一起步入老年。不过她们又很羡慕我，有时还带点儿可爱的妒意。因为我和先生的"结发"，从祖国北部僻远的农村开始。

1969 年秋，我 15 岁，先生 16 岁，我们和许多同龄人一起，在上海干部的带领下，万里迢迢来到地处中国北极地域的漠河务农。我们落户的小屯有一片灰黑结实的木刻楞矮房，紧贴着黑龙江的岸边。之后，我们在屯边种地，去河套捕鱼，到地营子打草，上山伐木……我们的眼睛天天出国，视界里，有对岸边防军高高的岗哨亭，有色彩缤纷的俄罗斯民居，还有半导体收音机里塔斯社的中文广播。

半个多世纪过去，不知从何时开始，农民成了人们调侃的代名词。你当过农民啊？你怎么像个老农民？农民称谓的背后，是传统保守、老婆热炕、刻苦忍耐、人畜平等、粗糙真诚……

拥有农民身份的岁月，在自己的漫漫人生中，只是弹指之间，但时至今日，铭刻于心。曾经，有把刀，将一些城市女孩男孩人生的某一段，切开，原本轨迹的芳华岁月，原本身心最困惑的青春时光，突然之间，掺揉着马粪牛屎，洋洋洒洒，一股脑地，抛向了那片黑色的土地和山林。敲锣打鼓地，无声沉重地，直挺挺地，让底层生息地的洪荒和贫瘠，自由地潜入自己的灵魂，成为自己体内原生资源的组成部分。打那以后，当我抬头举目远行之路，心里已经没有了畏惧。

曾经，中苏边境线上弥漫着浓浓的战斗硝烟。1970 年 1 月上旬，气温零下 53 度，破历史纪录的高寒，把屯里的炊烟，狠狠地压到屋檐底下。那一天，16 岁的先生被选派去运送战备粮，同行的还有上海老干部刘天云。半夜的黑龙江冰道上，他们用一根草绳箍紧透风的棉袄，每人怀里揣着两颗手榴弹。凌晨，对岸的老毛

2009 年，王一敏（左一）第二次返乡，与先生在黑龙江边留影，身后是对岸俄罗斯的村落

子出动了坦克，与运粮的爬犁对峙并行，第一次参加行动的先生，紧张，兴奋，却不谙当地常识，不时警觉地竖起皮帽的两只耳朵，结果差点冻掉了他自身的两只肉体耳朵。多年之后的今日，疫情共存之下，已上了年纪的我们每天出门要戴口罩，可他萎缩僵硬的双耳壳难以挂住口罩，十分窘迫。

啊，一晃，55年已经过去！

55年的风和雨，我们从北国农村返回上海，又从上海的高校东渡日本访问留学。21世纪初，先生和我分别回国工作，晚年退休后又再次赴日到横滨，与女儿一家团聚。眼前，跃动着两个活泼可爱的外孙女。小的，爱说爱笑，善解人意，嘴巴像涂了蜜，每天外公长外婆短。大的，正好是我当年下乡的年纪，她长胳膊长腿，个头早已大大超过了我，正梦想着成为一名专业芭蕾舞者……

于是，我和先生每天看着她们成长，平静而享受。

从讲台老师到打工老王

记得50年前的某个夏夜，我突然看到黑龙江对岸的天边，有几道浅白泛绿的光芒在摇晃，它们交叉游动，如同嬉戏的天龙，让我惊诧得合不拢嘴，难道这就是传说中的北极光么？是老乡们口中的难测征兆？奇异的光色永久地储存在迷茫的心里……

过了十多年，时至1989年初秋，当我走下鉴真号的悬梯，初次踏上大阪港的一瞬间，自己的心突然被瓦蓝瓦蓝的晴空与阳光下一片熠熠生辉的白色屋顶击中，这是继漠河北极光之后，又一次打动我心念的光与色。

时间的沉入，让人生的光色开始不断地透析回照自身，它穿过自己在国内大学既定的生活方式，穿过自己雪夜在北国国境线上扛枪巡逻的勇敢，穿过无限崇拜时代接受领袖检阅时的亢奋，再往下，就是红领巾与雷锋时代的自己了。

留学前，我曾经很自以为是，在国内大学工作了十年，肩头曾扛有一官半职，那时却很不甘心，不顾自己行走的步履是否端正，心头时常会冒起能在某一日进入某一学术或行政"梯队"的妄想。那些年，真是心情杂乱，看着自己那些在杂志刊物上出现的文字，总是按捺不住内心的洋洋自得。从农民到国内知识阶层的生活，曾使我们拥有自以为是的经验，我以为经验是成熟的东西，是过来的事实，是人生的财富，因此，很少去主动意识，它可能成为另一方面的某种障碍。

光与色是宇宙的永恒。也许正是因为生命的不可逆转性，才有了催促人类不断自我否定与再生的功效；也许正是未知体验的引诱，才激扬起人心的好奇与勇气，从而酿就个人行为的革命性。如果从这个视角审问自己，留学日本于我而言可以说是继成为北国农民之后，又一次有点革命意味的自我挑战。

到日本后，为求生计，我曾套上深蓝色的工作服，被人领到一台布满红红绿绿电钮开关的大机器前，进行真刀真枪的生产操作。那是一台大磨床，生锈粗糙的金属毛坯，在里面转上一分钟左右，再现在眼前的金属体便锃光雪亮。"打磨"一词的含义，真是从来也没有像那一刻那样现实形象。我的打工师傅是一位从中国吉林工业大学出来留学的小伙子，黑黑的面孔，厚厚的唇，满身机油，看模样很专业、挺真诚。他和我一样，都是自费生。

"老王，干这活挺简单，你看，只要这样往里一放就行了，然后取出时再测量一下精度，也就完了。"

"老王，干这活需要想象力，用一个小时的工资加减乘除，一分钟出一个零件，正好是一个鸡蛋的价值，你边干边想着一分钟机器给你下一个蛋，这样就不会枯燥了。"

小伙子"老王老王"地招呼我，叫得才30多岁的我心里挺别扭。

然而，让我真正难受的是在那一分钟一分钟站立等待机器下"蛋"的同时，指导教官指定的阅读论著还堆放在桌上，选修课程的学习报告还没翻成日语，日语进修课老师规定的朗读课文，自己的发音还很糟，更不用说给家人朋友的信都还拖欠着。

人的感觉真是十人十个样，我的眼前只有零件没有鸡蛋。于是，我悄悄纪律松懈起来，先是掏出单词纸条贴在不引人注意的地方，边看边熟读暗记，后来发展到看专业方面的内容。每日一心两用，像做"地下工作"。可是打工毕竟是课余，不能替代学业，课堂上吞进的大量信息尚一知半解，需要时间消化；机器旁闪现的无数零碎的思想念头，需要整块的时间集中整理。时间呀时间，为什么在需要它的时候，偏偏逝之如箭！百般无奈之下，我只能千方百计高效率地利用它，尤其是经常在深夜进行超负荷的思索。但是时间一长，神经系统渐渐运转失序，带来了顽固的失眠症；然后，像当时许多女留学生一样，月经停止；再接下去，脸上开始泛起一片片暗褐色的斑块。一个深夜，我糊里糊涂地把安眠药当作维生素 C，抓了一大把塞进嘴里（从上海带来的这两种西药，不仅是一个模样的小白片，还都包装在相同形状的暗黄色小玻璃瓶中），幸好当时死神没留意我，整整一个昼夜之后，我使劲地拍打自己的脑门，暗庆自己还活着！

病榻写书回国任教

当然，这一切在先生被日本公司聘任为研究员，以及自己获得奖学金以后，有了根本的改变，我终于能比较专心地进行自己有兴趣的学业了。我专攻的是教育实践学，主修职业指导。"职业指导"这门学科在中国教育界引起重视时已是 20 世纪 80 年代中期了，由于新中国成立以来，中国的劳动人事制度一直以国家分配为主导，导致中国的学校教育忽视了个人生计生存方面的教育内容。国家改革开放的不断深入，尤其是 20 世纪 90 年代国家劳动人事制度与大学生毕业分配制度的重大改革，终于为"职业指导"这门学科在中国的实践探索展开了天地，它对调节与开发人力资源市场、促进个人进行合理的职业选择，以及成功地进行人生规划和自我实现等方面，都具有非常重要的积极作用。但是，在多次回国调研的过程中，我又发现国内不少中学的教师对"职业指导"还不太了解，以为它就是就业指导。同时，国内设有"职业指导"这门学科的师范大学数量几乎是零。在一次回国探亲时，我从一位教育界老前辈那儿听到了有关职业指导在我国学校教育中急需展开的紧迫情况，又听说当时国内真正接受过职业指导专业教育并获得该专业硕士学位以上的大概只有两个人，一个当时正在英国，还有一个是在日本的我。

那时，我已经从研究生院毕业，在日本正式就职。每天早上化妆好脸面，替换着不同的衣饰，挤进满是上班族的电车。在电车上，我常常望着窗外自问，对于国内学校的职业指导教育，我能做些什么？我应该做些什么？虽然在这之前，我曾陪同指导教官（竹内登规夫教授，曾任日本进路指导学会会长）自费去上海的大学开过几次讲座，但这不够，日本人只谈日本的事，与中国隔着一堵墙。我想，眼下很重要的一项基础工作，是国内的大学应当让大学生们掌握职业指导的基本知识，而我首先可以着手的事，是写一本比较系统的职业指导方面的大学教科书!

于是，我正式下决心实施写书计划。我开始跑各类图书馆，收集各种资料，又多次回国，实地了解国情与统计信息，并自费对国内初中至大学学生的职业意识进行了较系统的调查与测试。我清楚，自己的手头如果没有社会的动态背景，职业指导只能成为空论。之后，我开始动笔写，在上下班的电车上，在工作休息的瞬间，甚至进厕所时也会匆匆涂上几个字，我的口袋里全是纸条，像以前在大机器操作的时代那样，晚上回到家再趴在电脑前整理文字。当大纲与章节细目敲定，第一章初稿完成的时候，正逢名古屋闷热的盛夏。

那几天，一到夜深人静，肝脏部位就感不适，也许是在国内时曾患过肝炎并多次复发的缘故，我清楚自身肉体零件的薄弱环节。我自然不敢大意，立即去医院检查、验血、做 B 超，诊断结果是"X"，因为 B 超的彩色照片上出现了两团白云似的影子。医生却说没大问题，拍个 CT 看看，CT 片子很快也出来了，影子更加清晰，标明的尺寸位置也更加明确，医生仍说好像没问题，但为了万一，最好再做 MRI（核磁共振）；当厚厚一叠 MRI 的片子堆在光板前时，我已记不清当时医生的详细说明，只听他说最好住院再进一步做生肝引取（活检）检查。

我生性敏感，这时的身心猛然狂乱起来，泪如泉涌，怎么也止不住。以后逢人便落泪，没人也落泪，每日泡在泪水里，直到眼窝里的泪水也干涸尽了。这时，人似乎冷静了许多。首先是想后事，想着想着便开始重新思索起人生，人生到底是什么呢？我像个初次踏入人世的孩子那样，面对着未知的将来。思久了，自己的心念逐渐清净，然后，居然有了视死如归的坦然感悟。最后，我想，该把自己过去发表的文字编个集子，其中有我在中国大地生存的记录和认知，尤其是我在北国当农民的青春脚印；还应该完成已经开了头的教科书，了却学术人生的一个夙愿。我的心愿提示我必须行动起来，提示我把参考资料和文字电脑搬进病房。当朋友同事来看望我时，他们奇怪地发现了正在病房里安静工作的我。

然而，当我感受到自己的先生经常痴痴地盯视自己的目光，看见他的双鬓突然出现了白发，心又哭了，我明白活着的人比自己更痛苦！后来他对我说，那一个月，他每夜不能入睡，脑子里只有一个念头："王一敏要是走了，这个世界上再也不会出现第二个王一敏了！"哦，这是多么实实在在的爱恋！后来我才知道，在这个医院，一年前有一个和我情况十分相似的患者，虽然经过各种门诊检查排除了万一，但一年后肿瘤却已泛滥无法挽救。所以医生决定要对我负责，要我进行肝活检，要我等待真正排除恶性的最后报告。我等到了！30年过去了，尽管每年我仍需要做一次 B 超检查，但我愿意耐心地与寄生在肉体零件上的它们和平共处下去。我非常快乐，因为我今后可以拥有许多许多时间做自己喜欢做的事，因为我对生命有了难以用语言表述的感受！

1996 年年末，30 万字左右的书稿《当代青年的职业选择与指导》终于完成，马上被上海教育出版社选中，并于 1997 年年底出版，国家教育委员会分管职业教育与指导的领导还为本书写了序言。2000 年，我回国任教，之后，先后出版了多部学术专著，为中国职业指导与生涯规划的学科建设，尽了自己的一份力量。

王一敏在国际职业指导与规划学术大会上发言

如今我已将进入古稀之年，当我回过头来，自然地，坦率地，真情地盘点自己的人生，我想说，很想感谢自己和自己的亲人！感谢自己在漠河生活的历练，感谢黑土地农民身份的底蕴！并且，这样的念头不断地在自己心头涌现，越来越强烈！因为，我觉得自己的思维认知状态与个人的行动方向，已经进入一种自我充实与自我实现的平实境界。

我想，人最爱的是自己的生命，每一个人的生命都应当是一次继往开来的伸展，我们无论生活在地球的哪一方，都应当追寻生命中的真我，心底从容地去扮演自己生涯的角色，作为妻子，作为母亲，作为外婆，作为某个专业的学者，作为文学写作的爱好者，作为某个地域的一个社会成员，作为旅行休闲者……

作者简介

王一敏，旅日华人。

1954 年 8 月，出生于上海。

1969 年 2 月，初中毕业下乡到上海县曹行公社（现为闵行区曹行乡）爱国大队陆家浜生产队落户。

1969 年 10 月，赴黑龙江省黑河地区呼玛县兴安公社（现为大兴安岭地区漠河市兴安乡）大河西生产队务农。

1974 年 10 月，回沪读大学，毕业于华东师范大学历史系。

1989 年 8 月，赴日本国立爱知教育大学大学院留学，获教育实践学硕士后，在日本就职。

从 1997 年起，在上海教育出版社、华东师范大学出版社、广西教育出版社出版个人专著 5 部，合著 1 部。

不惑之年东瀛留学去圆梦

方　韧

　　梦想人人都有，有梦就有方向和动力。我的人生就是在追梦和圆梦中往前走的。小时候我曾梦想：要上大学，做一个学识渊博的知识分子；想当老师，桃李满天下；想当国际海员，去周游世界。因为我的父亲及大伯、姑父、表哥都是国际海员，他们每到一个国际港口，都会给我们寄来一张明信片。我从小就从明信片里知道了世界各国的风土美景，渴望着长大了能够走出国门去看看外面的世界……后来，梦想成了泡影，1968 年 8 月，我报名去了黑龙江生产建设兵团。我在那里工作生活了 9 年，学会了种地、打井、盖房、修水利、打炮眼开山辟路、修建国防公路、写新闻报道……北大荒的风雪磨炼了我的坚韧意志。

留学梦

改革开放，国门打开，出国留学、进修一时成了热门话题。1988 年，我弟弟方承在这股潮流中去了日本留学。他先学语言，于 1991 年考取爱知淑德大学图书情报学硕士研究生。1992 年，学校新设立了留学生别科，招收外国留学生学习日语，为升入本科做语言准备。那年暑假方承弟回国，告诉我日本的城市公共交通非常发达，又说他所在的大学设立了留学生别科，他问我："姐姐，你是否想去我们学校留学生别科学习？""我当然想去呀！"我想去看外面的世界，走出国门学习深造。那时，我在上海城市公共交通部门工作，多么想让我国的交通也能像日本那样快捷方便，类似新干线、地铁、快速铁道、无障碍公交车、零换乘交通枢纽站等新设施也能出现在上海。9 月底，方承结束暑假回日本时，我将我的复旦大学新闻系的毕业证书交给了他。

两个月后，即 1992 年 11 月 21 日，我收到了日本爱知淑德大学留学生别科的入学通知书，并附有一张日本入国许可证。我真不敢相信这是真的——我可以出国留学去了！那年我已经 43 岁了。第二天，我拿着入学通知书和入国许可证，去公司干部处提出停薪留职申请。干部处处长听说我要出国留学大吃一惊："你都这么大岁数了，日本大学还能允许你留学，你有何法道呀？公司好多年轻人多次提出申请都被日本拒签了呢！"我答道："我也不知道为什么，我好像是在梦里。我连日语 50 个音标都没有学过呀！"毫无准备的我，终于在 1993 年 1 月 16 日带着 50 美元去往虹桥机场。妈妈、先生、女儿和我哥哥、侄女们，都来机场送行。分别时女儿挥着小手，欢笑着向我告别。亲人们也都千叮咛万嘱咐："在外多多保重，常来信。"上了飞机，望着上海城市建筑远远地离去，一片片雪白起伏的云海展现在我眼前。我思绪万千，去异国将会是怎样艰辛的日子？离开了家人孤身一人去闯荡，将会遇到哪些困难？今晚没有我在身边，才 7 岁的女儿会睡好觉吗？……担心、恐慌、思念，所有的不舍，一股脑儿涌上心头，眼泪止不住往下流。飞机飞行了两个小时，我的眼泪也流了两个小时。生怕旁人看见，我把脸一直朝向窗外，直到飞机停在了名古屋机场。要下飞机了，我不得不擦干眼泪走出机舱。

原定方承弟弟会来机场接我，左看右望却不见他身影，我按照他给我的电话号码，去公用电话亭，投下硬币开始拨号，不一会儿硬币退了出来，一次又一次投了十多次，硬币也退出十多次。在异国他乡，我居然不会打电话了！我焦急万分不知所措，一个小时后方承弟弟来了。他抱歉地说，路上堵车了。

方承弟弟的家，在名古屋市中心一栋老式简易的民房里。民房总共两层8户，每户都是6帖榻榻米约9平方米大的房间，一个3平方米的厨房连着一个壁橱。厕所和浴室都在一楼，是公用的。我住一楼，弟弟一家住在二楼。他先带我到一楼，打开房门对我说："姐姐，这是我给你租的房子。"我把行李拿进屋，屋里啥也没有呀，好凄凉的感觉。弟弟看我待着发愣的样子，说："先上我家吃饭去，吃完饭我带你去捡家具。现在是周六的晚上，今晚有人会把不用的旧家具扔出来，我们去捡。"

吃完晚饭，弟弟带我到大件垃圾的指定点去捡家具。借着路灯的光亮，我看到了不少家具——有大衣橱、桌子、写字台、冰箱，还有席梦思床垫……我们用自行车先将席梦思床垫运回家，回头又去把一个三门梳妆台拉回家。床垫当床，梳妆台既可梳妆，又可当书桌看书写字。第一天到异国就当了拾荒者，那种滋味真是难以言喻。后来，我见到一些较好的大衣橱桌椅等，又陆续搬回家。三个月里，家就被拾掇得像模像样，有了温馨的感觉。

留学生活点滴

1993年1月18日，我初次走进异国的大学校门，开始了留学生涯。爱知淑德大学，原来是日本比较著名的私立贵族女子大学，两年前，改成男女混合大学。我一到大学校门口，教务处长和别科科长已经在门口迎候。他们热情地接待我。我日语一点也不懂，好在日语中有很多汉字，看着资料可以猜出个大概。教务处先给我办入学手续，又仔细地向我介绍了学科内容，除了日语主课以外，还有计算机、书法、花道、茶道、家政等课程。

随后别科科长带我去教室上课。因我晚来了两天而误了一些课，其他留学生已经上课了。全班一共有7名学生，分别来自美国、泰国、韩国和中国。最小的只有21岁，我是班里最大的"妈妈"学生。坐在教室里，老师教的日语我一句也听不懂、记不住。其他留学生大多一教都会了，而且说得好流利。我岁数大了，记忆力减退，舌头也发硬。这年龄和年轻人一起学外语，确实难度很大呀！但是凭着一股韧劲和毅力，我硬是用两年时间闯过了语言关。

两年后，我的停薪留职期已满，是继续升学还是回国？我心想，语言学了，但还不精，目标中的日本先进交通知识还没有学，我还没有圆梦呀！

于是我再次向公司领导续假，得到了大力支持。1995 年 3 月，我被名城大学都市情报学部录取了。都市情报学部学习的内容很丰富，都是和城市管理有关的，涉及城市政治、经济、金融、医疗、福祉、交通、防灾、国际外交，等等。4 月6 日入学的第一天，我没有想到全学部 259 名学生中，还有一位已经 60 岁的日本妈妈。她还在市政府机关上班，听说这个学部新设立了专门培养政府机关公务员的学科，于是自费报名来充电。就这样，我们俩成了好朋友，班里的同学们亲切地叫我俩"北村妈妈"和"方妈妈"。虽然我们年岁已大，可是人老心不老，在学习上我从不服输、从不迟到、从不缺课。有一次去学校没有赶上学校班车，走着去肯定要迟到。平时连一瓶饮料都舍不得花钱买的我，立即叫了一辆出租车，赶到学校时上课的铃声刚刚响起。就这样，我坚持每天白天上课，晚上和周末、假期打工挣钱交学费，维持生活。上学、放学乘坐电车时，我就在车上做作业，写小论文。功夫不负有心人，我终于能用日语自如地读写解题，学习成绩名列前茅，获得了日本文部省的"教育奖学金"和"平和奖学金"。1999 年 3 月，48 岁的我顺利通过学士论文答辩，并被学校推荐直升硕士研究生班。两年后，51 岁的我又以每门学科考试成绩和论文都是 A 的优异成绩，获得了都市情报学（城市信息学）硕士学位，还成为全校唯一一名由校长颁发优秀留学生奖状和纪念品的学生。

第一次中日交通局职员互访

我在名城大学学习的专业是"都市情报学"，其中就包括我想学习的城市公共交通运营管理和 IT 交通信息等知识。打那以后，我除了每天在学校上课，还常常抽空去图书馆、去名古屋交通局资料馆查资料，去公交车队了解学习公交 IT 信息系统（就是我们现在的公交车站报站系统，1995 年日本已经实施了），参观公交无障碍低踏板车和名古屋地铁站的调度指令室。渐渐地，我和名古屋市交通局的职员们建立了深厚的感情。

　　1995 年 4 月 10 日，上海地铁 1 号线莘庄站至上海火车站通车了。公交总公司在改革中被拆分为巴士、大众和强生三家公司，政府要求公交企业要转亏为盈。名古屋交通局的干部们知道了，便很想去看看改革开放后的上海，去看看上海的地铁，去听听上海公交公司转亏为盈的经验。于是我们从 1996 年 12 月开始筹备去上海访问的事宜。我和上海地铁总公司及上海公用事业局联系，得到了这两个单位的领导的大力支持。来自名古屋交通局机关和各基层单位的 24 名干部将赴上海，他们中只有 3 名曾经去过中国。临行前，我义务给他们上了 6 次中文课，传授了一些中国的传统礼仪知识。1997 年 2 月 14 日，名古屋交通局开启了首次赴上海公用事业局开展城市公共交通交流的活动。我带他们乘上飞机，于当日下午四点多到达浦东机场。坐上大巴前往华亭宾馆时，一路上看到一栋栋新建的大厦和一幢幢老房子参差在一起，中间是一条条新建的道路。他们感慨地说："出乎我们的意料，上海正在快速建设中呀！"

　　第二天一早，访问团来到上海地铁总公司，受到朱沪生副总经理和周庆灏副经理及运营部办公室主任的热情接待。大家先听取了周副经理关于上海地铁 1 号线简况和 2 号线在建情况的介绍，回答了日本访问团的各种提问。随后，访问团介绍了名古屋的地铁运营情况。接着，周副经理带着访问团参观了漕宝路的车库、车辆修理厂、地铁调度指挥中心和地铁 1 号线人民广场站。下午，我们参观了上

1997 年名古屋交通局职员考察上海地铁车库（左图）和人民广场地铁站（右图）

海博物馆，他们第一次看到上海博物馆中的陶瓷、唐三彩、青铜器等珍稀展品，大开眼界，赞不绝口。

第三天，我又带他们去了玉佛寺、外滩、豫园，下午去看了杂技表演。晚上到我家聚餐，我和75岁的妈妈一起做了中国菜招待他们。他们第一次走进中国普通百姓家，第一次在民居品尝中国菜，那种高兴劲儿就甭提了！

第四天，我因要参加大学期末考试，提前回日本了。同济大学的杨晓光教授代替我陪同他们并作翻译。一早他们去浦东公交参观学习，下午又在局工会主席李介麟的陪同下，去自来水公司参加中日联欢活动。双方互相交流、互赠礼物，又唱又跳，十分开心融合。

几天后，即2月18日访问团返回名古屋后，团长就给我打电话，称这是他们一生中最难忘、最有意义的一次出访，希望上海和名古屋交通局的交流能持续不断。

随着上海地铁事业的发展，上海城市交通管理局需要进一步学习日本的新交通管理体系和ITS交通信息系统。上海城市交通管理局领导又通过我，多次联系日本相关的交通企业。2004年10月12日至18日，我带领由7人组成的"上海市城市交通管理局对日本'城市公共交通ITS系统'调查访问团"，赴日本东京、大阪和名古屋交通局学习考察。一周内，我带领他们走访了三地的交通局，交流取经，参观了东京新宿、池袋、东京车站和大阪梅田地铁行人导向系统及残疾人的导向系统。参观了名古屋一体化的综合枢纽站、查询系统和导轨公共汽车。此次交流让上海交通局的干部们大开眼界，对开拓制定上海城市公共交通的实施计划帮助很大。我也为实现上海和名古屋交通局互访，为上海城市公共交通的发展尽一份力量感到高兴——这不就是我的初心吗！

走上国际讲坛　为城市公共交通献计献策

在我大学四年级时，1998年7月24日至8月1日，在新潟长冈召开了长冈国际新设计——国际学生发表会。来自日本各大学的外国留学生23人和当地日本学生19人云集长冈市。这些留学生分别来自美国、中国、韩国、印度尼西亚、法国、德国、巴西、越南、蒙古、菲律宾、老挝等13个国家。那是我第一次以学生的身份参加国际学术会议。会议的主题是：为长冈市设计规划蓝图。报到那天，组委会宣布了议程和分组。我被分在第三组，组员有韩国、日本和中国的学生。前三天，学生需要自己确立课题、开展调查，然后根据调查的结果进行分析并制定规划。我和组里的同学一起走访考察了长冈市的骑楼、市中心道路交通，以及商业文化设施的情况。围绕保护和再利用开发的课题，我们提出了保护骑楼及其文化遗产，改造开发市中心，建立一座热闹、繁荣、安全、舒适的现代化新都市的规划蓝图，并建议导入 LRT 快速交通、步行者空间、购物中心、饮食中心、多用途中心、休息中心、夜文化中心的设想。方案提出后受到了组委会的好评，我被推荐为小组发言代表。这次参会为我写好学士论文打开了思路、做好了准备。

1999 年 5 月的一天，我的指导教授拿着一份 1999 上海国际城市交通学术研讨会的邀请函告诉我，学校决定若林、吉川两位教授（他俩是我的指导教授）和我一起去参加这次会议，还要我在会上发表我的论文《上海市与名古屋市公共交通对比分析》。听到这消息，我好惊喜，参加这样的学术研讨会是我梦寐以求的呀！我不仅可以站在国际演讲台上发表论文，更主要的是我可以在我出生的家乡发表与上海城市公共交通有关的论文。这也是我向家乡的领导和专家汇报我留学收获的一次极好的机会。

于是我放弃了打工挣钱的机会，全身心地扑在论文修改上。1999 上海国际城市交通学术研讨会，于当年 11 月 18 日至 20 日在上海科学会堂举行。会议由上海市科学技术协会、上海市交通工程学会主办，日本交通工程研究会、香港工程师学会等单位协办。

11 月 18 日开幕式举行那天，分管交通的上海市副市长、北京市副市长、香港路政署副署长、日本交通工程研究会会长、上海市人民政府副秘书长、上海公路学会副理事长，以及美国、英国、法国、日本等多国专家学者汇聚一堂。会上，我见到了我原来工作的公交总公司的老领导和地铁总公司的领导，大家久别重逢，欣喜万分。下午，我在会上宣读了我的论文，用大量数据和图片对上海市和名古屋市的公共交通现状进行了对比分析，并对构建和改善上海市公共交通的管理运营体系提出了设想方案，受到了与会专家的好评。我的论文被收入论文集和会议文集中。这是一次让我终生难忘的圆梦会议。

之后我又多次参加了与公共交通有关的学术研讨会。如"中国土木工程学会——中国巴士快速交通发展战略研讨会""2005 年上海市科协第三届学术年会暨上海市交通工程学会 2005 年学术年会"。会上，我将自己在海外留学考察收集到的世界各国一体化交通枢纽的事例制作成 PPT 展示给大家，并提出了在建设一体化交通枢纽时要考虑八大功能的建议方案。

自 1979 年通过招工考试进入上海公交公司以来，我对城市公共交通情有独钟。尤其到日本留学以后，无论出去旅游，还是去书店、图书馆，我都会去关注收集和交通有关的线路图、交通卡、车票、书籍，以及世界各国的交通邮票、车模及与交通相关的商品，每到一个城市，我都会去参观交通博物馆。亲朋好友出国旅游，我也会委托他们给我带一些该国城市的交通路线图和交通卡等资料。家里的书柜里摆放了不少世界各国的交通书籍。连我的女儿和外孙女们也受到我的影响，特别喜欢去参观交通博物馆，参与和交通相关的活动。2022 年，东京地铁公司开展用 3 年时间集全 144 个地铁车站印章的活动。我利用外出办事的机会，顺便买了一张 24 小时乘车卡，一个站、一条线地一个一个地攻破。每到一个车站，我都要收集一张该车站的交通地图，并到车站周边走走看看，了解它的历史文化和名胜古迹。外孙女们有空时也会和我一起坐车去盖章。心诚则灵，我用了两个月的时间不仅收集全 144 个地铁站的印章，还对 144 个地铁车站的景观特色、历史文化都有了新的了解。如今，我可以成为东京地铁站的导游了。我就是这样痴迷在城市公共交通的行业里，收集资料，对比思考，提出建议。为城市公共交通的发展作出一点点微不足道的贡献，累并快乐着！

从 2000 年起，上海城市交通发展很快，地铁建设突飞猛进，如今上海地铁线路里程、客流量都已经居世界第一。磁悬浮、高铁、轻轨、无人驾驶列车、高速道路等现代交通，已是梦想成真。快速便捷的交通枢纽网展现在我们的面前。今天的上海城市公共交通已不是我留学前的景象了。我不再羡慕外国的交通，而是为我国的交通建设速度和现状，感到无比骄傲和自豪。

复旦师生走进爱知世博会

2004 年 6 月，日本爱知世博会市民大讨论事务局，要寻找一所中国知名大学的学生，赴日参加 2005 年日本爱知世博会市民大讨论中的中日青年论坛会。名城大学的校友聂二中找到我，让我推荐一所北京或者上海的名牌大学。我不假思索地脱口而出："复旦大学可以吗？"二中即问："有可能吗？"我说："让我联系一下试试吧！"随即我找学校外事处联系，经外事处与校领导商量同意，指派校学生会秘书长钱海红同我对接。从那以后，我当起了中日两国青年学生之间的桥梁纽带，不仅成了他们的传话筒，还成为一名教练员。

中日青年论坛会的主题是：21世纪的主人公们以解决地球环境问题为目标，采取照片问卷调查的方式，收集一亿张世界各地的环境问题照片，形成数据库，开展大讨论。我们决定制作2005本专题研究的《漂流日记》传递给不同的国家、不同的对象，寻找新的要点。复旦学子与日本学子，计划于2005年8月21日至8月25日在爱知世博会的市民论坛上通过现场网络播放，展开"从海上到上海"的论坛。

为了让复旦学子能够充分展示自己的才艺，我每周都会抽出时间去母校义务辅导学生。

2004年12月17日至19日，日本爱知世博会市民大讨论访华团的日本青年，在爱知市民大讨论的事务局长铃木的带领下，到访复旦大学。校党委副书记陈立民接待了访问团。复旦学子首次和日本学子一起交流。这三天里，我陪伴他们去上海展览馆、2010年上海世博规划场馆参观考察，去外滩、豫园、东方明珠、新天地观光。和复旦学子一起商讨世博会主题活动的开展，接待、翻译紧张而忙碌，但能为母校，为促进中日青年的友谊交流作贡献，心里美滋滋的。

2005年8月21日至8月25日，复旦大学2名教师和5名学生首次走进2005年爱知世博会，这也是出现在爱知世博会上的唯一一所中国知名高等学府。

8月21日，爱地球21世纪中日青年论坛如期举行。5名复旦学子在海上广场的市民大讨论的舞台上，围绕青年、世博和环保的主题，进行了"复旦大学简历""复旦大学与世界博览会""2005年爱地球环保节活动""复旦大学环境保护协会""介绍和展望2010年上海世博会"等演讲。

世博会展馆里还展示了复旦学子用半年时间发动全校学生一起制作的50本《漂流日记》。里面写满了复旦学子"爱·地球的真情"和"渴望中日青年交流的期盼"。他们还通过大屏幕与场外的明治大学、千叶商科大学的青年学生互动对话，场面非常热闹！晚上六点半，论坛收尾了，会场上的人们还不愿意离去，拿着一本本《漂流日记》不停地翻看着。

2005 年爱知世博会上复旦大学生展示的《漂流日记》

活动结束后，复旦师生们还去参观了中国馆和日本的垃圾处理厂。

8 月 25 日，复旦师生要启程回国了，日本学生仍依依不舍，一直把他们送到机场。

日本企业参加首届中国国际进口博览会

2018 年 11 月，首届中国国际进口博览会在上海举行。那年 5 月，日本爱知县收到了邀请函，于是县政府召集了 10 家中小企业参展。为了做好参展工作，县政府将此项工作委托给爱知县 OBAC 一般社团法人海外支援中心。日中万方有限公司是该中心的会员单位，我和方承弟都是该中心的会员，也是日本中小企业的咨询员。因此，我们有幸成为爱知县企业参加上海首届中国国际进口博览会的具体执行者。方承弟负责日本十家参展企业的展品、资料的落实工作。我负责上海的展位设计、展板制作及与展委会的联系，并将中日双方有关展会的信息及时沟通落实。参展期间，我还承担了翻译工作。会展结束后，我们受到了爱知县 OBAC 一般社团法人海外支援中心和参展企业家们的一致好评。能为中日企业牵线搭桥，能与日资企业一起走进首届中国国际进口博览会，我感到万分荣幸。

我在各项中日文化交流活动中都不遗余力——联系、培训、翻译、陪伴……不少人问我："每项活动的咨询费和劳务费一定不少吧？"我坦诚地回答："几乎没有钱，我还常常自费跑腿。"有人不信："经济社会啊，你还义务劳动，傻不傻？"但我乐意。从小父母对我的教育就是要为别人着想，为社会作贡献，要知恩图报。在单位时，我也从不计较奖金和报酬。既然立志要为中日友好做点事，怎能把个人的利益放在第一呢！

事实上我也得到了不少情感上的回报：当名古屋交通局的同仁知道我的家人从未去过日本，便争相当保人邀请我全家赴日。我的母亲、先生和女儿抵达日本机场那天，24 位日本同仁举着"热烈欢迎"的标语牌，早早等候在机场的出口处，旁人还以为是哪国贵宾要来呢！尤其是原赴沪考察团团长岩濑信廣特地把自家的旧房子拆掉，重新盖了楼房来接待我全家。你说这份情谊难道不比金钱更可贵吗！

1997 年方韧的家人来日探亲，名古屋交通局 24 名职员在机场迎接

圆　梦

从上述内容可以看到，我上大学，当一个有学识的知识分子的梦，已经实现了。但我从小还梦想当一名教师，做一名育人的园丁。然而长久以来，我偏偏与教师职业无缘，时常会有人凭借我的长相问我："你是当老师的吗？"弄得我好尴尬。

2020年，我年届古稀，在日本照看外孙女，遇到疫情没能回国，谁料不久竟然圆了当老师的梦。如今，我在东京千彩学院教中文，实现了我儿时的梦想，成为一名华文教师。如何让日本的学生快速扎实地学好中文？如何弘扬好中国的传统文化，都成为我面临的课题。从2021年5月起，我有幸参加了由国家教委（现教育部）和国务院侨务办公室（以下简称"侨办"）委托北京华文学院、暨南大学、温州大学、华侨大学、宿州学院、浙江传媒学院举办的网上海外华人教师业务培训班。我参加了每一次的网上教师业务和教学技能培训班，有幸了解到世界各地的华文教育情况，认识了许多优秀的海外华文校长和教师，并学到了儿童教育心理学、海外华文教育知识，以及中文微视频制作、儿童绘本制作、华文古诗经典教学的方法和经验。疫情期间，我几乎每天学习没有停歇，总共参加了18次研修班，取得了18张结业证书，还被温州大学、宿州学院评为优秀学员。

教师要想给人一碗水，自己要先有一桶水。我把学到的知识应用在教学中，让学生们学有所得。2022年2月，有一位50岁的名叫水田诚的日本人，来学校参加成人初级中文班学习。那时候，他的中文基础是零。来校后，我用归类法、速记法、巧记法教他，他每周只来上课一到两个小时。经过半年的中文学习，他已经会说会写，还参加了那年由中国国家汉办举行的新汉语水平HSK一级、二级、三级、四级考试，并以优异的成绩取得了合格证书。一级、二级考试满分是200分，他分别取得了198分和191分；三级、四级考试满分为300分，他分别取得了262分和204分。一般取得四级合格证书，最短也要两年学习时间。学生学得好，我很有成就感，教得也很开心。还有一些4至8岁的华侨及非华裔子女，我用寓乐于教、寓教于乐的方法教他们学习。他们从不会中文到会说写中文，在快乐中学习，在学习中增加快乐。看着学生们的学习成就，我也变得年轻了。

　　2022 年 11 月，国家教委和侨办委托暨南大学举办"首届海外亲子诵读美视频大赛"。这次比赛有 35 个国家和地区，200 多个家庭和近百所华文学校参赛。我积极组织学校师生家长一起排练参赛，大家克服语言障碍，反复练习，完成了六组"跟着妈妈学中文"、一组"跟着爸爸学中文"、一组"跟着老师学中文"的视频。结果我们学院报名的 8 组家庭，在众多的参赛选手中脱颖而出，全部获奖。其中获得二等奖三个、三等奖五个，学校获得了优秀组织奖，我也被评为优秀指导教师。每一组参赛的学生和家长都高兴地说："第一次参加国际比赛，给了我们很大的锻炼，增强了我们学好中文的信心。"

　　在几十年的海外生活中能有这么多的收获，我的感悟是：活到老，学到老，奋斗到老。人生永远要在追梦、圆梦的路上，只要有所作为，梦想定能成真。

作者简介

方韧

1950 年 4 月，出生于上海。

1968 年 8 月，赴黑龙江生产建设兵团 5 师 55 团 4 营，曾任营报道员、团委副书记、妇联主任。

1979 年 8 月，招工考试进上海市公交公司汽车一场当售票员、宣传干事。

1980 年 1 月至 1992 年 12 月，曾任上海市公交总公司宣传干事，《上海公交报》记者、编辑；上海市新闻资料协会理事、上海市企业报记者协会副秘书长。

1989 年，毕业于复旦大学新闻学院。

1993 年 1 月，自费留学日本。

1999 年和 2001 年，获得日本"都市情报学"学士和硕士学位。

毕业后曾任日中万方有限会社董事长，上海派多纳投资管理咨询有限公司总经理，在上海交通投资（集团）有限公司、中国航天建筑设计院上海分院等单位工作。

2011 年至今，曾任上海市知识青年历史文化研究会第一、二届副秘书长、理事，现任理事。

全方位拍摄 14 座世界高峰

林志翔

70 岁在乔戈里峰北坡圆梦

2023 年 10 月 1 日凌晨 1 时左右，在乔戈里峰北坡冰川冰舌处海拔 4130 米的地方，周围气温已降为零下 20 摄氏度。我躺在一块大石头缝里，从厚厚的睡袋中探出头往前看。月光下，一座雪峰矗立在眼前，宛如一座巨大的白色金字塔。高空中，强劲的西风卷起积雪，在巨峰东面形成了一面飘扬的白色旗帜。进山第 19 天，我终于见到乔戈里峰了。瞬间，我的血液开始沸腾，心跳开始加快。我急忙爬出睡袋，同时叫醒了挤在不远处一个双人帐篷里睡着的三位同伴。我开始架起三脚架和相机，却发现自己的手在颤抖，显然我的肾上腺素应该已飙升到了极高水平，这种感觉已经好久没有体验过了。

乔戈里峰，又称 K2 峰，海拔 8611 米，是世界第二高峰，位于中巴国境线上的喀喇昆仑山脉深处。无论是从南面的巴基斯坦一侧，还是从北面的新疆一侧，要接近她，都需要在高海拔的无人区徒步七天以上。

第一次见到乔戈里峰，是在 2016 年 7 月，在巴基斯坦一侧的乔戈里峰南坡。在离开时，我含泪挥手告别，大声喊道："K2，北坡再见！"没想到，因为一些个人无法抗拒的原因，我等了整整 7 年，直到过了 70 岁的今天，才终于能够实现与乔戈里峰在北坡再见的梦想。于是，我按下了快门，为这一刻留下了影像。

自此，我的第二人生目标——全方位就近拍摄世界 14 座 8000 米以上的山峰，经过 15 年的准备和 8 年的实施，终于圆满达成。

在日留学时确定人生第二目标

全方位就近拍摄世界 14 座 8000 米以上山峰的目标，是我在日本留学工作时确定的。

受父亲的影响，我从小就跟着父亲在暗房里捣鼓，熟悉了相机的操作、底片的冲洗、照片的放大、干燥上光及药液的配制等工序。去日本后，发现日本才是摄影爱好者的天堂。

日本有很多大型电器商店，这些商店的面积通常有几百甚至几千平方米，楼层有七八层，一般地下一层都是出售摄影器材的。开放式的多层货架上陈列着与摄影有关的物件，数量有几百甚至几千种。我喜欢去那里逛逛，研究它们都有什么用途。

日本的街头有很多二手相机店，里面摆满了各个年代的器材，有些甚至比我父亲的岁数还要大，而且价格实惠。后来，逛东京都内的二手相机店成为我的一种嗜好。我几乎玩转了 135、中画幅、大画幅、宽幅 612 和 617 等各种相机，直到现在，我家里还有不少古董相机和器材。

日本的书店里有很多关于摄影的书籍和杂志，图文并茂，印刷精美，让人看了爱不释手。只是价格非常昂贵（即使从现在中国的人均收入来看也是如此），所以我通常要多次去书店才能下定决心购买。正因为如此，我家书架上陈列的日文摄影书籍可以说都是精品中的精品。

东京是日本第一大都市，一些著名的摄影展往往首选在东京举办。20 世纪 90 年代，我偶然参观了山岳写真（高山摄影）家白旗史郎、藤田弘基和白川义员的个展，被他们拍摄的雪山、冰川和冰河的作品所深深震撼和吸引。从那时起，我开始关注山岳写真，并加入了两个山岳写真俱乐部和山岳探险家中村保的横断山脉研究会。

我渐渐了解到，世界上有 14 座 8000 米以上的山峰（表 1），分布在中国、尼泊尔、巴基斯坦和印度的喜马拉雅山脉和喀喇昆仑山脉上。然而，我发现有关这些山峰的摄影作品都是从南侧拍摄的，几乎没有北侧的作品。

表 1　世界 14 座 8000 米以上山峰

排位	中文名	英文名	高度（m）	位置	山脉
1	珠穆朗玛峰	Everest	8848	中国／尼泊尔	喜马拉雅
2	乔戈里峰	K2	8611	中国／巴基斯坦	喀喇昆仑
3	干城章嘉峰	Kangchenjunga	8586	尼泊尔／印度	喜马拉雅
4	洛子峰	Lhotse	8516	中国／尼泊尔	喜马拉雅
5	马卡鲁峰	Makalu	8463	中国／尼泊尔	喜马拉雅
6	卓奥友峰	Cho Oyu	8201	中国／尼泊尔	喜马拉雅
7	道拉吉里峰	Dhaulagiri	8167	尼泊尔	喜马拉雅
8	马纳斯鲁峰	Manaslu	8156	尼泊尔	喜马拉雅
9	南迦帕尔巴特峰	Nanga Parbat	8125	巴基斯坦	喜马拉雅
10	安纳普尔那峰	Annapurna	8091	尼泊尔	喜马拉雅
11	加舒布鲁木 1 峰	Gasharbrum I	8068	中国／巴基斯坦	喀喇昆仑
12	布洛阿特峰	Broad Peak	8051	中国／巴基斯坦	喀喇昆仑
13	加舒布鲁木 2 峰	Gasharbrum II	8035	中国／巴基斯坦	喀喇昆仑
14	希夏邦马峰	Shixiapanma	8027	中国	喜马拉雅

因为这些 8000 米以上的山峰都位于中国、尼泊尔、巴基斯坦和印度的深山中，交通非常不便。在日本，前往那里登山或拍摄被称为远征，需要乘坐飞机、巴士和吉普车，最后还要徒步进入拍摄区域，来回一般需要 1 到 2 个月的时间。而且，在日本公司作为正式员工工作的话，即使有足够的年假，也不可能放下手

头的工作，请长假去追求个人爱好，更别提去的地方还是他人无法联系上的无人区。再加上当时，我在日本工作的时间不长，我还有一个正在上中学的女儿，经济压力也比较大。对我来说，无论是在时间还是在经济方面，要马上实施这个目标都是不现实的。

因此，我只能将"全方位就近拍摄世界14座8000米以上的山峰"作为我的第二人生目标（在日本，人们习惯将退休后的这段人生称作第二人生）。

目标是在2000年左右确定的，但我直到2015年退休后才开始实施。我花了15年的时间做准备，做了以下四件事。

（1）健康管理和体能训练

我身高182厘米，在50岁之前体重95千克，BMI指数为28.7，明显超过成年人的正常范围（18.5～23.9）。我设定了目标体重75千克（BMI=23.5），每月减重1千克，采取每天跑步5000米的方法。开始时效果很好，头一个月体重就减了2千克。但后来减重越来越困难，在医生的指导下，我逐渐增加跑步距离到1万米，并结合节食，才把体重控制在78千克左右。此后，跑步和饮食管理已成为我的常态。

（2）熟练掌握登山技术

日本有很多山，冬季的雪山资源也非常丰富。虽然相比喜马拉雅山脉和喀喇昆仑山脉，日本山脉的海拔并不那么高，但各种难度级别的登山线路都有，对登山技术的提高是非常有帮助的。在那15年中，我购买了许多与登山相关的书籍和装备，学习并熟练掌握了打绳结和使用各种登山器械，以及单绳技术（SRT）、结组攀登、雪山行走、冰川行走等技术。平时我也积极参加攀岩、攀冰、探洞及登山活动。通过这些活动，我逐渐喜欢上了登山，甚至对登山的喜爱不亚于对摄影的喜爱。

（3）信息收集

在2000年时，喜马拉雅山脉和喀喇昆仑山脉的相关信息的收集方式有限，主要依赖书籍、杂志、报纸、电视、摄影展和报告会等渠道。我在日本购买了很多相关的影集、游记、旅行手册、地图册和专著等，并经常在图书馆或报纸上复印一些资料。从2005年开始，我请国内的父母帮我订购了《中国国家地理》杂志。

我在日本的家里有一间书房和一间听音室，墙上贴满了我收集到的14座8000

米以上山峰附近的比例尺为1:50000的地图。我还会将收集到的某个拍摄点拍下的山峰照片缩小复印后，贴在地图上相应的位置。

尽管如今网络发达，收集资料变得更加容易且成本更低，我仍然对那些我收集到的书籍和资料情有独钟。而且我家书柜里的许多书籍如今在日本已经绝版了。

（4）财务积累和取得亲人的理解

为了实现我的第二人生目标，财务自由是非常关键的。我工作非常忙碌，除了日常的研发工作外，我还要在周末的时间里写论文、申请专利、做PPT演讲稿，等等。为了赶上截稿期，我经常熬夜工作。因此，我很少有像出国旅游那样的机会来花钱，不知不觉地为财务积累作出了一定的贡献。

为了不让夫人感到寂寞，我积极支持她跟她的姐妹们出国旅行。每次我都会对她说："你现在多出去玩玩，等我退休后再轮到我。"这也可以算是我的一种策略，为了将来实施我的第二人生计划时，夫人不过多地干涉我。我知道，要想成功实现我的第二人生目标，亲人的理解和支持是不可或缺的。事实上，我夫人后来一直非常支持我，对此我心怀感激。

5年半走完14座世界高峰所有路线

2015年10月我退休了。在接下来的8年时间里，除去因新冠疫情停顿的两年半时间，我成功用5年半的时间完成了我的目标。我徒步走完了世界上能接近14座海拔超过8000米山峰的所有路线，并从各种角度记录了这些山峰的影像。

按先后顺序，将这些路线排列如下。先说国外的：

（1）尼泊尔　EBC路线（珠穆朗玛峰、洛子峰、卓奥友峰、马卡鲁峰）（2015）；

（2）巴基斯坦　K2路线（乔戈里峰、布洛阿特峰、加舒布鲁木1峰、2峰）（2016、2017）；

（3）巴基斯坦　南迦帕尔巴特大环线（南迦帕尔巴特峰）（2017）；

（4）尼泊尔　马纳斯鲁大环线（马纳斯鲁峰）（2017）；

（5）尼泊尔　安纳普尔那大环线+ABC路线（安纳普尔那峰、道拉吉里峰）（2017）；

（6）尼泊尔　道拉吉里大环线（道拉吉里峰）（2017）；

（7）尼泊尔　干城章嘉环线（干城章嘉峰）（2018）。

再说国内的：

（1）西藏　希夏邦马大环线（希夏邦马峰）（2018）；

（2）西藏　珠峰东坡路线（珠穆朗玛峰、洛子峰、马卡鲁峰）（2020）；

（3）新疆　克勒青河谷路线（乔戈里峰、布洛阿特峰、加舒布鲁木1峰、2峰）（2023）。

实际上，这些徒步路线大多与14座8000米以上山峰的登山队的进山路线是相同的。这是因为要攀登或拍摄8000米以上的山峰，都需要先走到山峰下面，然后登山家继续攀登，摄影师则在附近寻找合适的位置进行拍摄。当然，在拍摄这些山峰时，我经历了各种艰辛和危险，但也有喜悦和激动。由于篇幅有限，我只选一件往事与大家分享。

巴基斯坦的喜马拉雅山脉最西端，有一座世界上第9高的南迦帕尔巴特峰（简称南迦峰），海拔8125米。由于攀登困难，死亡率高，因此这座山被称为"杀手峰"。除了南迦峰，围绕它的还有一条徒步路线，名为南迦帕尔巴特大环线，同样具有极大的挑战性。

2017年，我和两位朋友结伴挑战了这条南迦帕尔巴特大环线。我们抵达了海拔5375米的玛泽农垭口，这个垭口位于世界著名的玛泽农山脊上，是南迦峰的西南山脊。山脊共长13公里，其中有1座8000米，6座7000米和2座6000米级别的山峰。

垭口下的斜坡很陡，上面覆盖着厚厚的积雪，我们把三根50米长的绳子连接在一起，用两根雪锥作支撑点。确认安全后，我穿上冰爪，装上ATC下降器，开始下降。然而，当150米的绳子用完时，我发现自己只下降了1/4的高度。不久之后，我的两个朋友也下来了。我们等待向导和背夫们下来，却发现绳子被收回了。我们不知道上面发生了什么情况，在下面大声喊话也没有得到回应，而且没有对讲机，大家只能待在那里。

过了一会儿，我们看到垭口上的人开始移动，选择了一条离我们较远的路线下来。背夫们没有冰爪，不敢从冰雪面下来。看来，我们的向导确实有问题。向导没有告知我们情况，还把我们晾在下降途中，并把绳子收回了。

没有绳子，我们只能自己慢慢下降。在下降的过程中，我们遇到了碎石，只能脱掉冰爪。但路况并非一成不变，有时需要冰爪，有时又不需要。坡度陡得没法安全站立，更别说穿脱冰爪了。后来，我们才发现真正困难的地方还在下面，山势非常陡峭，高度约 100 米，坡度达到六七十度，岩石相对较松动。如果没有保护措施，我们无法安全地下去。我们花了很长时间都找不到下山的路径。最后，在前面的法国队背夫的帮助下，我们才勉强下来了。

这条路线充满了美景和挑战，两者并存，反差之大令人难以置信。在仙境般的流水、鲜花和草甸之上，有四个连续的 5000 米级别的陡峭垭口，垭口之间布满乱石。它的难度和强度超过了 K2+EBC 路线的总和，再加上后勤保障费用昂贵，每年只有极少数人会尝试，完成的人更是稀少。但毫无疑问，这是一条极具魅力的路线，不仅给人们带来美景和挑战，完成后还会带来极大的成就感。

完成了第二人生目标后，我的时间似乎被永远定格在 2023 年 10 月 1 日了。已经 70 岁的我，在位于新疆的乔戈里峰北坡，按下快门的那一刻，就像一个梦：我真的完成了全方位就近拍摄世界 14 座 8000 米以上山峰？

告别 K2 峰（2016 年 7 月摄于巴基斯坦 Concordia 营地）

作者简介

林志翔，旅日华人。

1953 年，出生于上海。

69 届初中毕业生，1970 年 4 月，从上海去黑龙江省黑河地区爱辉县爱辉公社富强三队（里二道沟屯）务农。

1978 年，考上同济大学。

1982 年，在同济大学分校从事教学工作。

1987 年，自费留学日本，攻读硕士学位。毕业后留在日本一家跨国公司的中央研究所从事新材料研发工作。在专攻的研究领域发表了数量较多的论文，并攻读在职博士，成功获得工学博士学位。

2000 年前后，经常受到国内包括清华大学在内的一些大学和研究机构的邀请，回国作学术报告和交流。

2011 年，中国建筑材料科学研究总院组建绿色建筑材料国家重点实验室时，受聘为特聘教授兼博士生导师，直至退休。

我对日本文化现象的素描

励忠发

我 1987 年赴日本留学，之后旅居日本，迄今已有 30 多年了。

我从小喜欢画画，尽管家境贫寒，母亲还是省下买菜的钱为我买画材。邻居有位大哥会画连环画，只要他在客堂里画，母亲就会放下手里的活把我叫来跟着学。父亲长年在印刷厂工作，对色彩特别敏感，肉眼能分辨出 150 多种黑，这对我画画也产生了很深的影响。因为有这个特长，下乡到黑龙江后我当上了电影放映员，因为放电影前要先放用于宣传的幻灯片，于是手里的画笔一直没有放下。自此，我一路走在了"文化"的道上，到日本后也是如此，和很多日本文化人成了朋友。日本的文化现象常常引起我关注和思考，我也从中汲取了不少养分。

老人商店

我在年近 70 岁时，因身形较胖，为安全和保险，便在亚马逊网上买了辆四轮的老人代步车。在日本这种车被叫作"车椅"，就是轮椅的意思。记得是 2019 年 10 月 9 日这天，我第一次坐车上街，似乎陷入让人"刮目相看"的"囧境"：轮椅是残疾人的标志，日本社会同情弱者，一路到哪都会有人给你让路或向你点头以示尊重。心里便不由升腾起"歉疚感"，只好向给我让路的人频频点头还以歉意。这代步车还享有一项"特权"，就是无论你停在街道的任何地方都不会受罚，这展现了整个社会对车主的爱心。

日本早就是世界上有名的老龄化国家了，65 岁以上的人占到人口总数的三分之一，我已荣幸地成为其中一员。

家里新买了一张饭桌，想把 2 楼的旧桌子换下来。我和老伴费了九牛二虎之力，好不容易把上面的搬下来，下面的却怎么也搬不上去，只好求助社会，找人帮忙。正常的服务公司按人头结算，搬一张桌子需要两个人，一个人的费用是 3500 日元再加时间费，算下来搬一次桌子比买一个还要贵。有朋友告诉我，市政下面有一家"白头翁中心"，是专门为老年人服务的公司，那里的价钱比较便宜。接通"白头翁商店"电话后，对方告诉说他们特别忙，要安排到下星期三。

到了那天，来了位背着双肩包、穿着运动鞋、戴着鸭舌帽的男人，帽子戴得有点低。怎么一个人？一个人怎么搬桌子？走近一看年纪还不小，我下意识问了句："您有多大年纪？"

对方没有回答，只是问桌子在哪里，要搬到哪去。我弱弱地问他："你行吗？"对方还是没有理会。他放下工具包围着桌子转了一圈，楼上楼下看了一遍，然后告诉我收 1500 日元费用，问是否可以接受？在确认同意后，他一个人就忙活了起来。

日本土地少，住房设计的尺寸比较窄，无论是门还是楼梯。虽说桌子不算大，但靠一个人搬到 2 楼并非易事。对方开始摆弄起他的工具，根本没在意我瞪大的眼睛。"能搭把手吗？"他让我帮着把桌子翻了个身，然后用工具把 4 条桌腿卸了下来，一个人轻而易举地就把桌子搬了上去，把我看傻了。嘻！要这样我也能搬。原来日本的家具不是搬上去而是"拆"上去的。看来什么都要花"学费"，人还真的是活到老要学到老。临走时他才告诉我，他已经80岁了。这又让我吃了一惊。他还告诉我所谓的"白头翁中心"，就是一家老年人为了发挥余热成立的"老人商店"，问我要不要参加，说我还年轻，可以帮助客户做好多事，比如割草、擦玻璃、打扫屋子、修理各种东西等。他说，他们每天都排得满满的，忙都忙不过来。

就像时任首相安倍宣布的那样，日本已经进入"百岁时代"。这意味着按现在的社保制度，60岁退休开始享受养老金，到100岁的话要坐吃40年。日本研究机构调查表明，按照现在的年金制度，结合日本人的平均寿命，一个日本人从退休到去世，最少会造成2000万日元的缺口，约合人民币120万元，这将会给日本社会带来很大的压力。为此安倍又宣布，从现在起不再统一退休年限。所以我们坐出租车，看到的驾驶员大部分是老年人。

现在的日本，凡年轻人不愿干的活，不是外国人在干就是老年人在干，而这些老年人正好是战后的第一代，过度承担了命运压在他们肩上的沉重负担。

药店比超市多

您说，市面上到底是药店多还是超市多？人天天要吃饭，但不一定天天会去买药，按常理应该是超市多吧。但在日本恰恰是药店要比超市多得多。真可谓食五谷杂粮哪有不病之理，药是生活缺之不可的必需品，而且是在紧要时能治病救人的必需品！

药店多，和日本实施医和药分开的做法密切相关。日本只有为数不多的大型综合医院自带药房，绝大多数医院都是医生给病人诊断后开方子，病人带上方子和医保卡，就可以到任何一家药店买药了。新冠疫情暴发后，我就成了这个制度的受益者。像我这样有基础病的老人，是需要定期去医院开处方的，我常去的是庆应大学医院。可当时医院发生了新冠病毒院内感染，不得已对进院看病的人作了严格控制。于是医生主动打电话找到了我家附近的药店，直接把处方传到那里，通知我凭医保卡去那家药店取药就行。这不仅方便患者，还避免交叉感染，减轻了医院的压力。

日本还有一个做法，就是所有人都有一本《药物手册》，里面记录你曾经用过的药，特别是处方药，信息记得清清楚楚。不管你得什么病，哪怕是去看脚气，也首先要出示这本手册，让院方了解你的用药信息。手册中不仅记录了医生开的方子，病人去药房购药时，药店工作人员也会在手册上写上所购药品的信息，贴上药品实物照片，说明药品疗效和可能会产生的副作用等。这样的做法会让购药者放心，也会避免医疗事故的发生——这便是精细管理。

药店多，确实方便，除了凭方子购买处方药，药店也卖非处方药，就是常说的OTC，店里配有药师提供购药指南，有点头痛脑热，不用走多远，就可以买到日常用药。

日本超市不能卖药，但药店可以卖超市里供应的某些商品，比如消费者日常生活需求量大的牛奶、鸡蛋等，这无疑便利了消费者，也增加了药店的收入。

老人医保

日本不是全民免费医疗的国家，实行的是叫作"国民健康保险"的医保制度，加入后就医只需负担医疗费用的30%，其余由"保险"承担。

交医保费用有点"劫富济贫"的意思，即有钱的需多交，钱少的可少出。但不管交钱多少，医保费是要终身交的，直至去世为止。日本是保险大国，形形色色的商业保险名目繁多，但只有"国民健康保险"被列入国家税制，具有法律地位。因此几乎所有人都加入其间。如果真有人没有加入，那看病就会遇到许多麻烦。

每年3月，是日本医保新年度结算的开始，人人都要向政府申报上一年度的税金，不管有没有收入都要申报，如果你是零收入，申报后你的医保缴费就是最低等级，如果没有申报就要吃大亏的，即一律按年收入900万日元以上的标准缴纳医保费——这就是法律。

这种医保政策不仅在日本国内实施，就是出了国生病治疗，甚至万一有个三长两短，"国民健康保险"也能给予一定的补助。之前，我夫人在北京动心脏手术，回东京报销了1/3的费用。

我65岁生日那天，收到日本政府给的3万日元贺金，同时收到医保部门寄来的厚厚一本《高龄人看护保险指南》。从这一天开始，我医保缴费中增加了"看护保险"的费用，且属非交不可，这也是法律规定的。我高龄的日本朋友牧野先生肺部有病，看护人员会定期上门服务，洗被子、打扫卫生等便是看护险的服务项目。邻居家有位老太太，每个星期都会有辆带浴缸的中型车停在家门口帮她洗澡，这也是看护险里的一项内容。还有就是颇有名声的"日服务老人院"，就是每天早上来车把周围需要服务的老人接到老人院，大家聚在一起聊聊天，动手做各种手工和游戏，中午管一顿饭；下午午睡后喝完下午茶，再陆续把大家送回家。为保证服务质量，服务人员需要有国家认定的相关资质。这些服务对一个老龄化社会来说工作量巨大，人手不足也是显而易见，所以日本国会已通过新的法律，允许向海外招募符合日本要求的看护人员。

有医保在日本看病很方便。日本可能是世界上医院最多的国家之一，据统计，日本各种不同的医疗机构数量加起来是美国的两倍。医师保有量也很可观，1亿多人口平均每千人拥有 2.6 个医师。

尽管日本社会贫富分化不是很严重，但也不是所有的老人都能参加这样的保险和享受这样的看护的。随着老龄化的加剧，日本老年犯罪率在上升。如家里 70 多岁的老人伺候 90 多岁的老人，护理中产生的矛盾可能会引发亲人间的相残；因贫困而偷窃，依日本法律，偷一卷手纸和偷钱的罪行是一样的，都可以坐牢，一些没钱看不上病的老人走极端，在超市偷个面包就能"享受"监狱免费吃喝和免费看病的"待遇"，而且在牢里 70 岁以上的人是可以免除劳役的。这些都是老年犯罪率增长的原因。

书　缘

我虽读书不多，却和书有缘。大学毕业后第一个工作单位就是中国图书进出口总公司（以下简称"中图"），是设计人民币的恩师周令钊和陈若菊夫妇介绍的。我和著名作家钟阿城一起在中图的《世界图书》杂志当美编。当时中国人很少有机会看到外国图书，这使我有"老鼠跌进米缸里"的兴奋感。在贪婪的阅览过程中，我萌发了把看到的国外资料编成一本书，让更多的国人感知外面世界的念头。不久，我和阿城去采访来华的美国《生活》杂志总编杰玛尔德·科恩。听他介绍，

《生活》杂志受到电视冲击后，谁也不知道该怎么办，为了生存下去，甚至无奈地做过木材生意，后来发现自己的手里有一座"金矿"——积累多年的世界著名摄影作品的版权。科恩豁然开朗，自信地说，10 张照片，10 个人，就可以编出 10本完全不同的书，可以讲照片的内容，也可以谈摄影的技巧等，销路一定会很好，生路不就来了吗……

科恩的这番话让我茅塞顿开。利用住办公室的方便条件，我白天上班晚上编书，出版了人生的第一本书《现代图形设计》。这就是我和书的第一个缘分。

第二个缘分从中图延续到了日本。20 世纪 80 年代，上海举办了首届日本书展，出展的有日本各大出版社和书商，书展的总设计是丸善株式会社。从他们那里，我第一次听说东京神田有一条世界上规模最大的书店街。我听后不久就去了那里，拜访了东方书店的阿久津、向阳社的老华侨韩庆愈、丸善书店的总经理海老原等。

东京神田神保町的书店街建于 1880 年。这里先办有一些学校，就是现在的明治大学、中央大学和日本大学的前身。随着大批师生的涌入，神田周围陆续出现了书店和出版社。需求无疑是最好的天时、地利、人和。现在的神田汇集了 200多家书店，其中 140 多家经营古籍书。古书怕风化，为了躲避日晒，神田书店的所有门面都是朝北的。我在东京刚成立设计事务所时，在御茶水借的办公室就在书店街附近，每天午饭后百步走经常在书店街穿行，好像又一次跌进了米缸里，思路大开。结合设计专业，我写了《记号、艺术、情报》一书，由在神田的台湾海风书店推荐，在台湾正中书局出版，成为美术类院校的教科书。

第三个缘分出现在日本的图书馆。全日本共有 3083 家公共图书馆。据联合国教科文组织统计，日本的识字率是 91%，人均每年读 46 本书，都名列世界前茅。从我家骑车出发五六分钟范围内就有 3 家图书馆，左面是西部图书馆，右面有武藏境图书馆，后面为三鹰市图书馆，每个馆一次可以外借五六册书。就是在图书馆的书中，我认识了山形县出生的风俗画家石丸先生，他喜欢我国北方的胡同，到北京考察后，出版了一本画北京胡同的图书。我还认识了一位年轻人，大学毕业后到印度边打工、边旅行、边画画，用所见所闻出了一套描述印度风土人情的书，随笔加插画图文并茂，受到欢迎和好评。就是这些书激发了我"写日本"的热情和冲动。我出版的散文集《樱花和相扑》，可以说是对图书馆最好的回报。

日本的书店五花八门，专卖儿童书、专业书和进口书的都有。日本最大的经营进口书的书店"丸善"是家百年老店，被大日本印刷株式会社全资收入门下。这家株式会社是我20多年的合作伙伴，它原本是家印刷厂，现在成了日本前五强企业，也是数码、影视、音响读物的综合进口商，每年缴纳巨额进口关税时，能把从未经手过一纸一书的海关吓一跳，因为电子产品进口采用的完全是虚拟渠道。这家企业成为前五强的另一个优势是知识产权的交易。公司理事福永毅先生在企业只有印刷业务的时候，就建议老板收购了法国卢浮宫艺术品的全部版权，在日本，任何机构和个人要出版卢浮宫的艺术品，必须经由这家企业印刷，也就是在法兰西挖到了一个"大金矿"。一个印刷出身的企业，在转而从事文化产业的同时，又开始进军新材料，从牛奶盒到超薄显像屏的研发等，成功转型成一家高科技企业。现在，世界上只要卖出一台数码彩电就要给这家企业交一份专利费。

时代在进步，靠的是人类共同的智慧，无论是哪朝哪代留下的书，也无论图书发展成什么样的形式，人类和书的缘分是一条通向文明的路，这一点是不会变的。

扔垃圾和自行车

刚来东京时听"北京村"里的留学生传授经验：在日本什么大件垃圾都可以捡，就是自行车不要去捡！

当时日本扔垃圾还没有实施分类，电视、冰箱随便扔，其中有一些还是半新不旧的，只是款式过时了。这就"方便"了刚来的中国穷留学生。但日本购买自行车实行的是"实名制"，随便"捡"自行车容易闹出问题。晚上警察出没在大街小巷，拿着手电专查被盗的自行车，只要输入车号就能知道车是不是你的。

实行垃圾分类后，扔"垃圾"要收费，扔"资源"是免费的。东京的垃圾分"可燃"和"不可燃"，可燃的拉去烧掉，不可燃的拉去埋掉，剩下的就是可利用的资源。

超市里有卖指定的垃圾袋。垃圾和资源分开后要按指定的日子扔。星期一，扔纸板箱、废纸、旧报纸、旧衣服、罐头、玻璃瓶、废电池等。星期四，专门扔塑料。这些都是免费的，直接由企业来回收再利用。星期二和星期五扔"收费"垃圾，由市政的垃圾车运走。扔彩电、冰箱、家具、自行车这样的大件，需要先到政府那里买张票贴在上面，定时会有专车上门来取。政府为此每年都会印一本"垃圾案内"的挂历发给家家户户，上面哪天扔什么都有图示，不识字也能一目了然。

我刚来日本时买了辆新自行车，奇怪的是一捏刹车就"吱吱"作响，怎么修也不管用。后来才知道这是生产自行车时故意设置的。当时骑自行车的人和行人共用人行道，行人在前面走你骑在后面摁铃不礼貌。捏刹车，发出吱吱声，走在前面的人听到了便会让开，这就柔和文明多了，与日本的礼仪社会相吻合。后来东京的马路建起了自行车专用道，自行车刹车的吱吱声便自然消失了。

全日本拥有 8000 万辆自行车，能骑不能骑、会骑不会骑的都算上，平均两人一辆自行车。在东京花上一两个小时坐国铁上班很普遍，这样的距离显然不适合骑自行车，而适合从家骑到车站转乘国铁，或用来送小孩到幼儿园及买个菜之类。每天早上一到点，可以看到路上众多自行车上坐的都是上幼儿园的孩子。自行车上都安有一个全封闭的儿童座箱，一是为防雨，二来防车轮夹小孩的脚，有两个孩子的就前后各装一个座箱。由于白天会有许多自行车集中到国铁站，自行车停车位紧缺成了一个很大的民生问题。于是车站进行大规模改造，向地下要空间，建了全自动的地下自行车停车场。

日本虽说是汽车的泱泱大国，但自行车仍是人们离不开的交通工具，不仅方便还环保。现在警察查偷车的少了，主要查违章，晚上行车不打灯，一边骑车一边听耳机或者酒后骑车都要受罚。

相信专业

刚回国办公司，日本大金空调让我们帮找上海著名指挥家曹鹏，想请他做"大金"的形象代言人，广告语就叫"相信专家，相信专业"。

我给丰田的中国公司设计标志时，丰田的坂本先生也跟我说："我们是做车的专家，做车听丰田的；你是设计专家，设计标志听你的。"

为日本企业设计的公司标志

　　"相信专业"是成熟社会的一个标志。在东京浅草附近，人形町和小传马町街道上，有许多从江户时代一直流传至今做生活用具的店铺，有做刀具的、做钓竿的、做绳子的、做工作服的、做皮革的、做灯具的，等等，都是为专业服务的专门店，无论品类、品种还是款式，应有尽有。还有知名度很高的电器街秋叶原，只要是和电器有关的，无论是硬件、软件还是零部件，一应俱全。因为这里有培育不同领域行家的土壤和平台。专业和专家是社会的财富，他们是靠为专业服务成熟和成长起来的。

　　世界上只有日本有"人间国宝"制度，这个制度建于1950年，为此还立了法，目的是保存和弘扬在"艺能"和"技能"两个领域里国家级专家创造的成果，使他们的才能永葆青春、源远流长。"艺能"包括雅乐、能乐、文乐、歌舞伎、组俑、音乐、舞俑、演艺等。"技能"包括陶艺、染织、漆艺、金工、人形和纸、竹、木等工艺。

　　"人间国宝"由政府文化评议会审定，经文部科学大臣批准。现存的人间国宝有116位，每年政府支给每人200万元的特别助成金。

　　日本还有"文化功劳奖"，是由政府文化部门审定的奖项，每年获奖者为15至20人。凡是对国家有杰出贡献的文艺界、设计界、体育界、科学技术界的人士，不论国籍都有机会获奖。当年获诺贝尔奖的为当然获奖者。每年的11月3日是日本文化节，颁奖在这天举行。对其中70岁以上的获奖者，由天皇亲自颁发年金奖。历年得奖者中有我们熟悉的漫画家宫崎骏、服装设计师森英惠、设计之神龟仓雄策，以及中国籍棒球选手王贞治等。终身奖励年金350万日元由国库支出。

不过，该奖项对获奖者的审核非常苛刻，如有违法记录，哪怕是违章停车，都有可能被取消获奖资格，因为获奖者是社会公众人物，是人们学习的榜样。

日本的"专业"和"创新"理念是从娃娃培养起的。幼儿园就注重培养小孩自己动手的能力。女儿每天上幼儿园，都要把家里洗净晾干的空牛奶盒带去，作为制作各式各样饱含童心的玩具的材料。

生活中有许多学问，生活中的人会有许多创意。洗衣机里防堵网袋的专利，就出自日本一个普通的家庭妇女之手，全家人由此不用再为生活费用发愁。

朝日电视台星期天晚上黄金时段"孤零零一栋房"的节目很吸引人：通过谷歌卫星地图，在各地的大山里寻找"山顶人家"。一次，节目组在离东京不远的崎玉县一处山顶上发现了天线基地，追踪结果显示那里是一位70岁叫饭冢政吉的业余无线电爱好者的私人领地。他是一个高架电缆工，小学6年级开始爱上无线电通信，16岁取得国家无线通信执照。出于兴趣爱好，他在自家6000坪面积的山顶上，利用电缆专业的特长，陆续建起6个巨型的旋转天线，还购买了40多台各个时期的无线接收机，只为了和世界各地的业余电台进行交流。政府对这样的"专业"表现得很宽容，按照法律行事而不予取缔，保障私人的合法权益。

在日本各地有各种不同的工房，如陶瓷、织布、印染、木工、铁工、玻璃、印刷、料理等，通过体验的方式来激活参与者的兴趣。

还有几家出名的商店，其中有一家叫"东急手工"的连锁店，是东急百货旗下的专业商店，楼上楼下七八层，一层卖两个门类的商品，卖工具的商店半个楼面全部是各式各样的工具，样式之多、功能之齐全实属罕见。另有一家叫"湯沢屋"，是1955年创建的专卖毛线、布匹、饰品、手工艺品、园艺产品、文具、模型的商店，它还有自己的服装学院等，是喜欢动手做DIY者的好去处。在那里能买到各种不同的布匹和材料，通过自己动手来做成一件独一无二的定制服装。

这就是专业的力量。

请相信专业！

作者简介

励忠发，旅日华人。

1951 年，出生于上海。

1969 年，下乡到黑龙江生产建设兵团 5 师 50 团。

1978 年，中央工艺美术学院毕业，任中国图书进出口总公司《世界图书》杂志美编。

1984 年，清华大学美术学院（工艺美院）教师。

1987 年，赴日本留学并旅居日本。

1991 年，获日本武藏野美术大学视觉传达硕士学位。任株式会社 PAOS 设计师。

1992 年，成立东京励忠发设计事务所。

1995 年，创建天大（上海、北京、重庆）广告设计有限公司，任总裁。出版《现代图形设计》《CI 设计的春天》《设计信息学》等著作 5 部。所设计的作品，在中国、日本和美国 9 次获奖。为中国和日本几十家著名企业作的形象设计，多次荣获企业品牌设计大奖和金奖。

2023 年，荣获中国包装联合会"设计事业终生成就奖"。

赴日传授中医气功

李启明

令人意外的推荐

我平静的日子，被一次出乎意料的谈话改变了。

上海中医药大学附属曙光医院是一所久负盛名的中医医院，我是院医疗气功科主任。气功和"药到病除"不同，它要靠病人科学的、持之以恒的锻炼才会逐渐见效，可人们似乎总是"急功近利"，或嫌练功枯燥和辛劳，加之一段时期以来鱼龙混杂的气功乱象把一池清水搅浑了，连曙光医院这样规范和传统积淀深厚的中医院的气功疗效的"可信度"也被殃及，无奈，我所在的科室显得有些冷清。

那次谈话就发生在这个时候。找我谈话的是上海市卫生局外事科科长，他是奉市政府和卫生局领导之意来和我会面的。而促成这次谈话的竟是位日本人，可我和他八竿子打不着，根本不认识。

这位日本人叫北出俊一，医学博士，是日本和歌山县北出医院院长。他的医院和我国上海市普陀区中心医院是"友好医院"，他本人是上海市人民政府授予外国友人的奖项——"白玉兰奖"的获得者。和中国医院交流多了，北出产生了从上海聘请一位中医气功师到北出医院工作的想法。他尊崇中医，深感这是人类文明的一大宝库；他创办的医院集预防、保健和治病于一体，而中医气功疗法是能将这三者贯穿起来的一个有效手段和途径，可他苦于没有这样的人才。1993 年，他郑重地向上海市政府提出"聘人"的请求。当时中国国门已经打开，不过此类请求还是第一次收到，上海市政府经过考虑，决定满足北出俊一的要求。派谁去呢？市卫生局通过对全市中医气功师的筛选比较，在找我谈话后，把我推荐到了北出俊一的面前。

少林内功的家传

为何会选中我？这还得从我的父亲李锡九说起。

20 世纪 20 年代，我父亲从河北农村到上海闯荡，不幸染上肺结核，咯血不止，虚弱无力，虽四处求医，但毫无起色。绝望之时，听闻一个叫马万起的中医用少林内功治病健体屡见奇效，便"死马当活马医"，一招一式地跟着练。半年后，病症奇迹般地消失了！起死回生的父亲"扑通"一声跪拜在恩人面前，恳请收为门徒。自此以后，整整 13 载严寒酷暑，父亲虔诚地、一丝不苟地勤学苦练，把师父的真谛一点一滴地承接了下来。1937 年，他在住处开设了少林内功推拿诊所。诊所不挂牌，但病人络绎不绝，连当时的社会名流于右任、郭沫若、秦伯未、蒋维乔、尤惠民、贺绿汀等都请他教功健身治病。于右任题词赠我父亲："天见其明，地见其光，君子贵其全也。"著名实业家尤惠民也赠山水画立轴予我父亲，画旁所题文字曰："锡九先生精古法推拿，兼擅教练行气内视。自行术沪上以来，经其施治教练而化弱为强者，不知凡几。余体素弱，承友指引，就教于先生。推拿教练，内外兼施。不数月间，诸恙霍然，身强力壮，还我健康，皆先生之赐也。"

我和哥哥自年幼起，就在这样的家庭氛围熏陶中成长。父亲悉心传授内功技法，且管教严苛，稍有懈怠即棍棒伺候："这是救命健身的传家之宝，岂容儿戏！"日复一日、年复一年，我俩打下了坚实的"童子功"。1953年我6岁入小学体检，医生发现肺部有钙化点，问及是否患过肺结核？

我说没有。父母闻讯，惊讶之余不禁恍然：莫不是在练功的过程中，明儿肺部的疾患悄然痊愈？——父子俩竟然都借助少林内功之力驱走了病魔！一家人和少林内功的情缘越发深沉和厚重了。后来我们兄弟俩双双就读医学专业，用所学知识，将年迈的父亲口述的学艺过程、练功要义、推拿技法、行医体悟及师辈们的经历等一一记录下来，使历来口口相传的这个行当，有了系统、规范的文字记载。再后来，我们协助上海中医药大学和国家中医药管理局，参与收集整理了历代少林内功的起源、发展、功法、流派和功效等，并用现代医学理论对少林内功的内涵进行了解析和阐述。这些文献都被编入中国中医药大学教材，成为内功推拿专业的必修科目。

当了解了这些"传奇"之后，北出俊一由衷地说："我能不为聘到李启明先生而感到欣喜吗？"

在日十年的传授

经过一段时间的准备后，1995年年底，50岁的我东渡扶桑，踏进了北出医院的大门。

一开始来听课习功的有五六个人，没几天便发展到五六十个人。我边演示边讲解：少林内功是由先辈教授少林寺僧人锻炼肌肉和修身养性的功法演变而来的。它通过一套全身肌肉、关节、经络和呼吸之间的协调运动，使周身气血和经络通调，脏腑调和，阴阳平衡，从而增加氧气的供给，提升体内的正气，达到扶正固本和增强体质的功效。我特别提示，少林内功的本质是有氧运动，它对缓解现代生活的快节奏和紧张工作状态下人们普遍存在的慢性缺氧现象具有积极意义，而缺氧是百病之源，这套功法有助于练功者通过内因的改善祛病强身。

北出俊一也在学员的队伍里听课和练功。那年他68岁，患慢性肠炎多年了，

李启明在日本传授少林内功

虽一直服药，但没断病根。练功半年后经检查，这老毛病彻底好了！他异常激动，逢人便说："我和李先生结识有幸！和少林内功有缘！"切肤之感，使北出对中国传统医学的认知更加深切了。

　　我的"名声"渐渐从北出医院扩展了出去。日本大阪府立大学综合科学部的教授得知后，主动要求跟进，对学员练功前后的主要指标进行测试，以便作对比研究。日本权威的《健康》杂志也介入进来，选择学员中分别患有肺气肿、妇科病、脑梗后遗症、腰痛、类风湿关节炎的八人进行跟踪研究。我很高兴，支持专家学者用现代科学技术对中医气功疗法的成效进行量化和定性分析。有意思的是，计划实施前，大阪府立大学教授提出先测一下我练功时的氧气摄入量，结果显示和35岁的人练功时的氧气摄入量相同。这令他们很是惊讶和钦佩。

　　大阪府立大学设计的测试方法分两部分，一是对练功一小时前后学员的唾液、疲劳自觉症状、情绪状况和练功时的心率四项指标进行测定；二是对练功3个月的学员的血流量和血液循环效率、肺功能、心脏功能、骨密度、体内脂肪、消化吸收功能、心理状况、运动系统功能、神经系统功能和免疫功能十项指标的变化情况进行测定。结果第一部分的测试结论是，短时间内少林内功的锻炼就有提高免疫功能、改善疲劳、缓解压力等优点，并且适合锻炼的人群广泛。第二部分的结论是，长期练少林内功使身体的各项机能均得到改善。数位教授就此联名撰写的论文，在东京生命信息科学论坛上宣读和发表。

《健康》杂志则和 8 位跟踪对象保持密切联系，观察他们的训练情况，进行面对面交流。最终通过一系列数据得出的结论是：8 个人的病症均有显著好转，有的已经根治。研究报告在《健康》杂志创刊 32 周年的特别号上隆重刊出，并在封面作了醒目提示，该杂志对少林内功评价甚高，也对我赞扬有加。

我感到很有幸：能遇到那么多相信少林气功、又能坚持一招一式勤学苦练的知音，使自己能如鱼得水般尽情发挥所长，一展身手——有什么比这更令人振奋的呢？

我成了"大忙人"，成了"名人"。除了北出医院这个大本营，东京等十多个地方纷纷请我授课教功，几年下来，受益者逾十万。

这比在上海时辛苦多了，但也充实和愉悦多了。看到学员们练功后，有病的缓解了、康复了，没病的更健康了，我感到了满满的收获与喜悦。

忙碌而又欢欣的日子过得快。我在日本工作满 10 年了，年届六十，到退休年龄了。用日语书写的少林内功教材已编印成册，培养的助手也能胜任，不会因为自己离开而影响少林内功培训班的开办，我向北出俊一提出回国的请求。北出很是不舍，但他理解我念及年迈的母亲和妻儿的情感，诚恳地说："当北出医院的名誉顾问吧，以后每年来做几次指导工作；还希望把中国中医研究的新成果介绍过来，提升我们的工作水平；中国中医界的相关学术交流活动，请能安排北出医院的代表参加，开阔他们的眼界。"北出俊一还说了一番掏心窝的话："我已经 75 岁了，要让儿子贵嗣接班，你要关心他，带他一把，让他能尽快把担子挑起来。"我听了心暖暖的："北出先生放心吧，我会继续为北出医院尽力，为中日医学的交流尽心的。"

回国之后的心愿

岁月荏苒，又一个 10 年过去了。这期间，我来来回回没少在中日两国之间奔波。令我欣慰的是，早期的学员们对少林内功依旧是那么热情和认真，更多的学员走进了培训班，分享中国传统气功的功效。经过传授和指点，贵嗣也成长起来了。2015 年，中医药国际论坛在上海举行，贵嗣到会宣读了题为《通过气功指导高龄老人健康运动的成果》的论文，引起与会代表的兴趣并受到好评，我非常高兴。

2009 年 10 月，日本前首相村山富市应邀到我国福州参加慈善活动，我被请去为 86 岁的村山富市的健康"保驾护航"。一见面，老人家就微笑着说："有劳李先生了。虽初次相识，但对你少林内功的造诣早有耳闻。"这使我感到荣幸。

2009 年 10 月 30 日，李启明和日本前首相村山富市（右一）的合影

比较与借鉴，会活跃和引申人们的思绪。"为什么少林内功在日本比在国内受欢迎？"我思考着。"我李启明没有变，变的是我面对的环境和人。"我感受深切的是，日本对民众预防疾病和保健很重视，为了打主动仗，"治未病"，建立了一套有效的机制。其他各大医院和北出医院一样，都集预防、保健和治病于一体，而不是单一的治病，而且把预防和保健放在治病的前面，实实在在地抓。比如，他们的政府部门经常组织具有权威性的健康讲座，要求人人都听，漏听的要补课，使民众养成科学的健康理念。还比如，少林内功训练课每堂每人收费 3000 日元，学员只要支付 1/10，相当于人民币 15 元，其余由保险公司承担，因此个人负担轻微，有助于提高民众参与的积极性。再比如，国家财政对医院开设保健和预防科室有补贴，医院不仅不会因此亏损，还有收益，有积极性去做。这些措施都是富有远见的。通过预防和保健，民众身体健康了，打针吃药的费用少花了，保险公司和国家财政开支减少了，于国于民都有益。

我希望我们国家也能这样做，改变重治疗、轻预防保健的做法，采取切实有力的措施，把预防和保健当作重要的、基础性的工作扎扎实实地开展起来，持之以恒地坚持下去，假以时日，一定会大有好处、大有收获的。这是我的心愿，和日本医疗界交融后，这个心愿更加强烈了。

令我兴奋的是，国家颁布了"健康中国 2030"规划，又发布了《中国的中医药》白皮书，助力健康中国建设。在这样的形势下，自己的心愿一定会实现。尽管年已过七十，步入晚年，但我要为民众的健康继续尽自己的一份力。

日本媒体的报道

作者简介

李启明，旅日华人。

1946 年，出生于上海。

1968 年，高中毕业下乡到黑龙江生产建设兵团务农。

1979 年，入上海中医学院学习。自幼随父习少林内功，为此功法第四代传人。

1990 年，任上海中医学院附属曙光医院医疗气功科负责人，用少林内功为患者治病健身成效显著。

1995 年，应日本特定医疗法人黎明会理事长北出俊一医学博士邀请，在日本和歌山县御坊市北出医院健康中心任气功顾问十余年，接受讲解和受益者逾十万人次，广受好评。

一件浴衣的故事

孔明珠

到了日夜有温差的季节，早晚后颈凉飕飕的，作为一个有颈椎病的人，忽然想起深藏在柜子里的一件藏青色、印着铃兰花的日本浴衣。

这是夏天穿的简易和服，全身棉布，局部有衬里，斜襟宽宽厚厚的缝得结实，尤其后领处特别厚实，衬了浆布，前襟交叉用腰带固定。浴衣的袖子很有特点，上端外开袖口以伸手，袖口下端呈丸形，底部封口。袖子连肩部的地方上面是缝住的，下半部内侧开着叫"振八口"。走动或双手舞动起来，宽大的袖子像蝴蝶翻飞，蛮好看。

找到这件藏青色浴衣，套在身上去穿衣镜前试，布料厚薄正好，后颈处能挡住风，却不粘贴皮肤，感觉很舒服。但是浴衣实在太长了，盖过脚背好多，这是因为穿正宗日式浴衣是要扎腰带的，不仅要扎，还得在腰处叠几叠。浴衣这么长，走路拖地一不小心会绊一跤，怪不得藏了快 30 年还是新的，根本没有办法穿嘛。

这件藏青铃兰花浴衣，是 30 年前，一位叫阿由美的日本女孩在初中手工课上亲手缝制后送给我的。从日本回国那么久，我与她早已断了联系。2023 年 5 月去东京时，我找到了原先打工的那家居酒屋，坐定后先问阿由美的下落，老板娘眼神木木的，竟然完全想不起来阿由美是谁。

认识阿由美时她才 15 岁，还是个初中生，按她的年龄是不能在外面打工的，老板娘看在她父亲木村先生整天来消费的面子上，答应她来当"阿鲁巴多"（临时工），每次打工三四个小时，小姑娘既能拿到零花钱又能饱餐一顿喜欢的料理。我那时刚到东京，日语不行心情也不好，是阿由美那副天真无邪的样子治愈了我。她大长腿、童花头、额头光洁，讲话时眉毛一跳一耸，笑起来眼睛弯弯，嘴角两只酒窝像盛满了蜜。

大家都宠她。只要这天阿由美出勤，老板就待我们这些打工的特别仁慈，晚餐可以点菜吃。阿由美乐滋滋地挑最好的菜点，她爱吃的是生鱼片、炸鸡块、蔬菜色拉……这让我们暗暗窃喜，都顺口说，跟她一样，跟她一样。

我喜欢阿由美，抢着帮她做事，她每周来店里两三次，我看也看不够似的盯住这张鲜艳的脸庞，一插空，就将平日积下不便问外人的愚蠢问题倾倒给她。阿由美有时笑弯了腰，拖长了声音说"孔桑呀……"然后耐心地一个单词换一个单词地讲解给我听。我听懂以后把手指放在嘴唇中央作"嘘"状，她点点头，也学我的手势，我们一大一小两个人就这样要好起来。

我很奇怪阿由美的爸爸木村先生隔天就来喝酒，而且一早 5 点钟开门就到，占个榻榻米角落位置可以喝到店打烊。老板娘桂子告诉我，木村是出租车司机。啊！他长得混血儿模样，自然卷发，干净文雅。老板娘说，木村是正经大学美术系毕业的，来东京混得不好，离了婚后日益沉溺于酒精不能自拔，除了开出租车还能干什么？开出租车做 24 小时休 24 小时，他孤家寡人来居酒屋打发时间呗。

阿由美幼年起跟着妈妈住乡下，直到妈妈再嫁前，她才搬到东京读初中，跟着爸爸过。阿由美来店里打工时，我注意到木村神色不一样，有点喜滋滋，开出租早出晚归，他能见到女儿的时间并不多。阿由美的性格好，看不出单亲家庭出身。当我的日语会话程度被她调教到可以听懂故事后，我们俩常躲去地下室，她在同伴们共同的"鹤竹居日记"上涂涂画画，记录自己的日常，我则问东问西和她聊天。

与阿由美聊到中国料理，她说自己从来没吃过中国菜，我趁机绘声绘色地讲自己家里吃的是什么，这可把阿由美说急了，一个劲儿说要到我家来吃饭。

周末，阿由美如约而来，我做了干煎带鱼、糖醋小排，大约五六个菜，小姑娘埋着头，吃了很多，吃完就回家了。过了没几天她来上班，把我拉到僻静处，谢了又谢，说是没有想到中国料理这么好吃，吓到她了，那天来做客一定很失礼。又说，她把吃饭的事描绘给最好的朋友听，那位姑娘同样震惊，千拜托万拜托，一定让她今天把话带到我这里，下次请阿由美吃饭，千万要带她一起去，千万千万。

又过了几天，阿由美上班时带来一个扁扁的包袱，塞给我。老板娘在一边想看看是什么东西，阿由美红着脸打开，原来是学校里上劳动课，老师教女生手工缝浴衣，这个作业她足足缝了两个学期。阿由美低头说，我缝得不大好，就是想送给孔桑留作纪念。老板娘连忙抢过去摊到榻榻米上，惊呼道，哇呀妈，好厉害哎，女孩子第一次亲手做的浴衣是要送给重要的人的，孔桑，阿由美把你当妈妈了！这一下换我脸红了，我才 35 岁，当姐姐差不多。

阿由美赠给我的浴衣

阿由美急着解释，孔桑，这件不是正式的和服，它叫浴衣，是夏天穿的，全棉的。你看它很长，拖到地上，是因为腰部是要叠几叠扎起来的，可惜没有腰带一起送给你。我连忙摇手说没关系没关系。

这件铃兰花浴衣底色是藏青，上面印着红白蓝的花色，沉稳素雅，我很喜欢。回家后仔细看，手工还真不是简单的。日本布匹尺幅很窄，也正适应浴衣的需要，后背对拼，一道缝合并，一道缝压线，阿由美缝得很仔细平展。浴衣的腋下是很宽的折，也是合拢与压线，但是从正面看，针脚被很仔细地隐藏起来，那必定是费了小姑娘好大的工夫。看得出阿由美是第一次做针线，布面淡色的地方，偶有深色线脚冒出头，估计她是缝过去一段后才发现，后悔、跌脚却又不愿意拆掉重来，也许顽皮地轻轻说一声，嘛，算了啦。

浴衣的袖子、领子部分更难。肩部与前胸的小半夹，夹里是白色棉纱布，衬布上部缝入领子，侧部缝入肩袖，下部几点固定。缝缝道道掰开看，里外层针脚长短不一，疏密相间，藏青色线隐伏其中。花布还要考虑花式排列……日本人做事顶真，手工课老师一步步要求严格，哪怕表面根本看不出来。

抚摸这件藏青色铃兰花的浴衣，想象她在教室里不声不响缝制时，有没有想着离开她好多年的母亲，手工课做完回家，母亲不在身边，撒娇、埋怨也找不到对象，父亲即使在家也是醉醺醺的，这一想，我不禁有点泪眼蒙眬。

日本夏季7月中旬到8月下旬有夏日祭，年轻人会去参加花火会，男生女生都穿浴衣，清凉随意又性感，长长的坡道上风景特别美。老板娘的女儿新介绍一位女同学来打零工，她的目的是快速攒到买一件浴衣的钱。她已经参加了地区社团舞蹈队，天天排练，要在夏日祭上跟在抬神轿的半裸男人后面，男人一路吼，女人一路跳盂兰盆舞。

在日本，我的浴衣没机会穿，阿由美面临中考更忙，她想考东京池袋最好的女子高中，一放学就赶回家做作业。所幸她如愿考上了，但再次来我家吃饭的愿望一直没实现。在我离开日本前一天，阿由美竟然骑车来我家，塞给我一个电吹风，她稚嫩的脸上神情焦急，说这是买东西时附赠的礼品，千万不要见怪。阿由美带给我一封信，信封上地址字迹端正，她嘱咐我一定要回信，不要忘记日语，而她，准备读大学后要修一门汉语。

转眼27年过去，记得其间我给阿由美写过一两封信，她也回过一封。后来从老板娘那里得知阿由美考上了理想的大学，也真的修了一门汉语，可是不知为什么她一直没来中国找我。回国后，我开始写作，第一本书《东洋金银梦》日文版出版以后，我很想让阿由美读到，可我又有点忌讳那本书的内容，因为20世纪90年代初，中国与日本经济差距那么大，价值观差异也很大，书中人物对日本的看法，在日做的一些事情，我很难解释，很怕阿由美不能理解我们，反而产生心理隔阂。我到底没让阿由美读到此书。藏青铃兰花浴衣带回国后实用性几乎没有，我穿上拍过照，还给10岁的女儿穿上拍，想着怎么改造一下却又舍不得，这样一搁，几十年就过去了。

　　回到开头，就是日夜有温差，早晚后颈感觉凉飕飕的那天，我拿出深藏20多年的阿由美的礼物，抚摸了一会儿，有一股哀伤涌上心头——我最近常常念叨"生命其实不如自己想象的那么长"，突然就下定决心，将这件浴衣摊开，粗粗一量尺寸，操起一把大剪刀将浴衣拦腰剪断。

　　改完的浴衣上半身长度变短，前襟不再叠交，相对合拢，用原布缝了三对布

改制后的浴衣

带子打结，变成宽松的中长褂子。被拦腰剪下的那些布料，我将之改为夏天在家里经常穿的宽腿睡裤，裤长过膝，便利凉爽。这样一套合起来穿上在衣镜前一照，正如我所愿，是一套夏末秋初功能齐全的家居服。最妙的是，日本浴衣后颈处唤之为"衿中心"的那好几层衬里叠成的厚领子，正好保护我脆弱的颈椎，为我遮挡风寒。

有这样一套经常可以上身的家居服，我可以借机对女儿、外孙女说说故事，在那并不遥远的国土上，在我年轻的时候，曾经，结识了这样一位美丽的姑娘，她善良、可爱，她的名字叫木村步（Kimula Ayumi）。我想，下次去日本我还要寻找阿由美，说不定她就冒出来了呢。

作者简介

孔明珠，已回沪。

大学中文系毕业。下乡到上海市郊农场务农 7 年，出版社工作 10 年。

1954 年 9 月，出生于上海。

1990 年，东渡日本旅居 2 年，回国后开始写作，原《交际与口才》杂志执行主编。上海市作协理事，中国作协会员，上海静安区作家协会副主席。《上海纪实》副主编。以小说、散文创作为主，开设"孔娘子"品牌美食随笔专栏，已出版《孔娘子厨房》《月明珠还》《井荻居酒屋》《读写光阴》等 19 本个人专著。长篇小说《东洋金银梦》被译成日文《上海娘，东京の梦》由日本近代文艺社出版。

2013 年，获第十届《上海文学》奖散文奖。

2015 年，获第七届冰心散文奖。

亲历阪神大地震

宋富林

地陷楼塌

大地极其疯狂地颤抖着！

屋里每个角落都发出拉扯撕裂的轰鸣声，家具发出咣啷撞击的响声！我从睡梦中惊醒，只听妻子大喊："地震了，快起来！"我猛地起身，双腿无意识地向女儿的床边跨去，可感觉天旋地转，身体无法站直，不得不跪在地板上摸到女儿床边，借着手电筒光亮，用被子裹住女儿抱在怀里向门口摸去。门被扭曲的门框紧紧压住，动弹不得。情急之下，我一脚踹开了门，光脚向附近的居民绿地小公园跑去。妻子抱着三人的衣服、拎着鞋也跟了过来。

约有三四百人涌入了小公园。晨曦中，人们脸上充满着惶恐和不安，没人喊叫和大声说话，只是默默地站着，偶尔传来悄悄的私语声。

——1995 年 1 月 17 日 5 时 46 分，日本兵库县南部发生了以神户市为中心的里氏 7.3 级强烈大地震，即"阪神大地震"。

此刻，耳际充斥着消防车、救护车、工程急救车、警车的警报声。就连停泊在远处的神户海港的船舶也拉响了刺耳的汽笛警报。我问妻子，海上的船只为什么也凑热闹？妻子说："日本是岛国，四周是海，地震可能会引发海啸，这是在提醒国民随时警惕防备二次灾难。"天色渐亮，终于能看清周边的人，原来都是街区的邻居，大家都轻声地打着招呼。

1 月 17 日是农历"数九严寒"的"三九"。西伯利亚的凛冽寒风越过日本海上空，侵弥着野外避难的灾民，人人似"寒号鸟"般紧裹着出逃时匆忙穿着的衣服，脖子紧缩在衣领里瑟瑟发抖。有些人出逃时只穿着睡衣裤。几位耄耋老人在小辈的搀扶下，颤颤巍巍踱来席地而坐。惊恐和彷徨，刻在每个人脸上。

8 时 30 分许，日本 NHK 电台播放最新消息：村山富市首相就"阪神大地震"紧急会见记者并发表讲话，明令兵库县成立"救援和复兴本部"（神户市属兵库县管辖），县知事贝原俊民担任本部总指挥。

9 时许，居民自治会（居委会）会长山本健男老头，手握电喇叭来到小公园说，由于强烈地震造成高速高架公路倒塌，国道县道公路龟裂，水管和煤气管断裂，电线杆倒塌，指挥部决定暂停水电煤气的供应，待排查修复确认安全后按居民小区逐一恢复使用。老会长又说，最近几天还会有大量余震，已倒塌和严重损坏的房屋，请住户不要再进去。轻度损坏的房屋在确认安全后，可以去拿一些生活用品。

在不断的余震中，我回到住所。钢梁骨架木质结构的两层小楼竟然没有歪斜，底楼房屋玻璃全部震碎。洗澡间和厕所的后墙分别有一道 5 公分宽 2 米长的裂缝。厨房碗柜的上半节翻扣在对面的煤气灶台上，杯、碗、碟摔了一地。一阵寒风成了"穿堂风"从身上拂过，我不禁打了个寒战，心想，这屋不修是不能住的。妻子也跟进来，装了一包日常替换的内衣裤，又拿了护照、银行卡等贵重物品先走了。我简单收拾了碎玻璃和杯碗碴子，顺手捧了两条毯子也匆匆离去。

一家三口在神户诹访山小学避难所

晌午过后，老会长又来通知说，大家去附近的诹访山小学校暂住避难。不一会儿，20多间教室住了500多人。当晚，仅老人和孩子们各分得一个面包。学校的老师们成了避难所的管理员。铃木教头（教导主任）歉意地说，市政府收集了市内大商店和私人小店的食品应急，只能限人限量免费供应，慢慢会供应给全员的。

饥寒交迫

第二天上午，铃木教头在喇叭里宣讲："学校1月26日要开学。"中午起，避难的居民集中到室内体育馆临时居住。由校方协同自治会统一管理灾民生活。在老师的引导下，灾民们以户为单元，在室内体育馆的地板上按顺序铺出自带的毛毯和被褥。入住的灾民已有700多人。傍晚，铃木教头边发面包边歉意地说："因为许多道路震裂，外县市支援的赈灾食品和物资无法进入避难所，让大家挨饿受冻了。指挥部已经联系海上自卫队，利用海路运输赈灾物资，请大家再忍耐一二天。"我几乎两天没进食了，一个面包三口并两口吞了下去。

夜晚，我攀上了十几米高的体育馆屋顶。原来灯火璀璨的神户市中心三宫和元町一圈一片漆黑，仿佛睡着了一般沉寂。而西边几十里外的夜空被火光映照得通红，我自忖该是长田区吧？一定是有火灾，要不然怎么会把半边天烧红呢？西北风刮得紧，我闻到了浓浓的焦煳味儿。

因地震引发的火灾，烧毁了长田区数万平方米住宅

群爱饭店

第三天上午，我决定去看看工作的"群爱饭店"的受灾情况。5 年前，我以"技能工作签证"被群爱会社聘用在神户中华南京町的"群爱饭店"做厨师。走进南京町商业街，到处碎砖瓦砾，满目疮痍。群爱饭店的正门关着，我一转身见侧门半开便走进去。只见社长施兆昌老先生和他的三儿子，即我的店长阿棠正在商量着什么。见我进店，老社长非常关切地询问我家地震后的情况，我一一作了回答。阿棠说："我的家就在小学校不远处，生活上需要的东西去拿就可以了。"受到社长和店长的关心，我感到心里暖暖的。

老社长说："我们会社刚租了一台小型柴油发电机和几台大冰柜，准备把群爱几家分店的贵重食材集中起来贮藏好，以备后用。宋桑你知道的，有鱼翅、大扒翅、燕窝、大鲍鱼、贝柱大虾等，正在商量怎么搬运呢。"我说："我可以用小推车帮你运过去的。"老社长和阿棠听了很高兴，说："太好了。宋桑，那就拜托你，辛苦你了。"

那一天很忙，我分别去了几家分店，收集了几车贵重食材。傍晚离开前，老社长指着几大箱鸡蛋说：这些鸡蛋你推回小学校，煮熟了分给大家吃。我说好，就说是群爱会社的社长捐送的。回到小学校，我和管理员搬来大锅，添水烧火，忙了一阵子。当我和教头把水煮蛋分给老人和孩童的时候，他们都很高兴。我对老社长和阿棠店长慷慨大方的行为很感怀，困难时最能看出人心。

地震后的第四天，宋富林骑车探查灾情，阪神高速道路倒塌（左图）、铁道严重受损（右图）

李强一家

天黑后刚歇下，朋友小邵来避难所找我，说他的广东同籍朋友小李一家三口失联，华侨房东没见人影就报了警，生田警署已出警。他们希望能找几个人一起帮忙挖一挖，以便确认情况。我立即跟小邵去了。

小李借住的是一幢三层的房子，每层五套间木结构的排房已经倒塌成一堆废墟。小型工程车上三盏强光灯照得现场通亮。两位六旬的老警官正在揭瓦片。一位年轻的女警官和房东边谈边记录。警官们要"开膛破肚"，挖一条通到小李房间的通道，确认里面是否有人。我立即加入进去，几个人七手八脚，撬杠、钢钎、电锯、斧子全用上了。个把小时后，挖好一条五米多长，一个人能爬进去的向下倾斜的通道。我干在最前面早已是满头大汗，越往里手脚越伸展不开。一位消防署的搜救员带着一条搜救犬来到现场。搜救员递进来一只带照明灯的安全帽，叮嘱我注意头部安全。一顿饭的工夫，我挖到了小李卧室的边缘，警官和搜救员让我退出来。搜救员对搜救犬耳语了什么，搜救犬立即亢奋地晃动尾巴爬了进去，不一会儿叼着拖鞋和毛衣爬出来，呜里哇啦对搜救员"说话"。搜救员对警官"翻译"说，人在里面。说完，搬来一只扁U形、长2米、宽50厘米的橘红色塑料船。把船头上一粗一细的两根尼龙绳套在自己的肩上，另一头交给警官并叮嘱了几句话，用战时匍匐前进的姿势爬进洞口。

我知道那两根尼龙绳的用处，粗的称"力绳"，可以拉吊一二百千克的重物，细的称"信号绳"，用于传递信号。我下乡当知青时打水井用过。老警官手里的信号绳绷直了，通道外的人合力拉拽力绳，塑料船被拽出洞口。小邵一眼看出躺着的是小李，急忙喊他的名字。小李脸部表情扭曲着，显得十分痛苦，脸上和手背有玻璃划破的血渍。

搜救员爬出通道口，气喘吁吁地用急躁的语气吼道："马上做CPR（心肺复苏和人工呼吸）、做CPR！"又对女警官喊道："叫救护车，快快快！"尽管是三九严寒，搜救员一头大汗、满脸通红。他急切地喝了几口水，又拖着塑料船爬进洞口。

我们急忙把小李抬放在平地上，一位警官退下手枪和其他警用器械，和我一起给小李做"心肺复苏"。仅半支烟的工夫，一辆救护车"呜啊呜啊"急速开来。车上跳下来三位男救护士，一问情况，马上把小李抬上担架，留下一名救护士和AED抢救器，车便开走了。

不一会儿，小李的妻子被拉出来了。她温柔的脸庞神色安宁，似睡熟了。救护士和女警官先做了CPR，见没甚反应，上了AED（除颤仪）。小李的女儿被拉出来的刹那间，我心猛然抽搐了。她有着齐齐的前刘海和短发，娇小可爱的脸颊挂着笑容，胸前还紧抱着一只白色绒毛的"流氓兔"。活脱脱和我女儿毛毛一个模样。小邵红湿着双眼说："她只有八岁。"

搜救员也爬出来了，搜救犬马上扑上去舔他满头满脸的不知是汗水还是泪水。搜救员抱住搜救犬的脖子失声痛哭。警官和我们见此情景也都哽咽落泪。救护车又来了，拉走了小李的妻女。警官、房东和我们在废墟外拉起了警戒绳，纸牌上写着"严禁闲人入内"。人散了，我对小邵说："三位警官和搜救员的敬业精神让我敬佩，更让我感动，他们抢救的是中国人啊。"小邵点头称是。回去的路上，回想刚才搜救员的举止和神色，心中隐隐地有不祥之感。

自卫队赈灾

回避难所的路上，远远看见小学校门口有汽车的前灯亮着。走近了看见停着一辆覆盖着篷布的军车，五六名自卫队队员穿着单薄，满头大汗正在搬运什么。我想应该是赈灾物资吧，立马甩掉外套参与其中。不一会儿，几个男人也过来帮助卸车。忙里偷闲细看，原来是装有各种水果的纸板箱。车厢两边分别挂着一红一白的横幅。红幅上印有"支援灾区赈济灾民"字样，白幅上是"陆上自卫队××联队"。我来日本5年了，第一次看见自卫队的模样。

卸完水果箱，我看事务所的桌子上堆满了纸板箱。原来之前已经来过一辆军车，送来的全是食品。有各式各种口味的面包、饭团、蛋糕、速泡面。还有小盒的牛奶、酸奶、咖啡、豆浆和果汁饮料等。管理员高兴地说："不会再为数量不够发愁了，明天开始自由领取食品，不在避难所的附近居民也可以领取。"

避难所的管理井井有条。事务所成立了为灾民义务服务的"生活组""警备组"。我报名参加了警备组，夜间在学校和周边居民区巡逻。

第一批赈灾御寒物资运来了。事务所给65岁以上的老人发了铺在地板上御寒的"榻榻米"厚草垫子，京都府支援的"西川"高级毛毯每人一条，棉被和垫褥按实际需要可登记领取。

晚上值班时听铃木教头说，神户市烧毁倒塌的房屋有十几万栋，政府正调集国内建筑施工会社支援神户建造临时住宅，并抢修半坏半烧的住宅。室内体育馆作避难所不是长久之计，会对人的心理、特别对青少年的心理健康产生不良影响。

当临时工

我决定出去找点零活儿干。如此重灾，群爱会社的几家饭店不知何时能复工？没有月薪如何生活？尽管在避难所分文不花。

　　我先去了一家临时的"搜急会社"，工作内容是在倒塌的房屋中帮助住户搜寻贵重物品，诸如手机、电脑、金银珠宝、现金、银行卡、重要证件等。社长驾驶大皮卡车，将我等几人分别留在几处房屋倒塌点，给每个作业员留下挖掘工具、手套和安全帽。叮嘱安全后，便开车去另外一个作业点。

　　我的工作点在滩区一栋倒塌的二层一户建，客户是一位慈眉善目、白发的老太太，以及女儿佳代。我用不流利的日语夹带英语，请佳代画一张屋内摆设图，需搜寻的物件的详细位置。我动手上房揭瓦撕油毡，锯开合成板和椽子，在房顶开了个大洞。尽管是三九严寒天，我却早已是一身大汗，脱了棉袄和毛衣后开始定向挖洞。当在安全帽的灯光下能看见榻榻米时，我像壁虎一样，用四肢爬行在低窄的空隙中。

　　大衣柜倒在地上，我拿一根钢钎，像啄木鸟一样费劲地啄出一个大洞后，掏出脸盆般的首饰盒，身子倒退出去把盒子交给老太太。随后又爬进去，在另一个墙角处找到了玻璃全碎的装饰柜，从柜子里摸索出一只四方盒，是鎏金重彩贝壳装饰的工艺盒，估计就是佳代说的，里面有现金、银行卡、土地房产证吧？

　　我扭头看见墙角边立着一幅黑白老男人的相框，心想或许是老主人的遗像？日本人尊重逝者，带出去吧，要不然清理倒塌房屋时，里面的一切都会和垃圾一样被处理掉。当我倒退出废墟把工艺盒交给老太太时，她眼睛却盯着相框，先接在手里仔细端详后，自言轻语："主人，地震了家破了，什么都没有了。"说着眼泪扑簌簌地落下。女儿佳代边流泪边抚摸着母亲的双肩说："妈妈，一切都会变好的……"

　　我默默地坐在一旁，嚼着佳代给我当午饭的面包。老太太轻声细语地问我："你是中国人吗？"我回答是，从中国上海来日本神户工作5年了。老太太又问："现在住避难所吗？"我说是的。老太太苦笑着说："同样的，我和佳代也住避难所，怎么会是这样的？"我无言回答。

　　老太太转身和女儿说了什么。佳代便到我面前说："妈妈说你今天辛苦了，请你收下吧。"我一看，佳代手里拿着一张一万日元的纸币。马上推辞说："我已经拿过社长的给料（工资）了。"佳代说："不一样的，这是妈妈给你的。"我还是执意推辞。佳代又真诚地说："妈妈看你认真地工作很感动。你知道吗，宋桑，妈妈最感动的是，你把爸爸的遗像拿出来了。我们没有想到的你想到了。请你一定收下妈妈的心意，好吗？"看着佳代善良恳求的眼光，我明白了，我带出来主人的遗像对老太太来说，或许比其他东西都珍贵！我理解了母女俩的心情，双手接过佳代给的日元说："谢谢你和妈妈！"又走到老太太面前说："妈妈，您的心意我收下了，谢谢您。"说完，深深地鞠躬。老太太竟然也向我鞠躬致谢。我收拾工具后告别，走出十几步远回望，佳代和母亲还在向我挥手鞠躬。多少年过去了，那一刻的情景定格至今。

我又接连干了几天，客户几乎都是女性，因为她们没有能力干这活儿。我帮女大学生挖过电脑、服装和资料；帮一位外国留学生找到一个包有几十万学费的袋子。搜急工作有危险性，也非常辛苦，不仅要有力气，更要有技巧，才能事半功倍。客户看在眼里，每每会额外给作业员辛苦费以表感谢。

因为地震，搬家行业生意突然兴旺。避难所的朋友介绍我去搬家会社打工。三人一组配一辆 2.5 吨的厢货车，组长木村是 60 岁出头的会社员工兼司机，另一个是高中刚毕业的小青年。在我的印象中，搬家只要出力气，是一项简单的工作。其实不然，日本搬家不仅有一整套专用的箱、盒、袋和包装布绑带，更重视行业道德规范，不能有丝毫剐蹭和损坏。

起初几天干得很顺手。只是因地震停电，电梯不能运作，搬运物件下楼全靠两条腿不停地倒腾，一天下来也是腰酸腿疼，累得够呛。

有一天，我遇到一个硬茬，给七楼的客户搬家。60 多岁的木村社长亲自上阵参战。最难搬运的是容积 180 升的大冰箱，组长说两个人一前一后抬下去。我说不行，冰箱高 180 厘米，一是走楼梯台阶高低差距大，按重力自然下落的原理，前面的人太吃重，后面的人弯腰曲背使不出劲，二是楼梯拐弯宽 120 厘米，必定卡住。社长听了我的话说："有道理。"犯难之际，我说我来背下去。社长疑惑地问："你行吗？"我心想，你小瞧人了不是？是骡子是马遛了再说。我半蹲下，冰箱套上了有松紧带的大布套，一根厚实的宽皮带从后面兜着冰箱的底脚处，前面扣在我的胯部。另一根宽带从后面兜住冰箱的中间，前面扣在我的肩胛上。我两只手掌抓紧上面皮带，大喝一声："撑腰就起来嘿！"挺直腰杆站定，又哼着号子："往前就走咧嘿！"一步一步稳稳地走下去，中间靠着台阶歇了两次。路边厢车的后挡板是液压自动升降平台，我背往上一停靠，社长按动了电钮，冰箱便装上了车。搬运宽矮的全自动洗衣机时我如法炮制，顺利解决了大问题。社长一边让我歇会儿，一边夸："宋桑太厉害了！"客户看在眼里甚是感慨，竟给了小费。

赈灾救援品又运进了避难所。这次送来的有中国支援的布毯和棉毛衫裤、内衣裤和袜子，其他国家捐送的外套运动服、毛衣和其他各种各样的衣服。中国的布毯每人一条（至今还用着），外国的运动服每人一套。其余衣物纸箱摆放在操场的一隅，纸牌上写着"按需要领取"的字样。

地震几周后的一天晚上，群爱会社的支配人（常务经理）施莲宗先生到避难所找我，热情地寒暄后说了会社决定："因地震，会社的七家饭店三个月内不能营业。会社决定解雇所有社员，这样，社员们能领取政府的失业金，解决生活问题。"我心里咯噔一下问，失业金有多少？支配人说，是原给料的 60%。支配人接着说："爸爸（指社长）、我们兄弟五个和你仍然是会社社员，按月开薪。"我刚坠落的心浮了上来。支配人说："宋桑，你来日本工作 5 年表现很好，我们是认可你的。再说，你现在是'技能工作签证'，如果解雇你，会影响你和家人在日本的生活。"

支配人继续说："明天你搬家活儿结束就辞去工作，后天上午去群爱南京店，和我二弟莲华、三弟莲棠在街上摆摊做街吃，做简单的炒面炒饭和汤面，满足受灾的人能吃上一口热饭热汤的需求。"支配人环顾了馆内的四周，叹息着说："避难生活还需要几个月吧。你们生活中缺什么就去我家拿，我家离这儿很近。"

几天后一个晚上，小邵又来找我说："李强的哥哥和父母到神户五六天了。"我一听顿觉不祥，便问小李一家的后况。小邵说："那天李强一家被送到医院后已经没有生命迹象。市役所马上通过法务省神户出入国管理支局找到了李强在中国的地址，委托日本驻广州领事馆办理了家属来日本的特别签证。这几天，市役所派人办理了李强一家三人丧后的一应手续，后天回国。李强哥哥说，明天上午想和你见面表示感谢，再去弟弟家人遇难的地方祭奠。"

第二天清晨，我先去诹访山采摘了几束野花，赶到出事点等候。小邵陪着李强的哥哥和他们的父母也来了。相互寒暄后，大家在出事点点燃香烛，献上花束，摆了供果，一起合掌祈祷祭奠。两位老人早已哭得泣不成声，呼唤着儿子、儿媳和小孙女的名儿，路人见状，无不为之动容。"白发人送黑发人"，剜心之疼啊！

李强的哥哥对我说："弟弟一家三口遇难，我有机会来日本，从机场接机、请留学生做翻译、安排人员办理善后事宜等，日方工作细致、周全，给了我们很大的安慰。市政府还来专人和我们说了给弟弟一家三人的抚恤金和日本赤十字社（红十字会）给予的安抚费，并派人陪我们去银行办理了电汇手续。明天还会派车送我们去大阪关西机场。他们办事的认真和人性化令我们很感慨！"

尾　声

我们在避难所生活了将近三个月的时间，房东说："震坏的住房已经修好，可以搬回去住了。大地震给你们添麻烦了。"还说："根据赈灾的相关政策，这三个月不用交房租。"

离开前，我们去事务所办理了简单的退住手续。管理员说："事务所决定，给退所的每户居民赠送'资生堂'和'花王'的沐浴露、洗发精、护发素、香皂各两箱。"和铃木教头告别时，教头说："避难生活受苦了，没有照顾好你们，请多多包涵。"大家在相互恋恋不舍中告别。

我生来第一次亲身遭遇和目睹如此巨大的灾难，而且是在身处异国他乡的时候。三个月集体避难的特殊生活，无疑使我增长了未曾有过的见识。我曾经于16岁始在中苏边境黑龙江地区下乡当知青十年，秋冬春夏四季轮回中经历了无比的艰辛困苦。与之相比，大地震中遭遇的生活和工作上的困难对我而言算不得什么了。

从这次大地震中我也得到了许多新的启迪，我对日本国民的生活习俗、文化素养、思维方式，以及社会制度的认知进化了一个层次。同时我深切感悟到，只有在灾难面前，才能看出人心、人性之素养。以上都是我的切肤感受。

作者简介

宋富林，日籍华人。

1953年9月，出生于上海。

1969年7月，初中毕业，赴黑龙江省呼玛县鸥浦公社三合大队务农。历任大队武装民兵连班长、排长、副连长，大队团总支书记，党支部组织委员、副书记，生产大队队长。

1979年2月，返回上海，在上海无线电元件厂工作，任文教、保卫干事，生产计划科科长，党支部组织委员、党支部副书记。

1986年，任上海协昌缝纫机联营厂党支部书记。

1991年5月，赴日本，在"群爱会社"工作。分别在会社下属的大丸店、南京町店、饮茶店任助厨、二镬、头镬。

2003年，投资开设中华创作料理店"新天地"，任料理长兼店长。

二、南下大洋洲

我在澳洲当"地主"

金凯平

海丰务农时的梦——万一有奇迹发生呢？

1975 年 3 月 12 日，中学毕业后的我，去了江苏大丰县境内的上海海丰农场安丰分场第一大队。年底安丰创业大队成立，队内有 12 名知青，我是分管宣传和保卫的大队长。我们经常去海边挖河，一走就是 20 多公里路，一路上，基本都是比人还高的芦苇荡，还有遍地的茅草。路上见不到一个人，连一只狗都没有。有的地方有路，有的地方还需要我们踏平茅草，开发出一条路来。说来也奇怪，当时，我心里就涌现出一个念头，"哇，这片地好大啊。如果我能有这么一片土地就好了。"同时，心里另一个声音告诉我，"不可能，土地等生产资料都是国家的"。

后来听队里的朋友讲起，我才知道那块土地大约有 2 平方公里。冥冥之中，我感受到，我与自然、大地有了更加紧密的联系。我也不知道是否在那个时候，我就慢慢喜欢上了土地，我对土地有种特别的感觉，似乎双脚踏上这片土地，无形的磁场就将我牢牢锁住，我与土地的缘分就从此刻开始了。多年后，这种对土地的热爱与情感，促使我在澳洲（澳洲现指大洋洲，本书按照与新中国同成长的那代人的语言习惯保留"澳洲"的用法，即本书所称"澳洲"皆指"澳大利亚"）与土地结下不解之缘。

1977 年年初的时候，我被调往上海市农场局，然后在 1978 年年初，又回到海丰农场安丰分场工作，担任分场团委筹备组负责人。当时有一位被派去美国学习灌溉技术的同事也回来了。他回到农场告诉大家："你们知道吗，我仿佛刘姥姥进了大观园，我去的那农场大约有 4 平方公里，有咱们两个大队这么大，大约 6000 多亩地，灌溉全是自动化，耕作也是全自动化，三两个人就可以把农场管得很好！"那时候，我对三两个人就能做我们 600 至 700 人的工作这件事感到又错愕、又惊奇。

自打那以后，我与一些同事聊天时会想，如果我们几个人有这么一片农场，用现代化的方式管理这片农场，那该多好哇！那时，我每个月的工资只有 27 元，一年只能攒下 100 元，要买下 4 平方公里的土地很难。我的另一个同事说："这是不可能的！"我说："万一有奇迹发生呢？"是啊，万一有奇迹发生呢！

澳洲留学——目光瞄准房地产

1987 年，我因为一个偶然的机会，决定去澳大利亚留学。10 月 1 日，中国的国庆节，我带着仅有的 1000 澳元，从上海坐车到广州，从广州乘坐国航的飞机飞往澳大利亚墨尔本。我依稀记得，在飞机上，90% 以上都是中国留学生，从 15、16 岁，到 70 多岁，什么样年龄段的都有。然而，大部分人是去淘金的，把他们叫作"新淘金者"或"闯荡者"，可能会更加恰当。

坐在飞机上，我就在想，对于我们这些新移民来说，闯荡澳洲一定是一个艰难的过程。但我不怕艰难，从小，我就喜欢遇到问题迎难而上，关关难过，争取关关过。我的脑海里已经勾勒出一幅美丽的蓝图：我要在澳洲做中澳贸易，干一番大事业！我立下一个目标，在 5 年内，我要至少赚下 100 万澳元，成为百万澳元富翁。而墨尔本就是我澳洲梦开始的地方。

我自己的优势是，我会英文，虽然我的英文不是很专业，但和老外打交道不成问题。我还在上海的外贸局工作过一年，对外贸系统和外贸公司比较熟悉，我随身带了一本中国各个省市的外贸公司大全的册子。我需要挤进澳洲的大学，从大学开始踏出做贸易的第一步。

事实上，我没有辜负自己的规划。在到达墨尔本的第三天，我联系了曾在上海有过通信往来的墨尔本大学高级教育学院经济系主任 Grame 教授，我在破落临时的家中接待了他。我的桌子和椅子是我沿街扫荡的"战利品"，它们都是我用捡来的牛奶箱做的。在到达墨尔本的第五天，我终于如愿登上了墨尔本大学的讲台。面对墨尔本大学经济系大三的学生，我滔滔不绝地介绍"中国经济的现状和澳中贸易的前景"。当我的演讲结束时，全体学生站起来为我鼓掌，这一切都如同做梦一般。重要的是，通过这次机会，我认识了迪肯大学 Burwood 商学院经济系的 Breth 教授。影响我一生的机会来了。

Breth 教授不仅是一位经济学专家，还是一位对中国有所了解的作家。与他相识，让我萌发了合作写书的大胆设想。我连书名都想好了，就叫《中国贸易指南》。在我的一番游说下，在抵达澳洲的第十四天，我和 Breth 教授达成协议，我执笔，他润色并最终定稿，我们合作出版《中国贸易指南》一书。我们还达成一致，在经济学院建立一个中国经济与贸易研究中心，由我担任项目主任。

在澳洲的第二个月，我的计划是做好三件事。其中我筹划的两件大事都已敲定，此时我却面临一件十分棘手的问题：我的签证还有不到两个月就到期了！我立刻查找了澳洲移民局的条款，根据 Grame 教授给我写的支持信，申请了工作签证。我苦苦等待了一个多月都没有消息，眼看着我的签证就要过期。当我日日在思考，我是要"黑"在澳洲，还是就此抱着遗憾回国时，我又为自己争取到一次机会，那就是向移民局证明，我是处理中国经济问题的专家。我提供了诸多材料和证明，在即将"山穷水尽"的时候，终于在第一次申请签证被拒绝后，获得了我的工作签证。

签证问题解决了，工作也有了着落，我开始安心写书了。我们前后花费了三个月的时间，直到 1988 年 7 月，我与迪肯大学 Breth 教授合作的《中国贸易指南》

一书终于出版了，在澳洲媒体上掀起了一阵阵关于中国经济和贸易的热潮。澳洲的几家主流电视台，争相对我进行了采访，介绍我是当时中国第一位在民间推动中澳贸易的人。我在澳洲有了些知名度，许多人慕名而来，向我讨教如何做与中国的贸易。

那个时候，我的脑子里一直想着第一桶金的事。住在旧旧的房屋内，我晚上经常做梦，我回到海丰，回到了创业大队，战友们的形象在我梦中浮现。一次偶然的机会，让我踏入中医领域。1990 年 11 月 1 日，我的第一家澳中中医中心在墨尔本的东南区 Frankston 开业了。虽然我不擅长中医医术，但我挖掘了许多优秀的中医医师。而我，全身心投入中医市场的拓展中去。直到 1992 年，我已经成功创办了 6 间中医中心，并有 20 多位医生、5 位教授和 3 位博士。经过我的不懈努力，中医已经在澳洲被广泛认可。我们的中医中心在澳洲各大中英文电台、报纸和电视台媒体上被广泛报道，成为中医融入澳洲主流社会的一个缩影。

五间诊所为我积累了数目可观的资金。我终于将目光瞄准了房地产行业，并立刻行动起来。仅两天，我就在澳洲买下了人生中第一套商业不动产。4 年后，我净赚了 20 万澳元。这次买卖让我惊讶于房地产的增值如此快。1993 年，我为了节省租金，再次买了一套商业房产，这让我第二次尝到投资房地产的甜头。很快，我买下了第三块"试验田"，那是连在一起的三块土地，我花了 100 万澳元。这些土地经过两年多的增值，让我又赚了 100 万澳元。三次买房的经历，让我相信土地是会增值的，我毫不犹豫地投身于地产投资的行列中去。

奇迹终于发生——千万富翁不是梦

1996 年，我举办了一场"向千万富翁进军"的讲座，参加此次讲座的有近 200 位中国来的留学生新移民。在我的投资理念和鼓励实践下，这些人中后来有人跟随我买了 60 栋别墅，还有人买了工厂，有人买了农场，有人买了苗圃，有人买了餐馆，等等。之后，他们当中有人成了百万富翁、千万富翁，有人甚至资产上亿。从那时起，我给自己定下的目标是，在未来 10—20 年帮助一批华人投资者成为"百万、千万富翁"。

1996 年，我花了 550 万澳元在墨尔本市中心买下总工会大楼（也称霍克大楼，澳洲前总理霍克任总工会主席时曾在这里办公），后来改名为"澳中大楼"，现在这幢坐落于墨尔本市中心的建筑，市值已超过 6000 万澳元。

之后，澳中集团以破竹之势收购了一批墨尔本市中心的商业楼，又购买了一大片墨尔本地区的土地，开发了一批又一批高档花园、别墅小区。我做地产投资时，巴菲特给我了许多启示，其实土地投资也是一种价值的投资，放的时间越久，得到的回报越高。所以，我当时就决定，我购买的土地，一定要做长线的投资，获取 10 倍、20 倍乃至百倍的收益。

2005 年，我的自传《澳洲梦——一个留学生的现代淘金故事》由上海文艺出版社出版。

2007 年，我已经开始从事成片房地产的开发，大约每年开发 200 至 300 套别墅。那时，我开始买入 10 万至数十万平方米以上的土地。我记得，2007 年我购买的第一片土地，是一片 12 万平方米的土地。我已经意识到土地投资的价值，但还未开始大片土地的储备。

土地是财富的源泉——买下一片天空

在购买土地的过程中，我意识到购买土地的利润是非常高的，比如 2007 年至 2010 年，土地价值翻了 3 倍。但那时，我仍然没有长线拥有土地，而是将其用作赚现金流的途径。2015 年至 2021 年这 6 年中，澳洲刚进入红线的土地（熟地），面积增长了 5 倍，100 万平方米的土地价值从 5000 万澳元上涨至 2.5 亿澳元。

2011 年，我完成了我的第二本书《中国人在澳洲做地主》(上海人民出版社出版），用我自己的亲身经历讲述了投资澳大利亚房地产致富的故事。这是一本投资理财的小册子，里面所讲的各种选择买地的专业知识和技巧——比如选择何种地段、地理位置考量、适时投资、宏观政策影响，以及科学性判断依据大量数据分析等，给读者带来了重磅投资参考价值。

直到 2017 年，我突然感觉到，开发的利润没有土地的增值快。我才真正开启了大片土地的收购，开始储备 30 万、50 万、100 万，甚至 200 万平方米的土地。收购这些土地的目标都是为 10 年或更长时间做好储备，未来的收益目标为 10 倍、20 倍乃至 30 倍，我对此很有信心。

澳中集团总部——澳中大楼（原霍克大楼）

2019 年，澳中集团成立 30 周年，我们举行了隆重的庆贺活动。我提出，过去 30 年来，澳中集团已经帮助数千例中国的个人与企业，实现了在澳大利亚做地主的梦想。在未来的 5 年到 10 年间，澳中集团会陆续储备数百万平方米（数千亩）的土地。

2019 年至 2020 年，疫情期间，我买下了 2 平方公里多（200 万平方米）的土地。这里的一部分土地已经进入红线（熟地），还有一部分即将进入红线（熟地），如果幸运的话，等待 7 至 8 年，土地进入红线（生地变熟地），增值将达到 10 倍，从数千万澳元变为数亿澳元。这些年我积累的投资经验告诉我，投资买地要趁早，当下是最好的时机。就在这一年，墨尔本的一位农场主家庭，将 69 公顷的土地卖掉，赚取了 1.8 亿澳元的利润，土地增值了 1818 倍，这一投资可以说取得了巨大的成功。

我的澳中集团一直在稳定持续地发展。2006 年至 2021 年这 15 年中，集团独自或合作开发的土地面积超过几百万平方米，并储备有许多平方公里的城市土地。

2022 年，我们举办了财富论坛，未来的 20 年、30 年，不仅我的澳中集团要买下自己的一片天空，我们还要带领一批投资者，让更多中国人实现在澳洲做地主的梦想，将中国的百家姓都写到澳洲的地契上，买下一片又一片的土地，拥有一片又一片的天空，成为十亿乃至百亿富翁。

未来 30 年，还会有新的梦新的奇迹

近 30 年，我只专注做一件事——研究土地与开发土地，未来 30 年，我也只专注做这一件事。

2020 年，我有幸加入了长江商学院 CEO 班 15 期，据长江商学院的数据显示，C15 班 63 位同学，每年的 GDP 达 1.09 万亿元人民币，相当于中国 GDP 的 1%，在我们长江商学院 CEO 班第一期的"全家福"中，有许多都是现在的中国商界泰斗，比如马云、牛根生、郭广昌、冯仑、郁亮、李东生、傅成玉、江南春、万建华、南存辉、朱新礼、周成建、王均金、吴鹰、蒋锡培。1990—2020 年年间，中国经济增长创造了世界的奇迹，这些商界大佬们抓住了一次或若干次大的发展机会。他们本身就天资聪慧、才能杰出，有些已经崭露头角，又被高人发现招到长江商学院 CEO 第一期，个个大展宏图。

在未来的 30 年，我们有可能接近或超过第一期的同学吗？有同学提出异议："老金，咱们要慎重。"还有同学说："超过第一期有很大难度，不大可能。"但也有乐观的同学说道："有可能！"30 年后还会有手机吗？30 年后还有超市吗？这些问题问得非常深刻。未来 30 年的科技将迅猛发展，尤其是数字科技、区块链、量子科学、物联网、AI、生命科学、能源技术、新材料等领域的发展速度，一定会超过去 100 年的发展速度。未来的 30 年，无论是世界还是中国，都将发生巨大的变化。

在未来的 30 年，还会有更多新科技、新领域产生，会创造许多特别的机会，希望他们能够抓住这一次又一次的机会。我们班还有不少同学是资本金融大鳄，还有各行各业的独角兽，如果彼此间能进行资源的融合，他们就一定会有未来再一次的腾飞。他们没有过去 30 年这样快的经济发展速度，但他们会有未来科学 30 年超过去 100 年的发展速度。

如果我们这些同学要超过第一期，有一些问题值得探讨。第一，能否站在

"月球"看"地球"。第二，能否用30年后的眼光规划现在。第三，能否有超常规的思维方式，引领未来，创造未来。第四，这些高科技领域与金融行业、传统行业融合再创造，共同发展，一起腾飞。

说到眼光与规划，我也想到了一件我曾经与10亿澳元擦肩而过的往事。

1993年，有个澳洲律师找到我和另外一个朋友，想三个人共同投资300万来买一块300万平方米的土地，当时我有些犹豫，最终拒绝了。结果，这块地在2020年市值评估大约10亿澳元，就这样，10个亿与我擦肩而过了。这件事在我心中确实有些遗憾，但是我对土地的那种与生俱来的热爱，并没有冷却。土地不是冰冷的，它是有温度的，这个温度，取决于你是否怀着敬畏心去善待它，是否凭借专业和科学去感知它。

当年我初到澳洲，对澳洲的土地不了解，对墨尔本西南区的土地不了解，自己的实力不是特别强，更重要的是，我没有任何土地专家的指导，如果当年自己具有一些地产投资的专业性，具有一点高瞻远瞩的眼界和果敢的魄力，再有那么一丁点儿的运气，也许就抓住机会了。自从我与10亿澳元擦肩而过之后，近30年来，我只专注做一件事，就是研究土地，投资土地，开发房地产。

我通过研究澳大利亚尤其是维多利亚州一批土地投资成功案例，以及结合自

金凯平在1平方公里的大地上注视着未来

己在墨尔本投资土地成功案例，运用投资的眼光、魄力及对规划的把握，在买土地上，取得一次又一次的成功。我要像巴菲特一样，在我擅长的地产领域做长线投资，做价值投资，和华人朋友们一起感悟澳洲大地的温度并收获财富。

走向未来，带出一批亿万富翁的徒弟

2023 年 7 月，我在墨尔本风景宜人的海滨别墅中，举办了庄重的拜师宴，收了一个投资人的子女为徒弟，与他们分享土地投资的知识和经验。在之前的财富论坛上我曾说，"未来 20 年，我希望更多投资人与我一起分享土地增值这块'大蛋糕'，实现财富从百万至上亿的跨越，带出几位亿万富翁徒弟。"一些投资人随后找到我说，"金先生，您能收我或我的孩子为徒弟吗？我／我们想向您学习土地投资的知识。我们希望财富能在澳洲沉淀下来，在未来 20 年，有 10 倍至 20 倍的增长。"

我思虑再三后，决定收徒，重点在于培养"二代"。在古代，拜师傅主要是学习传统技艺。当裁缝会拜师傅，学武术也会拜师傅。现在，我们在西方也拜师傅，中西融合。我们的拜师是学习土地投资的知识，这不仅是技能，还包含了很多研究在里面，是现代的拜师形式。还有些人说，"你这样会教会徒弟，饿死师傅"。其实我一个人做这些事的精力是有限的，我更希望与墨尔本的华人企业家和"二代"一起努力，这样我们的土地事业才能一代一代地往下传。

未来 20—30 年是澳大利亚土地增长的"黄金时间段"，也是我的澳中集团爆发增长的未来。澳中集团会继续帮助国内的个人，让更多国人、各地的华人实现在澳洲做地主的梦想，将中国的百家姓都写到澳洲的地契上；澳中集团也会继续帮助一批企业投资澳大利亚，买下一片又一片的土地，拥有一片又一片的天空！

作者简介

金凯平，澳大利亚籍华人。

1956 年 1 月，出生在上海。

1975 年 3 月，中学毕业后去上海海丰农场务农。

　　1983 年，在上海创办长江中小企业经济技术开发公司。

　　1987 年，带着 1000 澳元闯澳洲，1988 年创立澳中集团。从事澳洲房地产行业的 30 多年来，在商业投资中屡创奇迹。著有：《澳洲梦》《中国人在澳洲做地主》《中国贸易指南》（英文）、《怎么与中国谈判》（英文）。具有长江商学院 CEO（行业独角兽班）15 期、墨尔本皇家理工大学管理系硕博学位，上海大学国际商学院、外语学院英文专业，上海理工大学自动化专业学位。

　　曾被邀请出席中华人民共和国成立 50 周年、60 周年天安门广场观礼。1996 年 11 月中旬和 2001 年 9 月 28 日，在人民大会堂分别受到江泽民同志、胡锦涛同志的亲切接见。并列席过全国政协会议。

　　担任澳中集团董事局主席、澳中房地产协会会长、全球财富精英俱乐部会长。任澳大利亚维州政府民族企业顾问 12 年、全国侨联海外委员 10 年、澳大利亚华人慈善基金会会长、中国留学生关爱中心主任、澳中工商会名誉会长等。

一波三折考试路

马 建

考出国进修

1979 年，我回到上海读研究生。那时候很少有自费出国的，公派出国大多为一年或者短期进修。所以，二医大已经有人陆续学成归国了。他们在学院里作报告，向学生们介绍国外的情况。我出国留学的准备，就是从那时开始的。

可是我英语极差，只有自学一年的底子。二医大为研究生开的英语课全部用英语授课，老师在课堂上讲的东西，我根本听不懂，本来课堂上该学会的内容，仍然要靠课后自学。老师曾要求每个学生念一段"新概念英语"中的小故事。没想到我念出来的竟然没有一个人能听得懂。为了不影响大家的学习，我的口语课直接被免修。全班 108 位同学，只有我享受这个"殊荣"。

为了学好英语，不走弯路，我特地拜访了复旦大学外语系的 H 教授。根据他的建议，我将一台小型半导体收音机放在口袋里，戴上耳机，走到哪里便听到哪里。那时上海人民广播电台广播英语教学节目，除了初、中、高级 3 个班之外，还有一个科技英语班，4 套节目轮番播放，我的耳朵基本上不闲着。晚上，我将录音机放在床头，躺在床上反反复复地听当时比较流行的英语录音带"新概念英语"和"今日英语"。我还跟着录音带，一遍一遍地念，然后录下来，再一次一次地纠正自己的发音。慢慢地，我的耳朵灵起来，许多英语句子也可以脱口而出了。此外，我还想尽一切办法练习口语。在读研的 3 年里，我把所有的精力都放在学习英语上了。

1982 年，我研究生毕业，留在二医大附属仁济医院风湿科工作。我们科 C 主任在澳洲进修期间得到了一个新南威尔士大学进修一年的名额，本打算让科里另一位医生去的。谁知医院的 J 副院长想让自己的研究生去。他提出要在大内科范围内考试选拔出国人选，谁考得好谁就出国。就在考试前几天，C 主任对我说，他不想买了个炮仗让别人放，把他弄来的名额给了其他科的人。所以，他让我去参加角逐。

那次考试有 5 个人参加，其中 3 位是比我高一届的研究生。考试分两部分：一是英语口语，由 J 副院长主考，交谈的内容包括个人简历、家庭情况和一些简单的专业问题；二是英语听力和书写，所有参加考试的人都先听一段美国之音"特别英语"节目的录音，然后将听到的内容用英语写下来。那是当时去世界卫生组织进修的考试方法。考试结果，我胜出了。

医院里的英语考试结束后，J 副院长决定让他的研究生和我一起参加 EPT 考试，并且说好，谁考得好谁出国（在医院考试前说好的就不算了）。EPT（English Proficiency Test）是当时国家教委为公费和自费公派留学（进修）生设置的英语考试，考 110 分算及格可以直接出国，90 至 109 分的公费留学生，可以参加一至两年全脱产英语培训，考试及格后才能出国，90 分以下淘汰。结果，我考了 110 分，刚够出国的及格线，那位研究生只考了七十几分。

J 副院长又说，最终谁出国还得由澳洲新南威尔士大学的 P 教授说了算，他要那位研究生和我一起参加 P 教授的面试（EPT 考试前说的又不算了）。不久，P 教授来华，在上海对我们两位候选人进行了面试。P 教授对那位研究生很不满意，认为她的英语能力无法胜任在澳洲的研究工作。P 教授对我也不太满意，最让他耿耿于怀的还是我中医学院的学历。不管我如何解释，他还是反反复复地问："传统医学不是科学，你怎么搞科研？"

眼看煮熟的鸭子就要飞了，C 主任不得不出面，请 P 教授再给我一次机会。可能 C 主任已经向 P 教授解释了我的学历问题，第二次见面时的气氛好多了。由于 P 夫人也在场，我们谈得比较多的是中国的风土人情和历史文化。那次谈话，不论是从语言还是内容上讲，我都还能应付。所以，P 教授对我的看法也有了改变，最后一锤定音。

接下来是政审。当二医大派人到父亲工厂外调时，厂里已经决定为我父亲平反，彻底推翻以前强加在他头上的罪名，恢复他原来的职务和工资待遇。至此，我才真正地感到了一种解脱。

1985 年，我终于登上了飞往澳洲的班机，开始了"洋插队"的漫漫长路。当时怎么也没有想到，自己后来竟成了一个浪迹天涯的海外游子！

考澳洲博士

当时我由澳大利亚和亚太地区医学教育及研究基金会资助，在 P 教授领导下的免疫中心从事一年风湿病的基础研究工作。我自己的目标则是拿一个博士学位回国。

美国是世界上科技最发达的国家之一。所以，我很想去那里读一个博士学位。从到达澳洲的第一天起，我便着手准备申请攻读博士学位。去美国读博士学位需要考 TOEFL 和 GRE。按照当时的英语水平，我考 TOEFL 还可以，但 GRE 就高不可攀啦。GRE 有一个底分，做对了题加分，做错了则扣分。当时，我做 GRE 模拟试卷时做错的题要比对的多，实际得分只是个负数。

我那时的工作实在太忙，不要说没时间准备英语考试，就是让我一天到晚干别的事情，光练英语，也不可能将 GRE 考到被学校录取并得到奖学金的水平。因此，我要想通过正规途径进入美国大学的研究生院，根本不可能。

因为曾经有过一次申请去美国读博士的经验，我知道并不是没有其他路可走。

麻省大学的 H 教授想收我做他的博士生。我问他如果没有 TOEFL 和 GRE 成绩，是否仍然可以被破格录取。当时 H 教授的回答是肯定的。之前那次失败是因为我没有好的推荐信。所以，我决定在自己研究工作的领域里，挑选几位教授，直接给他们去信，并将自己的想法告诉他们，希望他们能够对我产生兴趣，出面帮我申请博士生，绕过英语考试那一关。

我请 P 教授为我写推荐信，他很高兴地答应了我的请求。然后，教授问我是否愿意做他的博士生。我说，去美国攻读博士学位，只不过是自己的一个愿望，八字还没有一撇。如果去不成美国的话，我非常愿意成为他的博士生。教授爽快地说："好！你明天就可以到秘书那里拿一封非常好的推荐信。我马上给你办理在新南威尔士大学读博士学位的手续。"

收到新南威尔士大学录取通知书后，我便不断地给 C 主任和医院领导写信，请求他们批准我在澳洲读博士学位。但不管用什么理由，无论怎么哀求，我都丝毫不能打动领导们的心。我得到的答复只有一个，一年进修结束，立即回国，没有任何通融余地。

无奈之下，我只好求 P 教授帮忙。姜到底还是老的辣。教授给 C 主任写了一封长信，从我的课题内容说起，讲到课题的重要性，当时的进展，今后的前途，最后将我是否能够留在他那里攻读博士学位的意义拔高到课题是否能够顺利完成，他所领导的免疫中心是否能和仁济医院继续合作的高度。教授在信的结尾中说，如果我在结束了一年的进修后便回国的话，无疑是对今后中国科学发展的一个损失。尽管我不认为自己会对中国科学的发展产生什么影响，但能否读一个博士学位回国，对我个人前途来说，确实至关重要。

我被批准在澳洲读博士学位，日期从我出国的那天算起，一共 3 年，3 年一到，必须回国，不得再次延期（澳洲拿一个博士学位一般为 6 年）。

考美国博士后

1991 年，我在澳洲新南威尔士大学获得博士学位后，来到美国耶鲁大学医学院做博士后。当时，分子生物学非常热门。耶鲁大学风湿科主任 C 教授的实验室做分子生物学研究做得不错，克隆了好几个蛋白质，在我从事的科研领域中很有建树。我搞免疫出身，很想在分子免疫学研究方面做点工作，想站在 C 教授的肩膀上有一个较高的起点。谁知那个领域中的相关工作已近尾声，C 教授决定转做红斑狼疮动物模型的免疫学研究。

做科研光靠自己努力是不够的，天时地利人和，缺一不可。耶鲁大学是个好地方，C 教授是个好老板，我缺的是天时。在 3 年的时间里，我起早贪黑，无数次重复着低水平的工作。得到的初步结果是为 C 教授挣得了一个美国国立卫生院150 万美元的科研基金，帮他完成了从红斑狼疮分子生物学研究到免疫学研究的华丽转身。我清楚地认识到，自己的科研之路怕是走到头了。尽管对科研一往情深，但是已届不惑之年的我不再是个碰了南墙也不回头的愣头青了。和当年在农村务农时一样，我不断地问着自己一个同样的问题 —— 出路在哪里？

三考美国职业医师

当时的耶鲁大学医学院，云集着一批很有才华的从国内医学院毕业的精英，其中不乏北京协和医院、北京医科大学、上海医科大学和上海二医大的高材生，包括全国医学院统考的状元和北京医科大学的魁首。在美国，医生受人尊敬、收入高、工作稳定，是一个理想的职业。当时，许多人都在准备考执照做医生，这无疑也是我的最好出路。

在美国，学生在进入医学院前先要完成四年的大学本科课程，前两年在医学院上基础课，后两年在附属医院学习临床医学。美国医学院没有统编教材，教材都是老师自选或者自编的，学生学的都是世界上最新的知识，教学内容几乎每天都在更新。为了做到全国医学教育的相对一致性，所有的学生都要参加全国统一的美国医师执照考试（USMLE）。

USMLE 分三步进行。医学生在第二学年结束时，都要参加 USMLE 的第一步考试，考医学院的全部基础课程，内容包括解剖学、生物学、遗传学、生理学、微生物学、生化学、免疫学、病理学、药理学、流行病学、生物统计学、医学伦理学等十几门学科。然后在毕业前要参加第二步考试，考临床医学，内容包括内、外、妇、儿、神经、精神（包括行为医学）、皮肤、眼、耳鼻喉、病理、临床药物学、检验、影像等十几门学科的诊断和治疗原则。只有通过第一步和第二步的考试后，才能进入住院医师规培，并在住院医师规培合格后通过第三步考试，从而获得医师执照。

在美国，医学院教学医院的住院病人基本上由住院医师负责，每年需要的住院医师人数要大大超过每年社会新增的医师人数。医学院的招生人数是由新增医师人数决定的，需要多少招多少，这样才能保证所有的医学院毕业生都有工作。因此，每年大约有1/3的住院医师要由外国医学院毕业生担任。法律规定，外国毕业生在美国完成住院医师规培后，必须回到自己的国家，不能与美国毕业生竞争工作。

外国医学院毕业生要想在美国参加住院医师规培，也必须通过 USMLE。尽管参加同样的考试，外国毕业生所需的考分要比美国毕业生高得多。按照当时的计分法和统计资料，美国毕业生考到 75 分算及格（约 95% 的美国医学生能考过这个分数），就能参加住院医师规培，从而保证绝大部分的美国毕业生都能顺利地成为医生。想在美国做医生的外国毕业生很多，他们申请的是美国毕业生留下的 1/3 的位置，竞争非常激烈。当时，大约 50% 参加 USMLE 的外国毕业生能考到 75 分，通过考试后大约只有一半人能申请到规培的位置。所以，外国毕业生考不到 82 分（50% 的美国毕业生能考过这个分数）就很难进入住院医师规培。

外国医学院毕业生必须通过外国医学院毕业生教育委员会（ECFMG）报名参加 USMLE，在考试及格并得到该委员会的学历认证后才有资格申请住院医师规培。ECFMG 规定，凡是在被世界卫生组织承认的医学院中受过至少四年医学教育的外国毕业生，均可申请报考 USMLE。当时，黑龙江中医学院是一所被世界卫生组织承认的医学院，但作为一名"工农兵学员"，我只上了 3 年学就毕业了，显然不符合要求。

尽管看似无望，但我仍然心有不甘。我不能重新投胎，也不能让时间倒流，当时，我能想到的唯一补救办法是回国重进医学院学习补学分，将三年制"工农兵学员"的毕业证换成一张五年制本科毕业证。凭着自己二医大的硕士学位和澳洲新南威尔士大学的博士学位，又在美国耶鲁大学当了 3 年博士后，按照当时的行情，我回国都能当教授了。我想，自己在哪个医学院注个册，交上学费，一门一门去考，挣满学分，弄一个本科毕业文凭应该问题不大。于是，我向国内多所医学院提出申请，最后却是毫无斩获。经过将近一年的努力，一切又回到了原点。

直到有一天，朋友告诉我，有一位"工农兵学员"，在国内读过研究生，已经通过了 ECFMG 的认证。这个消息给了我希望。于是，我决定试试。1995 年 4 月初，我收到了 ECFMG 的回信。在信中，我被告知，ECFMG 可以承认 1969 年到 1977 年之间在中国的医学院里学习了 3 年后又完成了 3 年医学硕士学习的学历。

如果准备考 USMLE，我就必须全力以赴，也就意味着将放弃科研这份自己热爱并赖以生存的工作。如果下了功夫准备好了却不能考，或者考过了而得不到认证，我就是自毁前程，后果不堪设想。保险起见，我决定报名参加 1995 年 6 月的第一步考试，投石问路，花 580 美元的报名费，买一个放心。不久，我收到了 ECFMG 寄来的准考证，知道自己的学历已被认可，这才正式开始准备 USMLE 考试。那时已是 4 月末了，9 月份考试，我只有 4 个多月的时间准备 ECFMG 的英语考试和 USMLE 第一步考试，然后有 5 个月的时间准备第二步考试。

当时，我在国外已经生活了整整 10 年，拿下了博士学位，完成了博士后训练。我一直在从事红斑狼疮免疫学发病机制那样一个非常狭窄的医学科学领域中的研究工作。尽管我对自己研究的领域及相关基础学科有较深的了解，但我所熟悉的免疫学、生物化学、细胞生物学和分子生物学在第一步考试中所占分量很小。我对于医学的其他学科了解甚少，要想通过 USMLE，必须从头开始自学医学院的全部课程。

许多医学单词来自拉丁语或希腊语，长且拗口。医学英语对许多美国人来说，就是一门外语。我考 USMLE 是从自学医学单词开始的。人体有 206 块骨头、639 块肌肉和无数的神经血管。每一块骨头肌肉和每一根神经血管都有一个古怪的名字，光名字就有上千个，更不用说它们的解剖部位、形态结构和病生理功能了。总之，我只要一看到这些稀奇古怪的解剖名词，头就发晕。所以，我决定放弃解剖学。我对西方的宗教文化伦理道德知之甚少，更不了解西方人的思想和行为。医学伦理学和人类行为学所包括的内容，我一看书就懂一做题就错，最后只好忍痛割爱。

那时候，我的研究工作开始有了起色，已经出成果了。凭着那段时间的工作，我发了两篇论文和好几篇会议摘要。所以，C 教授盯得我很紧。白天上班的时候，我根本没有时间看书。

每天 18:00 下班后，我找一个空教室，吃完自带的晚餐，开始自习。刚吃完晚饭，血液大概都去胃肠道助消化了，我的脑袋总是昏沉沉的，要到21:00多才开始清醒过来。看了不到3小时书，我又饿了，不得不回家，吃点东西再接着看书，一般要到第二天凌晨两三点钟才上床，8:00多又要上班了。

当时和我一起备考的国内医学院毕业生都是二三十岁的年轻人，有些人在国内读书时上的就是英语班，教科书文字和教学语言都是英语，医学英语底子很好，脑子里的知识也是英语；许多人还在美国读过博士研究生，修过部分USMLE需要的课程，基础非常扎实。尽管如此，如果他们全脱产或者在上班时能有很多时间看书的话，备考时间至少也要2年。那时候，我已经42岁了，记忆力已大不如前，看过的东西记不扎实，老是似是而非。因为只有9个多月时间，除去工作和吃喝拉撒睡，我的时间真是少得可怜。

USMLE第一步考试要考十几门课，如果每门课只看一本书的话，就有十几本书，摞起来老高了。我看第一遍书的时候，基本上就在记单词，只有在看第二遍时，才开始理解书中的内容。等我将十几本书都看过两遍之后，离考试就只有一个月的时间了。我向C教授请了一个月的假，开始全面冲刺。在那关键的一个月时间里，我对前3个月里学习过的内容，进行消化领会、融会贯通，使之成为自己掌握的知识，同时提纲挈领，记住重点，应付考试。为了强化记忆、适应考试，我还做了几本练习题。直到考试前，我做模拟考试题，才刚够75分。所以，我要想考到82分，就要靠上帝保佑了。

1995年10月，我怀着忐忑的心情进了考场。那时候，USMLE还在用纸质考卷，第一步考试分上午下午2场，4场考试共16小时，平均每分钟答一道题。考试为多选题，题都挺长，大多数题目都要占半页到一页纸，读完题后在四五个答案中挑选一个正确的答案。由于自己的英语阅读速度慢，理解能力有限，记不住重点，所以在选答案的时候，常常想不起刚看过的内容，还得回过头去重新读题，所以就更赶不上趟了。第一步考试，我共丢了40多道题，如果再加上放弃的解剖学医学伦理学试题，至少要比别人少做60多道题。

等到考试结束，我就像得了一场重病，整个人快虚脱了，连开车回家的力气都没了。此后的一个星期，我没有碰一下书。最终，我的第一步考了81分，比那个具有魔术般意义的82分少了一分。

第二步考试对我来说难度更大。先不说上学时到底学了多少现代医学的临床知识，我没毕业就开始准备考研，接下来留校补基础，然后读研。因为自己压根没想过要做个临床医生，就没在临床上下过功夫。如果说考第一步时，我还有一点基础的话，第二步基本上是从零开始。

准备第二步考试的过程和第一步差不多。到了临考前，我还想请一个月假，却被 C 教授拒绝了。他说在考第一步的时候，我已经请过一个月假了。我说那是去年的事。他回答，从去年 7 月 1 日起到今年 6 月 30 日止是一个学年。我 1995 年 9 月请过假了，1996 年 2 月就不能再请假了。我告诉 C 教授，我有 3 年没休年假，再请一个月假应该不过分。如果没有这一个月假，我很可能过不了关。C 教授说考 USMLE 还用请假吗？看几晚书就行了。我听了差点厥倒。他以为我是谁啊，像他一样，土生土长，没有语言问题，天天念书，念了 4 年后去考试，而且考到 75 分就算赢了，当然看几晚书就可以了。我白天要上班，而且被他盯得死死的。只有到了晚上，我才能看书，用半吊子英语，去啃一本本厚厚的教科书，用 9 个多月的时间，自学完成他们 4 年医学院的全部课程，还要考到美国毕业生中等以上的水平，我容易吗？当然，那些话我是绝对不会对 C 教授说的。最后，在我的死缠硬磨之下，他还是答应了给我 2 周假。

临门一脚出了问题，原来的学习计划被打乱，我不得不放弃约半数科目的第 3 遍强化学习，练习题也来不及做了，加上第二步考试的难度本来就比第一步高，试题也比第一步长。所以，我做不完的题比考第一步时还要多。结果，我只考了 79 分。

尽管那年我最后通过了美国职业医师执照考试，但这个分数为我以后申请住院医师规培增加了很多困难。当然，那是后话了。

不管怎么说，我最终还是通过了内科和风湿科医师规培，并在美国湾松退伍军人医院担任了风湿病专科医师，直至退休。

作者简介

马建，美籍华人。

1953 年，出生于上海。

1966 年，小学毕业。

1970 年，到黑龙江爱辉务农。

1975 年，被推荐上大学。

1982 年，获上海第二医学院硕士学位。

1985 年，出国留学。

1991 年，获澳大利亚新南威尔士大学医学院博士学位后赴美国耶鲁大学做博士后。

1996 年，通过美国职业医师执照考试，再经过内科和风湿科医师规培后，在美国湾松退伍军人医院担任风湿病专科医师至退休。

在民间为中澳友谊搭桥

许昭辉

从贵州到澳洲的历练

　　来澳洲已经 36 年，岁月日长，乡愁日浓。如今我已过了古稀之年，年纪大了就容易怀旧。人生经历过的一段段精彩片段时常出现在脑海里，有在中国贵州农村务农时的历练与成长，更有在异国澳洲悉尼生活中的酸甜苦辣。贵州务农、移民澳洲是我人生中最重要的两个阶段，从少年到青年，再由中年步入老年，不同的地方，相同的历练，让我锻炼成长。

　　1969年3月，还不满17岁的我从上海到贵州黔南布依族苗族自治州平塘县西关区上莫公社新场大队大井生产队务农。1971年，全国第一次招收工农兵大学生，我被保送去都匀市"黔南州都匀民族师范学校"读速成班，一年后回到我原来的公社小学当了一名公办教师。

　　1979年暑假期间，我到祖籍广东汕头看望外公，在那里亲自感受到改革开放带来的新生活，经济生产都开始搞活了。于是脑子一激灵，回到贵州山里后，平时就收购山里特产黑木耳，放假时带到广州卖给收购站，赚点家用钱。有一次，我在路上碰见两位澳门来的上海人，说身上没有人民币买车票，拿港币问我调换人民币，但我拿港币是没有办法用的。听了他们的困难，我根据他们的需要借了70多元钱给他们，当时70元钱相当于我两个月的工资。我没有让他们写借条，只给了他们上海家里的地址。没想到，后来其中一位澳门朋友真的到上海登门拜访，还了我这些钱。俗话说，好心有好报，就这样，他认定了我这个朋友，一年多后，他利用关系和政策，把我从贵州农村调到了澳门。

　　这应该算是我走出内地乡村的第一步。1981年11月，我带着全家离开生活了13年的贵州农村，到了澳门。我一边打工摆地摊，一边学粤语，后来做车队管工，在澳门生活了整整6个年头。

　　1986年，我踏上了澳洲悉尼的土地，掀开了"洋插队"的新篇章。初到澳洲的我举目无亲，但我没有退缩，拿出务农时吃苦耐劳的精神，自己到餐馆去寻找工作，做的第一份工作就在当时悉尼一家有名的大餐馆，应聘的是杂工，做洗碗工、传菜员。几天后，老板发现我会说广东话、上海话、普通话，非常高兴，让我买个领结，穿上白衬衫做楼面侍应生。餐厅工作非常辛苦，晚上下班的时间都很晚，等我回家时，火车已经停运了，我只能在公园的躺椅上过夜，等到凌晨5点多的头班车才能回家。半年后，我熟悉了澳洲的交通规则，用澳门的国际驾照换了澳洲的货车驾照。有了这个驾照，我不甘心做一个餐馆服务员，改行做了一名普通的货车司机。几年后，我又考出了澳大利亚级别最高的驾驶证，开起了冷冻集装箱货车，每周的工作是把悉尼海鲜运往澳洲各地。

　　但要真正做好这份工作，让老板满意和放心，是不容易的。驾驶员不但要车技好，还要了解行车线路。那时又没有GPS导航，只有一本地图册，而我的英语不是很好，每次送货前我会做好所有的排列，在地图册上标记所有的城镇。熟能生巧，我的脑子里终于有了一本活地图，能在一叠送货单中排出最佳的送货流程。老板对我刮目相看，赞叹不已。那时候，一辆冷冻大货车配两位司机。一次，老板问我，这个车你一个人开行吗？我信心满满地答应下来。公司节约了一个货车司机的保险费和基本工资，而我从此以后一人一车跑遍了澳洲。一周行几千里，不停地在马路上奔驰，驾驶室里总是放着一大瓶水，还有一大包面包，渴了喝水，饿了啃面包，困了就睡在车上。由于工作时间长了，加班多了，津贴也就多了很多。我一个人赚两个人的工钱，生活水平有了明显好转，每天辛苦并快乐着，看够了澳洲的美好风景，也积累了旅途中的生活经验。

这份工作我做了6年多，后来因为在贵州时脚踝内有个老伤，经常脚肿疼痛，无法再开长途货车，最后只能改行。1994年，我在悉尼开了一家"香江酒楼"，开始从事餐饮业。万事开头难，做餐饮，我也不内行，只能摸索起步，从应聘厨师、杂工，到制定菜谱、试菜，我都亲自参与。每周一次出门采购食材，慢慢地事业有了起步，很多华人朋友都喜欢到我的酒楼里来吃饭，聊天。

受邀到北京参加国庆观礼

从澳门到澳洲，为了生活为了创业，我整整15年未曾回上海家中看望父母，1995年，我终于踏上了回国旅程。中国的变化很大，我对一切都感觉很新鲜好奇，除了在上海探望亲朋好友外，我最牵挂的还是贵州，想去重走当年下乡路，想去看望生产队村民、看望自己的学生、看望还留在都匀市工作的上海老乡。我尽自己微薄之力，为生产队装上了电视接收机，让家家户户都看上了电视。

回到澳洲后，我心系祖国，积极参与华人华侨的社团活动，为中澳友好贡献自己的一份力量。

2000年悉尼奥运会时，我作为"澳中奥运友好促进会"的主要负责人之一，组织悉尼华人华侨出钱出力，备好中国的美味佳肴，中国运动员想吃什么就能送上什么，让他们体验到澳洲华人华侨对祖籍国运动员的深情厚谊。

2000年10月1日，我作为澳洲的侨界代表，应邀参加了北京国庆观礼和国宴。

2003年，我积极参与筹备澳洲"西藏光明万里行"的大型活动。由于西藏地

2017 年 7 月 2 日，上海知青许昭辉一行 10 人回访新场村，与老乡欢聚一堂

处高原，常年受强烈的紫外线照射，令数十万藏胞因患白内障眼疾而丧失视力。为使患眼疾的藏胞重见光明、重享人生，我们尽自己的努力，制定长期和经常性的计划，组织人员把澳洲最先进的开白内障仪器送到西藏眼科中心。记得在"西藏光明万里行"启动仪式上，现场排队摘除纱布重见光明的患者有三四百人。

2005 年年初，悉尼成立了"澳大利亚华人华侨北京奥运会水立方筹款委员会"，我被推选为执行主席。我们委员会的会员热烈响应，全部都参与了捐款活动，为中国奥运出钱出力，获得了北京奥委会颁发的证书。当年，我被中国侨联邀请参加国庆观礼。2006 年，我应邀再次出席中华人民共和国 57 周年国庆典礼。

2007 年 9 月，APEC 会议在澳大利亚悉尼召开。中国国家主席胡锦涛在会议期间接见了华人代表，我作为澳洲华人华侨代表受到胡锦涛主席的接见。

2008 年 4 月，北京奥运圣火的传递活动在澳洲举行，我们知青会会员有的关门不做生意，有的请假不去上班，通宵不眠开车前往堪培拉捍卫圣火，为祖国呐喊。当年，汶川大地震发生，我们悉尼的知青虽然远离祖国，但时刻和祖国人民心连心，密切关注着灾情。大家个个慷慨解囊资助灾区。所筹款项全部存入"百年奥运""中华圆梦"专用账户，澳大利亚华人华侨为世界各地捐款人数非常多。

2014 年，澳洲华人着手编纂《澳大利亚华人年鉴（2013）》，"编鉴修志记史"是中华儿女的文化习俗，更是肯定我们华人在澳大利亚历史中的地位，确立在澳中华民族尊严的壮举，重大意义非同一般。我非常欣慰自己能为这本书的出版贡献一份力量，给了他们大力支持。我带着总编在华人社团中积极宣传，从经济上给予赞助、物资上给予支持，免费提供办公室，做好用车、后勤服务等各项保障工作。经过全澳六个州编委们一年多辛苦编辑，《澳大利亚华人年鉴（2013）》终于完成。这是澳洲 200 年历史以来第一次由华人编纂的，记载华人在澳大利亚创业奋斗经历的史书，也是一部实用性很强的资料性工具书。先后被中国国家图书馆、澳洲国家图书馆及各大学图书馆收藏。

2014 年在欢迎习近平主席到访悉尼的准备工作中，我大胆提出制作一枚欢迎习近平主席访澳的纪念章，免费发给参加欢迎仪式的侨胞。这一建议得到了与会人员的一致赞同。悉尼总领事馆决定由我主持从设计到完成的全部工作，徽章外圆白底镀金字，中间为染上中国红的悉尼歌剧院，背景色为澳洲蓝，寓意澳中人民对习近平主席访澳的真挚热情。设计完成后，我打电话联系朋友，找到具有百年历史的上海徽章厂承担制造任务，他们接到此订单后激动不已，能为习近平主席访澳制作徽章是一件非常光荣的事。工厂加班制作，圆满完成了任务。2014 年 11 月 18 日，澳大利亚悉尼华人华侨佩戴着这枚精美且具有重要意义的徽章热烈欢迎习近平主席的来访。事后，我和上海徽章厂都收到了悉尼总领事馆的感谢信。11 月 19 日，我作为澳洲华人华侨代表在悉尼受到习近平主席的接见。

除了积极参与澳洲华人社团的活动外，关爱曾经下乡过的青年，交友互助，联谊共进，是我这辈子做得最开心的事。2001 年 7 月 8 日，经当地政府注册批准，澳洲中国知青协会在悉尼成立，我被大家推选为会长。从那以后，我的香江酒楼成了大家每周相聚的地方，到酒楼里来吃饭、喝酒，聚的就是一个快乐，谈的就是一个情感。悉尼再聚首，不是亲兄弟胜似亲兄弟。协会骨干团结一心，积极为各项活动献计献策，为各级组织牵线搭桥，为各位朋友排忧解难。逢年过节、公众假期，大家都要聚集在一起，组织旅游、唱歌娱乐、互助交流，还经常在一起排节目、出刊物，一起组成了一个让大家倍感亲切、温馨、快乐的大家庭。

著名作家叶辛是我们的老朋友，他多次应邀来澳洲进行文化交流，2008 年 4 月 26 日，叶辛率上海文化交流代表团一行，来澳大利亚进行中国文化交流。中国驻悉尼总领事馆总领事邱绍芳宴请叶辛，我作为中国在悉尼代表一起陪同，见证了中澳两国之间的深厚友谊和文化交流合作。我们作为东道主热情接待，他和澳洲青年一起交流，把新出版的《孽债 II》赠送给我们。

2015 年 12 月，叶辛应邀访问澳大利亚，先后参加了华人社团的各项活动，完成各项学术交流后，我特别邀请几位作家到家里小住，体验悉尼海滨城镇生活。参观南天寺时，满可法师与叶辛亲切交谈，法师介绍南天寺在澳洲"以文化弘扬佛法"的实践及南天大学艺术类课程的情况。叶辛对南天大学的课程、师资、教学情况进行了解，认为佛教对推动文化发展和促进社会安定与和谐作出了重要贡献。

2016 年 5 月 19 日，在悉尼北区的车士活图书馆（Chatswood Library）举办了叶辛著名小说《孽债》英文版在悉尼发行的仪式，澳洲中国知青协会的会员积极参加，场面非常热烈。英文版《孽债》受到外国读者的热捧，他们也想了解中国历史，于是争相购书，排队请叶辛签名，首批图书在一天内已销售一空。5 月 21日下午，我陪同叶辛拜会澳大利亚著名华裔画家沈嘉蔚和夫人王兰，参观了沈嘉蔚的画室，面对着一幅幅精美的油画作品，我们赞叹不已。两位大师同是上海人，有着共同的经历、共同的话题，他们相互敬仰、共叙阅历、解读艺术、谈笑风生，

2016 年 5 月 21 日，许昭辉（左）陪同叶辛（右）拜会澳大利亚著名华裔画家沈嘉蔚（中），在沈嘉蔚的画室合影留念

度过了美好的一天。

从贵州到澳洲，都有说不完的故事。尽管在澳洲有许许多多热闹非凡的活动，尽管与祖国各地有千丝万缕的联系，我心中最割舍不下的还是贵州的山里。我曾 4 次返回贵州，亲眼看见这片过去贫穷落后的边远山区发生了日新月异的变化，这让我自豪不已。在那里还能看到当年我睡过的那个土楼，还能看到当年我搞基建的那个教学楼，还能看见当年的村民们如今的笑脸和他们家庭的幸福生活。

2015 年，我得知澳洲著名慈善家魏基成开展"光明之行"慈善医疗活动，将"天籁列车"助听器捐赠给祖国同胞，但因为不熟悉贵州，所以一直保留着这一处的空白点后，我立即与贵州统战部、贵州侨办侨联联系。通过各级领导认真努力的安排，澳洲联系人王兆邦的积极落实，"魏基成慈善列车"终于开进了贵州，向贵州听障人士捐献了 3400 万元设备，解决了贵州省 20 岁以下青少年儿童的助听器缺少的问题，还为贵州贫困地区的老人和留守儿童捐赠寒衣 1 万件。

2018 年 9 月，中国贵州省黔南州澳大利亚项目推介代表团到悉尼，我下放的平塘县的现任县长来了，在双方洽谈项目圆满结束的第二天，我把他们请到自己家，喝家乡酒，说贵州话，聊当年的事。2019 年 1 月，原来一起下乡的 6 位上海知青到澳洲旅游，从到达悉尼开始，我们就像当年下乡时那样，吃一锅饭，住一幢楼，一起游海滩看美景，一起去买菜做美食，共同度过了三周美好的时光。每一次第二故乡的人到来，都让我释放了多年来对贵州这片大山的思念。

作者简介

许昭辉，澳大利亚籍华人。

1952 年 6 月，出生于上海。

1969 年 3 月，赴贵州黔南布依族苗族自治州插队 13 年。

1981 年，到澳门。

1986 年，移居澳大利亚悉尼，做过餐馆楼面、货车司机、经营"香江酒楼"。

2000 年，悉尼奥运会期间，任澳中奥运促进会副主席。

2001 年 7 月，创建澳大利亚中国知青协会，任首届会长。

2003 年，组织和参与"西藏光明万里行"活动。

2004 年 4 月，任澳大利亚华侨华人共建会会长。

2005 年，应北京奥委会的邀请，参加申奥成功 4 周年的纪念活动，第一个向北京志愿服务基金捐款 1000 美元。

2006 年，担任澳大利亚上海世博会宣传组委会常委。

2008 年，北京奥运会水立方游泳场馆筹款委员会执行主席。

2010 年，在悉尼 Hurstville Town Hall 成功举办"风雨十年情"——纪念澳大利亚中国知青协会成立十周年大型文艺晚会。

2012 年 6 月，出资出力与广东粤海知青联合，在悉尼歌剧院成功演出"知青组歌——岁月甘泉"。

我在悉尼的二三事

毛　颖

小"厨"大"马"

20世纪80年代，中国涌现一股"出国潮"。我对新鲜事物充满好奇心，想出去"闯一闯"。1989年12月9日，我告别父母，吻别女儿，身揣国家允许兑换的50美元，只身飞往澳大利亚，与在澳留学的先生团聚。

刚到时，找工作很难，正应了当时流行的一句话，"外面的世界真精彩，外面的世界真无奈"。我第一份工，是在餐馆做"厨房助手"。这是一个典型的澳式旅店，坐落在食肆林立的格里伯老城区，店前是酒吧，后面用餐，楼上住旅客。我在厨房打杂，做大厨师"狼"的助手，即"小厨"。这是我第一次零距离接触澳洲人。不知为什么，澳洲人的姓多种多样，名字倒很简单又雷同，叫起来很方便。餐馆人员的称呼用英文名字叫起来更有趣，都像是动物：大厨叫"狼"，配菜叫"牛"，老板叫"鲸"。我怕他们叫我"猫"，所以赶快自称"小厨"。

5 月的一天，正是澳洲联邦选举日，平时冷清的餐馆，一下子喧闹起来。中午时分，酒吧餐馆坐满年轻人，他们喝着啤酒，"高谈阔论"。大厨"狼"忙得不可开交，便打电话找厨师帮忙，可是那天一个也没在家。我对"狼"说："我来帮你。"我把用过的碗碟放入清洗机中洗涤，就帮他干厨师的活。把"蒜香面包"放入烤箱，冰冻薯条下入油锅，拌好素菜端进微波炉……这些事情我平时都看在眼里，不陌生，很顺手的。一直到下午 16:00，送走最后一个客人，午餐才结束。老板"鲸"走过来，拍拍我的肩膀，笑着对我竖起大拇指："好样的!"大厨"狼"非常感谢，特意为我做了一份烤牛排作午餐，牛排里嫩外焦，香气扑鼻，足有半斤多重。澳洲餐馆都有不成文的规矩，工作完毕，厨房助手可以免费享受一顿午餐，但用这么高档的红酒牛排西餐请"小厨"，也是很少见的。

我津津有味地嚼着牛排，心想，这点小事算得了什么？当年黑龙江下乡，我在修建国防公路时担任食堂司务长，雨天要将湿柴点燃，没菜了要去老乡家寻购，伙食不能超标，还要吃饱吃好。我开动脑筋，边学边干，每次都努力做好，没有耽误过一次开饭。修路结束前，我看伙食费有结余，就买了一只狍子，煮狍肉犒劳大家。往事历历在目，可惜物是人非，不说也罢。

初到悉尼，我和先生"艰苦奋斗"，买了一辆绿色二手房车——"马自达929"，这是当年"马自达"的最大车型，我们昵称它"大马"。驾着"大马"，傍晚，去海边看日落，海面上落日熔金，月亮淡淡升起，日月同辉，一幅大自然的壮丽景象；雨中，去海边听涛声，风卷巨浪拍打礁岩，一首华丽壮阔的交响乐进行曲。我们如痴如醉，享受大海的千变万化。

那个时候，留学生都还没买车。周末，住在附近的就来我家串门，围着"大马"左看右看，不舍离开。每逢周末或节假日，我们会招呼大家，"都上车吧，我们去游车河啦!"一路上，大家欣赏悉尼的美丽风景，享受汽车飞奔时风驰电掣的感觉。

我们去过新南威尔士州南岸的小镇。镇上繁花似锦，古老的教堂在繁花中隐隐约约，汉密尔顿铁索桥跨河而立，百年桥上车行依然，河边鹈鹕摇摇摆摆，悠然自在地寻觅鱼食。我们在公园草地上铺开一张大席，摆上饮料和食品，开心地野餐。我们去过昆士兰州黄金海岸度假。我们在黄金海岸观百里长滩，趟幼沙细浪，看孩子们踏着冲浪板在海里逐浪，度过一个愉快的暑假。我们去过墨尔本观光，也驾车去过首都堪培拉看"郁金香花展"。

"大马"是有十年车龄的老马了，不停地工作，"生病""罢工"在所难免。水箱漏水了，就带几个大可乐瓶盛满水，走一段路，就停下给水箱加满水，再继续前行。有时候它爬坡时忽然趴下，半路熄火，我们只能走两小时的夜路回家，第二天再去救"大马"。走夜路倒不算什么，记得当年我们下乡去兴华公社河南屯修路，听说公社来了电影放映小组，再苦再累，下班后也要放下铁锹，赶十几里山路，去放映点看那不知看了多少遍的"革命样板戏"，再走夜路回家。

惊险的是有一次驾车在高速公路上，根据路牌显示，刚把车开到每小时 100 公里，"大马"忽然颠簸起来，我寻思，路面不平？还没等我反应过来，一辆警车不知从哪钻出，呼啸着在我们面前停下，拦住去路，示意我们下车。我们刚下车时还在担心，是否超速了？警察要罚款？想不到警察却走到我们跟前，只是指着轮胎温馨提醒："轮胎有问题，该换新胎了。"我一看，可不，橡胶轮胎已撕裂成条，好险啊！如果高速公路上爆胎，后果不堪设想，严重的话还会危及生命。警察说完，就驾车消失了。当我们站在车旁，不知所措的时候，一辆轿车停在我们身旁，一位澳洲中年妇女下车问："需要帮助吗？"她去堪培拉看望女儿，回家路过遇见我们，说能帮到忙很开心。她不厌其烦地帮我们打电话联系换胎，周末休息，很难联系上人。终于，近两小时后，我们换好新胎，一切妥当，她才离开。我们回到悉尼已经很晚，但想到那个有人情味的警察和热心的澳洲大妈，心里暖乎乎的。

"大马"越来越老，有时候干脆发动不起来了。一年一度"捐牌照"的时候又到了，先生把锈迹斑斑的"大马"重新油漆一遍，好不容易拿到"牌照"，顺便就把车卖了。回忆和"大马"在一起的那些日子，创业虽然艰辛，却也苦中有乐，遇见善良澳人，难以忘怀。

"土""洋"会计

务农时，我当过"土"会计。1970 年年底，生产队推荐我去江湾农业技术学校学会计，6个月后学业完成，回生产队当了会计。两年后，我被聘为公社财会辅导员。

定居澳洲几年后，我考出了当地的会计证书。2000年，我应聘"Ligare"印刷厂做会计。厂名"Ligare"是拉丁语，意思是"捆绑一起"，寓意"团结一致"。我运用国内做会计的经验和在澳洲获得的知识，工作上没多大困难，难的是语言上和同事交流沟通。进了工厂，才知课堂上学的英语远远不够。澳人说话"口音重""懒"，吐词习惯把"尾音"吞入，很难听懂。他们也喜欢用动词、形容词和象声词来表达句子，形象生动，感情夸张丰富。我拿出务农时练就的不怕吃苦不服输的精神，来攻克语言关。我把听到的、看到的记在本子上，周末去图书馆阅览报刊书籍，记笔记，积少成多，慢慢地能够和同事交流了，关系也融洽了。学习语言过程中，我也闹过许多笑话。比如，早茶时间，我带去许多小点心，对同事说："我们一起享用。"可是我发音不准，把点心"snack"念成蛇"snake"了，结果同事惊吓得一下子从椅子上跳起来，迅速离开桌子，边走边顾四周："哪里有蛇？哪里有蛇？"弄得我哭笑不得。

澳洲通常每周发一次工资。在发工资那一天，我唯一的任务就是集中精力做好这件事，让全体职工按时拿到钱，还银行贷款、付各类账单、采购食品、安排生活。科技时代，电脑技术发展快，工资运用程序不断升级更新，我努力学习电脑知识，和同事切磋技艺，认真做好每一次工资发放，多年来没有出过一次差错。

职工休假前的工资是最重要的。澳洲职工每人每年有四个星期的带薪休假。我为职工着想，每次仔细审查交来的休假单，及时将钱打到他们的银行卡，保证他们全家度假愉快。有时接待新来的工人，我会征求薪资经理同意，给他预发三天工资，使他能安排生活、偿还贷款、安心工作。其中有人后来还成为工厂的骨干。我在"Ligare"还承担收款和付款工作。我开动脑筋，预先做好列表，及时催账，预期收回应收款项，追回拖欠款，保证工厂收入和资金流通。我的上司、同事都夸我工作认真、愿意助人，乐于同我合作。我想这是我早年在呼玛务农当会计打下的基础有用了。

在澳洲工作近20年，我常常会感叹澳州人的乐观善良。他们中有许多年轻人来自边远乡村，十几岁就来城里工作。但是他们直面现实，独立生活，每天都很阳光。在任何工作场合，没有人因为我英文差就疏远我，而是伸出援助之手，并把开心之事与我分享，使我感受到团队合作的愉快和温暖。

旧居新房

20 世纪 90 年代初，当我们决定"定居"澳州时，第一件事就是把女儿接来。1991 年年底，一家人终于团聚了。我们用打工积攒的钱作首付，贷款买下悉尼西南郊一栋独立砖房，当我从中介手中接过钥匙时，兴奋的心情难以平静，这是有生以来我们第一次拥有自己的物业，也是我们梦寐以求的一块属于自己的土地。

毛颖的新家

新居很美丽，春暖花开，前院有月季，鲜艳夺目，后院有桃李，馥郁芳香。李花洁白，桃花玫红，层层叠叠照亮了小院。我不禁想起呼玛初春，冰雪未融，红艳艳的金达莱开遍山坡。两地情景交融，变幻莫测，我心潮起伏，一时分不清梦境还是现实？身在何处？哪个是第二故乡？

澳洲是个大岛屿，四周被海洋包围，与世隔绝。岛上地广人稀，生活节奏缓慢，人与人之间少有交流。因此，大家多数时间过的是以家庭为中心的生活。我们为女儿添了一个小弟弟，姐弟俩一起玩耍成长。儿子在澳州出生时，我在门前种下一棵桂树，一年四季，金桂飘香，淡淡的花香随风飘进屋来，沁人心脾。我们在澳的日子，也如花香，平平淡淡，愉悦温馨。

从孩子出生，到陪伴他们长大，我们形影不离、亲密无间。课余，陪儿女玩板球，游泳，打乒乓；周末，驾车出游，扩展视野；去动物园，喂小羊小鹿，感受与动物和谐相处的世界。我们像朋友对朋友一样交谈，希望他们在澳洲文化的教育熏陶下，变得礼貌、善良、乐于奉献。姐弟俩先后以新南威尔士州最高等级的优异成绩考入大学医学系，毕业后都成为专科医生。多年前，他们搬去悉尼最高档的海滨社区生活。周末回家看望我们，一起吃饭，聊聊家常，不亦乐乎。

近年，我们搬入两层楼带游泳池的新房，新屋宽敞高大，我喜欢侍弄花草，在后院开辟了一个小菜园，每天劳动一两个小时，晒晒太阳，听听鸟鸣，微风拂面，鸟语花香。看小苗慢慢长大，一天一个模样，我觉得很有意义。

我是一个平平淡淡的人，却处处能感受世间的善良和情谊。在澳洲的这些年，对我影响最深、让我最感动的是各种慈善公益活动。每年公司企业、社会团体都会捐款。"Daffodil Day"是水仙花日，大伙儿会认购一束束的水仙花，支援癌症研究。"Teddy Bear"是泰迪熊日，大家都会认购小熊，支援儿童疑难病症治疗。同事 Joy 对我说，她已经买了十几只小熊，并动员她妈妈也买，床头已摆满一排小熊，穿不一样的衣服，带不同的表情，非常可爱。印刷工 Brown 来领休假工资，告诉我，他做志愿者，休假时会去斐济教儿童潜水，今年已是第 15 年，他和孩子们结下了深厚情谊。

受这种澳洲文化的影响，我曾经报名参加了"步行七座桥"的慈善活动，用捐款援助癌症研究治疗。活动的内容是：沿着悉尼港海边指定路线走一圈 27 公里，沿途经过七座著名的桥。我从早上 10:00 开始步行，春风拂面，心情舒畅，沿途观景、过桥、尝美味。下午 3:30，我走上最后一座"悉尼海港大桥"，看夕阳下大桥和悉尼歌剧院相映生辉，海上帆影点点，海鸥贴着海面飞翔，多么和平安详，多么美好的风景啊！我愿在澳大利亚悉尼美丽的土地上，继续行一座座桥，走一段段路……

作者简介

毛颖，澳大利亚籍华人。

1952 年，出生于上海。

1969 年，初中毕业。

1970 年，赴黑龙江省呼玛县呼玛镇公社第三生产队务农。曾任生产队会计、呼玛镇公社财会辅导员。

1978 年，回上海，先后在共青团上海市静安区委员会和审计局工作。

1989 年，移居澳大利亚悉尼，在印刷厂做会计。退休后，在"华谊社"老年俱乐部做义工。业余时间喜欢种菜、写字，作"美篇"。《我在呼玛学会计》一文在 2006 年发表于《上海文史资料选辑（黑龙江卷）》及《呼玛知青风云录》中。《步行七座桥》和《庆祝华谊社成立十五周年》分别于 2010 年 10 月 20 日和 2015 年 9 月 1 日发表于华文报刊《澳洲新报》中。

悉尼的菜篮子和餐盘子

张小南

日出，晨曦，雾散，云开。鸡鸣，狗吠，庄户农家，家家升起袅袅炊烟，即便在"文革"中，亦是如此。

1969年春，我插队来到江西万年公社烧桥大队，过的是集体户的日子。没想到20多年后的我，加入了"洋插队"的大潮来到大洋洲。初来乍到，竟然过的又是集体户的日子。

老公先打头阵，他在1988年8月（南半球为冬季）到了悉尼。说是留学生，口袋里没多少钱，学费也是借的，生活费更要自己打工挣。一个集体户中，几乎个个穷得叮当响。没铺盖，先用报纸铺在地上，一床化纤被半盖半垫。后来去捡了别人丢弃的席梦思，才不睡地铺。吃饭更要节省。每人每周的伙食费是20元

（本文的元皆指澳元），包括牛奶、面包、饭菜、水果，还要有肉类。

异乡打工、求学，游子疲乏的身心，需要营养充足的食物来抚慰。采购一周充足的果蔬、肉类是周六的首要任务。

周六早上，户里总要派上两三个壮汉乘火车去弗莱明顿买菜。弗莱明顿是悉尼西南部最大的农贸批发市场，类似北京新发地。周六早上 5 点到下午 2 点开放零售，鸡鸭鱼肉蛋粮豆油、各种果蔬、奶制品，林林总总，五花八门，应有尽有。当季的水果时蔬成箱成袋地卖，市场有一个足球场大小，平时是货物仓储地，周末是零售集散处。周六一大早，里里外外都是摊位，有百来个，有的就在地上摆卖。果蔬之类的鲜货是临期商品，价格是低廉的，质量是可以接受的，买多是有折扣的。中午 12 点后，甩卖开始，蔬果半价或降至一二折。各种语言的吆喝声此起彼伏，摊位前人头攒动。弗莱明顿对于囊中羞涩的中下层人群，有巨大的吸引力。

此时，作为户长的老公，已经率队深入市场腹地，在大甩卖狂潮掀起时，做好了火力侦察。他们在不同肤色的人群中穿插，在地摊堆积如山的果蔬箱盒中左突右行，奉行少花钱多办事的原则，就地还价，买 7 元 20 千克的老鸡下庄，5 到 8 元一箱（20 千克）的橙子，三五元一袋的胡萝卜，4 元一箱的四季豆、洋葱。五六元 1 千克的海虾、3 元 1 千克的黄眼大带鱼肉粗味腥实在难吃。这些从未买过菜的男子汉，在历练中积累经验。确实，买菜不是那么容易，每个人都有过上当的经历。眼明手快买到的一堆落脚货，有菜有肉有水果。当"洋插兄弟"拖着沉重的小拖车，心怀欢喜地归去，有时是惊喜，心中飞出幸福的歌，有时是惊吓，香蕉、苹果、玉米、番茄、刀豆，上面是好的，下面是小的烂的。不过，无良奸商少，便宜头捞到的辰光多。这个辰光那些市场里的纷乱喧嚣，还有寒风的穿心冷、酷暑的桑拿蒸，通通忘记了。好东西吃到肚皮里，顿时神清气爽，落胃，人间烟火气，最抚凡人心。

头两年，穷学生打工收入每周不过两百澳元左右，要吃饭、租房、付学费，还要存钞票还亲戚的债……买菜都是去弗莱明顿大卖场。买便宜当季的大路货：刀豆、番茄、黄瓜、胡萝卜、洋葱、土豆、卷心菜、空心菜……菜篮子里来来去去就这几样。华人杂货店里的豆腐、荷兰豆、芥蓝、豆苗之类的细菜从不进门。大卖场青边鲍鱼二三十元 1 千克，太贵吃不起，也不懂吃。可是，没有钱也得吃饱饭，也得住间房，哪怕压力山大也要扛。

起初，户里的男人们没人会烧饭，餐盘子里味道很一般。只好靠想象妈妈的手势，瞎弄弄，咸了淡了，生了糊了，慢慢成了。先做简单的，炒个蛋，煮个骨头汤，带鱼暴腌干煎，面拖鱼排十分好吃！当地人或其他外国人肉店的猪肉时有膻气，一煮气味难顶，成了黑暗料理，只能扔掉，从此只在华人店买肉。有人英文太差，餐盘子里出现了猫狗食，还说味道很好，辛酸又好笑。

来悉尼一年后，老公厨艺见长，将平凡的食材做成了好吃的佳肴，餐盘子里出现了椒盐虾、红烧鸡腿。精打细算，伙食费尚有结余，隔三个月还能上茶楼小撮一顿。

来悉尼三年，中秋节那天，户里合伙第一次吃了一只烧鸭。

在困难的日子里，善良的心会变得纯净温暖。初来异国，大家都不富裕，偶尔有"插兄插妹"来串门，主人会倾其所有招待客人，一锅黄芽菜烂糊肉丝，一盘干煎带鱼，一碟鱼露炒空心菜，一碗老鸡汤端上来，大家齐齐坐在捡来的桌边，边吃边诉说着打工扒分的经历，保出勤不黑掉的种种窍门，酸甜苦辣涌上心头……何以解忧？唯有乡情。餐盘里的食物简单朴实无华，但浓浓的乡情，使它们变成了至味，饱含着爱，叫人怎能辜负？一会儿，盘清碗空一扫光。吃饱喝足后，游子们身心俱暖，斗志昂扬。同学们，屏屏牢，面包牛奶已经有了，希望和光明也会有的。

1991 年，第一批来澳洲的中国留学生有了居留身份，家属陆续到来，集体户逐渐解散。周末依然去弗莱明顿买菜，常常是和朋友同去，买得多会更便宜，4 元一箱四季豆六七千克，十五六元一箱橙子、苹果有 15 到 20 千克，一定要与人分享才能吃得完。以一家三口计算，每周菜篮子开销是五六十元。菜篮子中也会出现大卖场买来的海鲜，10 元 1 千克的虾，5 元 1 千克的八爪鱼，2 元 1 千克的乌贼，1 元 1 千克的大眼红鱼。还有葡萄、芒果、西瓜等当季水果。买完菜，到小镇上吃碗八九元的特别牛肉粉或排骨炒饭，心里觉得很温暖。逢年过节的，家里还会用 20 元买只烧鸭改善伙食。此时留学生的菜篮子餐盘子花样已经丰富多了。

有了身份，每周打工时间不受限制了，不用打黑工。经过几年的历练，语言有长进，寻工有诀窍。在国内读过名校掌握专业技术的，脱颖而出，他们在澳洲又读了 TAFE，取得了本地的专业执照，不再洗碗刷盘子、熨衣送货，成了白领、蓝领工作者。周薪从两三百元加到五六百元甚至更多。圣诞节或元旦，悉尼上海留学同乡聚餐，主人家出场地，做上海土豆沙拉、蒜子牛油焗龙虾意粉、酸辣汤、白斩鸡、清蒸鱼、芝麻汤圆……客人也带上自制的菜肴、蔬果点心。一时间，满席的佳肴水果令人食指大动，大家笑谈欢歌，好不惬意！

弹指一挥间，当年从上海来悉尼的留学生，不知不觉已经在悉尼生活了30多年。大家的生活都有了巨大的变化，子女长大了，大学毕业工作了，成家立业了。当年的"洋插队"诸人梦想成真，努力工作的，有一技之长的，都有房有车（好些人不止一套房，不止一部新车）。周薪上千，房贷也还得差不多了。因此菜篮子里的品种愈加丰富，餐盘子里的内容更是多样化，更营养，更趋于健康。每周的伙食费都在300元左右，弗莱明顿大卖场已经很久不去了，平时就在家附近的大超市、果菜市场、华人杂货铺买菜。近10年来，悉尼到处都开了亚洲大型超市，价格也在能接受的范围之内。如冰冻荠菜400克4元多，毛豆仁400克2元多，还有咸雪菜、藕片、栗子仁、芋艿，花色繁多。海鲜类有带鱼、小黄鱼、虾仁、黑鱼片、鱿鱼卷、墨鱼仔……切好的各种牛羊肉，各种包子、饺子、烧卖，各种本地产的豆制品，数不清的烹饪酱料，五花八门，应有尽有。华人购买时也不会对价格过分纠结，新来的留学生更是出手阔绰，一买就是几十元上百元。周末逛街小吃一顿，两三人就吃掉六七十元，到饭店去吃大餐也是常有的事。大家各有各忙，朋友们聚会的机会不多了。我喜欢烹调，澳洲的海鲜食材丰富，不时会买些回来自己加工。贵妃蟹焗生面，蒜子牛油龙虾，清蒸笋壳鱼，蒜蓉粉丝蒸扇贝……自制广式煲仔饭，包上海荠菜馄饨，卤牛腱、糟鸭肫、猪脚尖、鸡块、醉毛蚶、烤羊排、牛排，弄寿司烧火锅，花样百出，不胜枚举。

自制的美食

时光流转，岁月变更，年轮叠加。悉尼菜篮子和餐盘子的故事还在继续。好好吃饭，过有滋有味的日子，是人类社会进步的动力之一，老百姓向往美好的生活，从古至今，莫不如是，民以食为天，信也！

作者简介

张小南，澳大利亚籍华人。

1949 年 9 月，出生于山东德州市，1951 年冬随父母移居上海。

1969 年，毕业于复旦大学附属中学，赴江西万年县插队务农。

1973 年，返沪入职上海胶木电器厂，做过工人、厂长秘书、厂校教师。

1982 年 9 月，考进上海徐汇区业余大学，学习中国语言文学专业。

1986 年 7 月毕业，取得大专文凭。

1991 年出国，到澳大利亚悉尼定居。曾经在悉尼航空食品工厂当工人。

2003 年，在卡灵福购物中心开香烟店。

2006 年，正式退休。在家栽花种草，爱游泳，喜烹调，买汰烧，满世界看美景，寻美食。

我在悉尼开出租车

王文祥

在我的人生经历中，最令我兴奋的有两件事。

第一件发生在 1978 年 8 月 18 日，这天我离开了下乡近十年的黑龙江省爱辉县西岗子公社富拉尔基大队。盼星星盼月亮终于盼到可以回家，回到父母身边了。在计划经济的年代里，户口问题是很重要的。我们从农村户口转为城市户口，尤其是一线城市的上海户口，就尤为重要，这意味着生老病死一切都有保障了，你说能不兴奋吗？这是我人生中最兴奋的第一件事。

第二件事莫过于 1995 年去海外定居了。其实我们家没有任何海外关系，去海外主要是受出国留学潮的影响。20 世纪 80 年代初，我先是顺着潮流想去日本，经常去日本驻上海的领事馆探听消息。当时想出国的人满城都是，领事馆门口人山人海，于是我开始将目光转向澳洲。为此，太太辞去了教师的工作，我辞去了政府机关公务员的工作。

语言成了最大的障碍

1995 年我来到澳洲，在一个全新的语言环境下怎么生存？但凡刚到澳洲的华人，都要遭遇生存危机。我在国内上过业余大学，虽然不是正规的大学，但也算有点文化底子了。可是到了海外变成没有文化的人了，英文一窍不通，连 ABCD 26 个字母的顺序都搞不清记不住。

现在想起来，语言不通、交流困难是件很可怕的事。1996 年是我到澳洲的第二年，在一次交通事故中，因双方有争执，我把对方告上法庭。法官看我不懂英语，想找位中国人帮我翻译一下，就问在座的各位：有没有中国人会说英语的？我只听懂 "Chinese" 一个词，便马上举手表示我是中国人，弄得大家哄堂大笑，令我尴尬无比。

语言不通遭遇委屈受气的事也时有发生。头一年，我经太太介绍去了一家生产自来水龙头的企业工作。老板是英国人，早年跟随父母移民至澳洲，公司颇具规模。我很高兴，一个来自中国的 "三无" ——无钱、无英语、无技能的 "洋插队知青"，能找到一份正规企业的工作，已经很幸运了。车间里的工头也是一位上海人，我想我的语言交流有所依靠了。一开始我们关系很好，称兄道弟，然而好景不长，有一次他把水龙头开关加工的尺寸搞错了。他明知我不会说英文，竟怪罪于我。当时我意识到危机来临，便立马向老板汇报，不会说英语怎么办，我就用肢体语言（Body Language）加上几个单词，老板才有点明白了。

面对各种困难和挑战，特别是遭受不公平的事后，我逼迫自己加倍努力学好英语，过好语言关，用英语来表达。澳洲政府也知道非英语背景的新移民都面临语言环境问题，于是特别开设了新移民 510 小时的英语免费课程，如果能够掌握这个课程，那你的英语就达到了二级水平，也就是说一般的听力和口语能力没问题了。学英文的效率与年龄很有关系，通常年轻人用半年的时间，就掌握了 510 小时的英文，而我用了四年时间仍然不够熟练。年龄大了，前学后忘，记不住了。我便采取现用现学、活学活用的方法，倒是很有效的。具体方法是：（1）每次出行我总带本悉尼地图，见到路人就问，不怕人家笑话；（2）去教堂找传教士，那些从美国来的年轻传教士，个个中英文流利；（3）口袋里装满小纸条，在街头看到不懂的商店招牌广告、报纸告示或是想到自己要表达的话时，都在纸条上写下来，回家再问家里人；（4）常换工作也是一个方法，因为每个地方用的语言有所不同。就这样，我终于过了语言关。

我在悉尼开出租车

开出租车，给人印象是疲劳危险，社会地位低下，这是不可否认的事实。根据各种社会调查，出租车司机在各种职业排名中，通常是倒数几名。可当我干上开出租车这一行后，却再也不想换工作了。这是个与人打交道的行业，顾客至上是我的宗旨，服务好了，钱也在其中了。

安娜（Anna）是一位意大利人后裔，她是女律师，65岁，身体肥胖，行动不便，很依赖出租车。我对她无微不至，她总是慷慨地回报我周到的服务，给予高额的小费。我粗算一下，每年的小费也有1万澳元左右。有钱人不在乎钱，他们需要的是周到的服务，而我需要的是钱。我认识她已经十多年，我们成了亲如一家的好朋友。

还有一位是印度尼西亚的华人蔡老太，每次我回上海她就不出家门了，有事就尽量克服或等家人有空方便。来自香港的吴太也是如此，她的女儿在香港工作，老伴住养老院，身边无人照顾。她家离外边的马路，需要上十多个台阶，对于患骨质疏松症的她来说，我成了不可或缺的帮手。

除了老年人之外，很多年轻人，凡是需要用车的都愿意留下我的电话。有位安徽陈姓女子住在我家附近，她的父亲是国内某市的领导，她本身也是个事业有成的女强人。十多年前第一次认识我时，她认为我诚信可靠很聊得来，便给我留下联系电话，我们一直保持联系。每次小费少则5澳元，多则翻倍。我实在不好意思多收，非常尴尬，但是每次拒绝又每次不得不照收。这些小费不仅仅是代表钱，更重要的是代表顾客对我工作的认可。

开出租车每天遇到的人形形色色，好人坏人都有。坏人的主要表现是想不付钱逃票，有的开门夺路而逃，有的佯作镇定说"等一下，我回家拿钱给你"。这种情况一般都是一去不返的，我就只好自认倒霉。这些人还不如那些性工作者。开出租车，经常会碰到性工作者，给小费的是富人，不给小费的是穷人，但无论是穷是富，她们坐车都不会逃票的。

小车不倒只管推，我非常喜欢开出租车这个职业，自由自在。我还将继续干这一行，老了有事干，能干的总比闲着无聊的好，能干的人生是美丽的人生。

我有个可爱的家

建造一个温馨的家，这始终是我未放弃的目标。

说起家就要说到房子。来到澳洲后，我就在悉尼著名的华人区（Burwood）买了一幢占地450平方米的旧House，俗称别墅，然后推倒重建成自己想要的两层双砖别墅。虽说不够大不够气派，但是通过自己的努力，我实现了一个伟大的梦想。

家，是要靠夫妻共同经营的，这是一个尽人皆知的话题，我不想在此展开。但是我太太为家庭贡献的两件事值得一提：

（一）她在48周岁时生了第二胎，小女儿。也就是说老大和老二相差整整十九岁。如今小女儿已经18周岁了，在悉尼知名大学念二年级。

（二）她在同一家公司已经工作28年了，这种情况一般很少见。她至今仍在那里工作，我也支持她继续干。

我总结了我们家庭的经营之道：我多干一点、太太辛苦一点、平时节约一点、另外投资一点。穷人的财富就是靠这样几个一点慢慢积累的，完全就是靠时间、靠毅力。

我们俩有个共同爱好，那就是喜欢旅游和跳舞。每次我们出去旅游，无论是去欧美、中国，还是自驾环澳游，走到哪儿都要带好音响、舞服、舞鞋，这已经成为我们的生活方式了。

无论是室外平台、海边沙滩还是露天舞台，只要能跳我们就会就地起舞。印象最深刻的是2022年，为了庆祝我70岁生日，我们安排了环绕澳洲海岸线的自驾游，全程近1万5千公里，历时两个月。每当经过乡村俱乐部和景色美丽的海滩，我们总要先跳一个，而且人越多越想跳。我们与众不同的旅游方式，常常引

王文祥和妻子一起跳舞

起围观群众的掌声和喝彩，这种感觉太爽了。

　　有趣的是，太太穿的各种舞服舞鞋，都是我每次回上海去专卖店精心挑选的，包括拉丁、华尔兹、迪斯科等各种舞蹈的服饰。跳舞需要搭子，没有搭子的舞蹈没有乐趣，纯粹是浪费时间。舞跳得好看也离不开服饰，因此，给太太这位舞搭子买舞服就成了我的乐趣。

　　关于小女儿，前面已经介绍过，我再继续描述一下。她刚刚出生时我欣喜若狂，奔走相告，老来得子的我曾梦想连连，希望小女儿将来能够陪伴我。可是事与愿违，长大后她性格变了，她怕我遇到她的同学。我也怕带她出去，很多陌生人见到我们都说，"你爷爷真会开玩笑""这是你的爷爷吗""给你爷爷拿份广告"，经常令我哭笑不得。

　　小女儿懂事，独立性强，她知道为家分忧。澳洲政府规定，学生满14周岁可以兼职打工。她满14周岁的第二天就去麦当劳打工，边学习边打工直到现在，平时的生活费用我基本不用操心。刚满18岁她就考出了驾照，不管多远到处跑，也不用我操心了。

还有一点最使我感觉好的，就是她总是把"谢谢""爸爸，你今天好吗""晚安"等礼貌用语挂在嘴边，这种谦卑的态度和温暖的语言，让我感到舒适自在。其实我们没有这种习惯，有时应该说而没有说"谢谢"，她还会提醒我们。

小女儿在身边成了我们生活中的小助手。特别是在信息发达的今天，对不会操作电脑又不精通英文的我来说，她确实能帮助解决生活中的许多问题，我很依赖她，很多事情在她手中都是轻而易举的事。

关于大女儿，她在上海上了几年小学，那段时间我印象最深的是：每次学校开家长会，我总是坐在最后一排，心里总有不安，不好意思见老师。因为女儿的学习成绩不太理想，这也是我下定决心要来澳洲的主要原因。

来到澳洲改变了她的命运。她学习和工作都十分努力。大学毕业后，她在悉尼英美烟草联合公司供职，负责销售工作。之后又跟随丈夫去香港，在世界化妆品大公司工作，2022年晋升为亚太地区销售总经理，一家人搬去新加坡定居。公司有很好的福利，为他们提供房子和孩子的教育费用等。他们育有一子一女，两个孩子活泼可爱，一家人过得其乐融融。

顺其自然，是我教育孩子的基本方法。我不是钢琴家、画家、音乐家，也不是体育名家，什么家都不是，为什么一定要孩子成为什么家呢？小孩本身喜欢那最好，我就顺水推舟，培养她一个兴趣爱好，何乐不为？澳洲对小孩的教育就是

一家四口摄于 2006 年

两个字——自由。学校的开放日（家长会），我从来都不去，相信学校的老师都会认真负责的。学校的各项活动，我都会让孩子去参与，是人才总能成才，不是人才再推也没用。

2023 年是我来澳洲的第 28 年，我已经习惯了澳洲的生活，所幸两个女儿都不会啃老，不用去接济她们。我已经完成了一代人该承担的责任了。

九次回第二故乡

海外华人热爱祖国，绝大多数的海外华人都是这样，我也是如此。

离开中国后，我从 1999 年的 10 月到 2023 年的 4 月，已经 9 次回第二故乡（我下乡插队的黑龙江屯子），我的太太、大女儿、小女儿也多次随我同去。由于每次回去都会受到当地政府和老乡们的热情款待，太太用最形象的一句"爹亲娘亲不如故乡亲"，道出了我对第二故乡的思念之情。

现在，第二故乡中的熟人所剩无几，老人都走得差不多了。我再也不能像以前那样，用一辆大巴车把所有认识我的老乡拉到黑河市区，开个文艺晚会或是春节团拜会，那种热闹场景不会再有了。但我永远会记住老乡们嘱咐的那句话："回家看看，常回家看看。"因而我每次离开时，都暗暗地计划着归期，第二故乡在我的生命中是何等重要啊！有人曾经问我，老乡们都走完了你还会去吗？答案是肯定的，俗话说人不亲土还亲。看看第二故乡的一草一木，也堪以告慰。

写到这里，与海外生活有关的东西差不多了。回顾自己的经历，我的一生就是平平淡淡、平平安安。眼下最重要的是要照顾好自己，安排好晚年的生活，努力去兑现曾经的许诺，少留遗憾。我的终极目标是"保九争百"，即保持好心态，活到 90 岁，争取成为百岁老人。

作者简介

王文祥，澳大利亚籍华人。

1952 年 4 月，出生于上海。

1969 年 4 月 28 日，赴黑龙江省黑河地区爱辉县西岗子公社富拉尔基大队务农。

1978 年 8 月 18 日，离开农村回上海。

1979—1989 年，在上海杨浦区四平路街道办事处工作。

1990—1995 年，在杨浦区总工会工作。

1995 年至今，在澳大利亚悉尼定居。

三、西跨欧洲

留学英国　弥足珍贵

俞立中

在黑土地上的追梦

　　我是新中国的同龄人，生在上海，长在上海，是个土生土长的上海人。而人生中对我影响最大的两段时间，却是在黑龙江务农的 9 年和在英国留学的 5 年，我戏称其为"土插队"和"洋插队"期间。下乡务农曾给我带来迷茫与困惑，但实实在在改变了我对社会认知的视角；海外求学打开了我的视野，使我体验到世界文化的多元，成为我未来发展的基石。这些经历在无形中影响了我的人生观、价值观和世界观。回首过往，感慨万分。

还清楚地记得 1969 年 7 月里的那一天，我们乘坐三天三夜的列车来到了黑龙江二井子站，这个连地图上也找不到的寂静的小站顿时沸腾起来。呼吸到北大荒的气息，眺望着无边无际的田野，我没有欢欣和激动，心绪就如同这茫茫的大草甸，简单而茫然。就这样，在祖国的北疆，我开始了长达 9 年的"战天斗地"的生活。

小兴安岭山麓气候寒冷，一年中有半年被冰雪覆盖，极端温度在零下 40 多度，一不小心就会冻坏了。在去黑龙江之前，听说东北人有"猫冬"之说，但是我们从未体验过"猫冬"。一年四季，春天播种、夏季除草、秋天收割、冬季备料，不会有闲的时候。北大荒的农垦生活无疑是刻骨铭心的，天寒地冻、农作辛劳、生活艰苦、物资匮乏、疾病肆虐，无不在挑战人的生存极限，磨炼着我们的身体与灵魂。对年轻人而言，生活上的煎熬、体力上的劳累，都是可以坚持下来的，让人更难以忍受的则是那思乡之苦和对看不到未来的忧虑。随着岁月的流逝，这样的苦恼与日俱增。在迷茫中，我内心深处一直有一个强烈的信念，那就是要继续学习，做一个真正有知识的青年，由此，上大学成了我挥之不去的梦。

20 世纪 70 年代，农场推荐工农兵上大学，每次我都被连队推荐上去，但一次次落选。尽管打击很大，但我属于比较想得开的人，情绪过去了，就继续努力。我觉得人生没有必要那么悲观，只要努力了，机会总会有的。20 世纪 70 年代末，中国走上了改革开放的道路，恢复高考改变了我们这代人的命运。为了抓住这个机会，我在短短几个月时间里，自学了高二、高三的各门课程。那时候，白天必须下地劳动，只有在夜深人静之时，我才能放心地在蚊帐里打开手电筒翻看书本。为了不影响他人休息，经常是亮一会儿手电，赶紧把知识点和习题记在心上，然后关上，躺在炕上反复琢磨、回忆，在心里默默解题。清晨出工前，我把重要的数学公式、物理概念写在手上，歇息时看一下，加深记忆。总之，任何支离破碎、分分秒秒的间隙都成了我复习迎考的宝贵时间。最终，我以优异的成绩，考上了华东师范大学，近而立之年的我终于如愿以偿地踏进了梦想中的大学校园，回到了阔别已久的故乡——上海。

9 年多的农场生活，让我无比珍惜来之不易的学习机会，一头扎进了知识的浩瀚汪洋中，以弥补逝去的韶华。我们真的是用全部时间在学习，没有停止攀登学业的新高峰。

　　大学毕业之际，正逢教育部争取到世界银行贷款，选派一批高校教师出国学习进修。除了中青年老师外，地理系还选了 3 名毕业班学生去参加考试，若取得了出国名额，他们就留在学校工作了。1985 年 5 月，我踏上了海外留学之路，赴英国利物浦大学深造。根据英国大学的规定，我必须先注册为硕士研究生，但不到一年时间我便通过了论文开题报告，转成博士研究生。1989 年，我取得了博士学位，只用了不到 4 年的时间。我是新中国成立后在英国利物浦大学地理系学习的第一个来自中国大陆的学生，也是当时系里为数不多的在那么短时间内完成博士研究生学业的学生。海外留学机会弥足珍贵，要在科学研究上有所成就，必须利用好高水平的博士生教育提供的科研训练机会，走向学科研究的前沿，确立自己的研究领域与方向，我在努力把失去的时间补回来啊！

1986 年，俞立中在利物浦大学地理系研究生办公室打字

在研究室的忙碌

　　在英国学习研究的日子里，我几乎每天都是第一个到实验室，最后一个离开大楼的学生。节假日也经常在学校办公室或实验室里度过，有很多次都是大楼的保卫人员敲我办公室的门，提醒我该回去了。幸运的是，我的研究工作很受导师弗兰克·奥德菲尔德教授的器重。在他推荐下，我获得了英国海外学生奖学金和

利物浦大学奖学金。奥德菲尔德教授是国际著名的环境生态学家，也是环境磁学的创始人。在学科交叉的前沿领域，利用一流的研究平台，我受益匪浅，得以站在巨人的肩膀上，将推动学科发展与个人学术追求牢牢结合起来，把目标锁定在有开拓意义的方向上，并在国际一流学术刊物上发表了多篇论文。

俞立中（右）和导师弗兰克·奥德菲尔德教授（左）

　　在专注于学术研究的同时，我没有忘记利用海外留学机会，深入了解和融入英国的社会，观察英国社会的方方面面。众所周知，出国留学所面临的最大困难之一就是要适应截然不同的语言与文化环境。作为改革开放后最早出国的几批留学生，我们在出发前都经过培训，学习了解英国的风土人情、礼仪习俗，但几乎都没有用上。刚刚打开国门，我们对国际社会已经和正在发生的经济、文化、科技与教育等方面的变化知之甚少，不少认知可能还停留在较早的年代。都说英国人比较刻板、冷漠，而实际上我的导师及周围的教职工和研究生们都非常热心随和，他们在学业和生活上给了我许多帮助。当然，我也会努力利用各种机会去熟悉和了解英国的文化和社会。

　　我所在的研究生工作室很大，人最多之时，有 5 名研究生同在一室。我们经常会交流一些不同的话题，尽管大家的研究领域不同，但也有兴趣讨论各自的论文课题。其中，有一位来自德国，研究爱尔兰文化的研究生；一位来自非洲加纳的研究生，研究人口地理的；还有两名英国学生，前后毕业有替换，她们分别是研究历史地理和人文地理的研究生。在我作为研究生期间，最后一个进到这个办公室的，是与我同一导师的大个子研究生西蒙·哈金森（Simon Hutchinson），我们研究领域相似，在一起讨论的时间最多，成了最好的朋友。回国后，我和西蒙共同申请了中国国家自然科学基金会与英国文化委员会的国际合作项目"滨岸潮滩环境监测和管理研究"和"长江口岛屿的可持续发展与社区参与"及后续项目，前后合作了 10 年，至今仍保持着联系。

在茶歇与酒吧的交流

英国大学上午、下午都有"茶歇"时间，花 5 便士就能买一杯茶，10 便士买一杯咖啡，但这对于当年只有 200 英镑生活费的中国留学生来说是一笔不小的支出。我觉得"茶歇"是熟悉系里教职工、和大家交朋友、锻炼英语口语听力的好机会，也是了解英国大学、英国社会与文化的难得机会，就如同交学费，所以有时间我都会参加。利用"茶歇"时间，我在与老师和同学的聊天中了解到系里各位老师的学术领域，确定了自己的研究方向，并学到了不少英国文化习俗及不同人对英国社会经济的思考。其间，大家也对中国的历史文化及改革开放政策与现状，以及我个人的经历很感兴趣，我也会作介绍。我感受到，虽然中英政治制度、文化背景、社会进程不同，但是人和人之间仍有很多相同之处。在交往中，我对多元文化、国际教育、社会发展等有了更深刻认识，也锻炼了自己跨文化沟通、交流和合作的能力。

英国的酒吧文化是当地的特色之一。有意思的是，利物浦大学的两边有两个酒吧，分别叫 Oxford（牛津）和 Cambridge（剑桥），晚上酒吧门口都挤满了学生，热闹非凡。我们系里的研究生也会定期相约去市里不同的酒吧聚会，我也在被邀请之列，有时候我们还会请导师和实验室职工一起参加。我不会喝酒，但我认为这是必要的社交活动，也参加了几次，大家喝啤酒，我饮苏打水，互相多说说话就成了好朋友。巧得很，为了帮助国内来的访问学者找住所，我认识了一位在利物浦定居的华侨，他也是市中心一个酒吧的经理。有一段时间，我们住在他经营的酒吧的楼上，从而结识了不少在利物浦定居的华侨。这是我和普通市民沟通交往最多的一段时间，三教九流，各种人物都有，我借此大大提高了英语交流的能力，也更熟悉了英国市井生活与不同的文化特征。在担任利物浦中国学生会主席期间，我通过与当地华人和华人社团的联系，组织中国留学生和访问学者参观访问了设在利物浦的很多大型跨国企业和社会机构，了解企业的全球发展战略和运作方式，了解英国城市的管理模式。我还促成了在利物浦大学学习的华人研究生和学者的联谊会，使来自中国大陆、中国香港、中国台湾的学生和学者有更多的交流和联谊活动，一起去企业参观访问、外出旅游和参加体育活动等。也许，正是利物浦大学的 5 年留学经历，拓宽了我的视野，帮助我冲破了文化藩篱，使我对世界文化的多样性有了较为深刻的感知和理解。

在"旁听"时的感悟

另一个机缘，让我亲身体验了利物浦大学学术管理的独特文化。利物浦大学是一所典型的英式大学，学院具有独立管理学院事务的权力，院、系、所领导都由教授担任，教授会行使集体决策的权力，以体现英国大学一贯奉行的学术自治和学术民主原则。作为系主任和教授会的成员，奥德菲尔德教授曾询问我，是否对地理系的管理工作感兴趣，并且表示欢迎我去旁听地理系的教授会议。带着对英国大学的院系是如何运作与管理的好奇心，我决定接受他的建议，并且确实以博士生的身份旁听了几次地理系的学术决策会议。

在一次会议上，系主任奥德菲尔德教授提议要提高对教师的科研要求，原因是他认为，利物浦大学地理系的学术竞争力面临重大挑战，主要的表现是该系在英国大学学科评价排名榜上，利物浦大学地理系由五星级降为四星级。为此，他提议所有教师应该将 1/3 的时间投入科研工作中。这一提议立即在会上引起了争论，特别是来自人文地理专业的教授们，纷纷强调他们不能将教学实践的时间用于学术研究，其理由也非常充分：教师应该对学生负责，科研是每个教师自己的事情。由于争议过大，奥德菲尔德教授的提议并未获得通过，最后只能宣布休会。对此，我觉得很困惑，即便大家意见相左，但总要有个结论吧？哪怕是一个较为简洁的说法。当我就此疑问与奥德菲尔德教授讨论时，他略显无奈地摊了摊手，不过，还是耐心地给我作出了解释："在地理系乃至在英国大学的大多数院系，任何一项决策议题都必须通过教授会的同意才能执行。即便系主任意欲行使其职权以通过一些议题，但在教授会成员并未就这一议题达成共识时，系主任也不能草率作出决定，需要得到大家的支持与认同。"

尽管我后来没有再去关注这个提议是否得到通过，但是这一真实鲜活的体验，以及奥德菲尔德教授的一席话，给我上了生动的一堂课，让我意识到，学术事务的决策与执行，不是依靠职务权力就可以顺利推进的，为了达成共识而进行积极沟通，才是管理决策过程中极富艺术性的手段。学术民主的核心价值在于学术决策过程中可以有争议，允许不同意见的存在，而为了实现共同的学术目标与价值，必须通过沟通交流去寻求共识。从最初的疑惑到有所认识并理解大学学术民主的价值，我参与地理系教授会议的收获不可谓不多。尽管可能在一定程度上损失了科研与学习上的时间和效率，英国大学的这种教授集体决策模式和以沟通、交流为主要手段的学术治理方式，显然要比强行实施某项决策发挥更大的功效与作用。至于未来的设想，我的意愿是成为一名有作为的学者，而不是管理者。在利物浦大学旁听教授会议、体验学术决策过程只是偶尔为之，我专注于自己的科学研究，对学术管理与决策的兴趣也随之被束之高阁。

但是，出乎我预料的是，与改革开放后最早公派出国的一批留学生一样，我于1990年回国后很快就被大时代的浪潮推上了高校管理岗位，面临的是远比当年利物浦大学地理系的那些问题更为严峻的挑战。回头一看，我到退休时已经在大学行政管理岗位上工作了24年，1996年起担任华东师范大学校长助理、科研处长、副校长，2003年调任上海师范大学校长，2006年回华东师范大学任校长，2012年被聘为第一所中美合作举办的国际化大学——上海纽约大学的首任校长，直至退休。我有幸见证了我国高等教育事业从改革开放之初的复苏，到世纪之交的快速发展，又到21世纪以来的质量提升的整个历史进程。不过，我在利物浦大学的亲身体验，特别是导师对大学学术民主的解读，在我思想和意识深处留下了深深的印记。在多年后走上大学管理岗位时，这些过往的经历总是会不时地浮现在我的脑海里，或多或少地影响着我对大学治理的探索与实践。

俞立中在上海纽约大学演讲

几十年来，我在科学领域和高等教育领域见证了广泛的国际合作。我曾担任联合国教科文组织教师教育教席，先后获得美国蒙特克莱尔州立大学、法国高等人文科学师范学校、英国拉夫堡大学、英国利物浦大学的名誉博士等称谓，2013年获得法国政府颁发的法国荣誉军团骑士勋章，2019年获得美国纽约大学校长勋章。主要研究领域包括环境磁学、环境过程、环境演变与可持续发展等，有幸被称为中国"环境磁学"研究的开拓者，被评价为"跨出了环境磁学定量研究的重要一步"。我先后主持国家级、省部级、国际合作项目28项，先后获教育部提名国家科学技术奖自然科学奖一等奖、国家教学成果奖二等奖等省部级以上奖项7项，在国内外主要学术刊物发表论著180多篇（部）。现为亚洲协会全球教育中心咨询委员会共同主席，美国教育协会国际化与全球参与委员会委员、中国教育学会地理教学专业委员会名誉理事长、上海市青少年科普促进会名誉理事长、上海市师资培训中心首席专家顾问、上海市环境科学学会副理事长、《上海教师》学术委员会主任、宋庆龄学校专家委员会主任。曾兼任中国地理学会副理事长、中国教育学会地理教学专业委员会理事长、上海地理学会理事长、上海市青少年科普促进会理事长等社会学术团体职务。

回首往事，在英国的留学之路，就是这样在我人生中蜿蜒绵亘……

作者简介

俞立中，已回沪。

1949 年 9 月，出生于上海市。

1969 年，上海市西中学六八届高中毕业，赴黑龙江省长水河农场务农。

1978 年 9 月，考入华东师范大学地理系。

1982 年，本科毕业，获理学学士学位，进入英国利物浦大学地理系深造并获得利物浦大学博士学位。

1990 年回国，任华东师范大学副教授。

1997 年，任华东师范大学副校长，兼研究生院院长。

2003—2005 年，任上海师范大学校长。

2006—2012 年，任华东师范大学校长。

2012 年 4 月—2020 年 5 月，担任上海纽约大学第一任校长。

2015 年 1 月，在中国地理学会第十一次全国代表大会当选第十一届理事会副理事长。任国家教育部科学技术委员会委员，中国灾害防御协会常务理事，中国高等教育学会理事，中国地层委员会委员，地貌与第四纪专业委员会副主任，中国地理信息系统协会资源与环境专业委员会委员，上海市决策咨询研究专家，上海市决策咨询研究成果奖专家评审委员会委员，上海市青少年科普促进会理事长，《地理学报（英文版）》《海洋与湖沼》《长江流域资源与环境》《地球科学进展》《湖泊科学》和《湿地科学》杂志编委等职。

2020 年 6 月至今，担任上海纽约大学名誉校长。

数学探索之路

时俭益

我于 1969 年 2 月至 1974 年 5 月在安徽省来安县玉明公社插队务农，这是我成年后第一次较长时间远离上海独立生活。从安徽回沪后不久，我进入上海师范大学（后改称华东师范大学）历史系培训班学习，一年后留校到图书馆工作，似乎此后就要专心图书管理而安度余生了。不料形势变化出人意料，恢复高考，改革开放，唤醒了我自小深埋的数学梦，一股留学海外的风潮将我引入人生的新境界……

留学英伦

我自小喜欢数学，于"文革"期间系统地自学了本科数学。国家恢复高考制度后，我于1978年考取了上海师范大学数学系代数群专业的研究生，师从曹锡华教授，接着因被曹先生推荐参加当年国家组织的出国外语考试而被录取为出国留学预备生。1981年8月1日，我赴英国开始留学生涯。先在英格兰西北部的兰卡斯特大学参加两个月的语言集训，10月初到达留学目的地，即位于考文垂市的瓦瑞克大学数学系。

我的英国导师劳杰·威廉·卡特教授是国际著名的代数学家，在华东师范大学做研究生期间，我曾学过他的著作《李型单群》。我在他的指导下学习代数群表示理论。在瓦瑞克大学数学系读研究生一般要先攻读硕士学位。与卡特教授第一次见面时，我告诉他："我在中国已在曹先生的指导下完整地学过代数群理论，征询能否直接读博。"几天后卡特在其办公室里约见我，办公桌上放着几本书，他一一拿起书问我是否学过，我回答说都学过了。于是他同意我直接读博，并向校部写了推荐信，一周后学校通知我可直接读博，整个过程简单便捷。

卡特教授当时正在写一本题为"李型有限群：共轭类和复特征标"的书，该书花了卡特近4年时间，那段时间他只带我一个博士生，专心指导我，给了我得天独厚的机会。他让我读卡茨当和卢斯蒂格合写的发表于1979年的著名论文《考克斯特群和黑克代数的表示》。为了检查我是否读懂了文章，卡特让我具体刻画 A_2 型仿射外尔群的胞腔。我很快就把这件事做好了。不仅如此，我还成功地刻画了 A_n 型仿射外尔群的一个双边胞腔，它由该群所有具有唯一简约表达式的非单位元

1985年4月，时俭益（左一）和卡特教授、曹锡华教授合影

组成。卡特对我这个结果很感兴趣，鼓励我找出 A_n 型仿射外尔群的更多胞腔。卡特告诉我，可将仿射外尔群的元素与欧氏空间的"室"建立 1-1 对应关系，我利用这种关系给出了 A_n 型仿射外尔群元素的室形式，即用一组整数表示室的位置，也即表示对应的元素，于是元素之间的变换可用整数组之间的相应变换来描述。我以元素的室形式为工具成功地刻画了 A_n 型仿射外尔群的最大双边胞腔（称之为"最低双边胞腔"，因为它在由所有双边胞腔组成的偏序集里处于最低位置）。威尔斯大学的 A.O. 莫里斯教授是我在参加全英数学年会时由卡特教授介绍认识的。他得知我在考克斯特群的胞腔研究方面取得成绩，于 1982 年 7 月邀请我去威尔斯大学进行为期一周的访问并作学术报告。

初识卢斯蒂格

我认识乔治·卢斯蒂格是在 1982 年年初，他与其妻子和大女儿一起在去意大利罗马访问的途中经过瓦瑞克大学。瓦瑞克大学是卢斯蒂格于 1971 年获博士学位后得到第一个工作岗位的地方，他在那里工作了 6 年多，其间与卡特教授一起发表合作文章并结下终生友谊。1978 年，他被美国的 MIT 大学聘任后，在那里一直工作至今。卡特介绍我认识卢斯蒂格。卢斯蒂格是犹太人，1946 年出生在罗马尼亚，成年后辗转来到美国。卢斯蒂格是天才的代数学家，是李理论和表示论的国际权威，现在是美国科学院院士、沃尔夫数学奖和邵逸夫数学奖得主。

我是卢斯蒂格所认识的第一个中国学人。卢斯蒂格得知我正在研究考克斯特群的胞腔理论并已取得初步成果，很感兴趣，就告诉我 A_n 型仿射外尔群有一种组合刻画，即实现为整数集合上具有某种性质的一个置换群，这是集合 $\{1, 2, \cdots, n+1\}$ 上对称群 S_{n+1} 的一种自然推广。我当时用元素的室形式刻画胞腔做得正顺手，暂时没顾及卢斯蒂格的这种刻画。直到半年后，我将那个最低双边胞腔刻画清楚了，要进一步研究其他胞腔时，才决定运用卢斯蒂格教我的组合刻画。

组合法破题

我用卢斯蒂格的组合工具重新刻画 A_n 型仿射外尔群的最低双边胞腔，发现可做得异常简洁，于是产生了用卢斯蒂格的组合工具刻画 A_n 型仿射外尔群所有胞腔的设想。作为起步，我对卡茨当和卢斯蒂格在 1979 年合作发表的那篇著名文章里所定义的左星作用作了组合描述、提升和改造。考克斯特群里的两个元素如果可通过一个左星作用互相变换，则这两个元素必定落在同一左胞腔里。如果这两个元素可通过一系列的左星作用互相变换，那么它们当然仍落在同一左胞腔里。于是我设计了两种特殊的左星作用序列，分别称为互换星作用和块之间的迭代作用，这两种左星作用序列具有单个左星作用不可企及的功能：能将一般元素按照一定步骤变换成具有典范形状的元素。我还设计了元素之间的另一种作用，称为层之间的提升作用，这种作用一般不再是左星作用序列，但能确保元素不离开原来所在的左胞腔，特别是能确定两个具有典范形状的元素是否落在同一个左胞腔里。我构造的元素之间的这些作用以卢斯蒂格的组合刻画表述出来，是对组合方法的一种革新和创造，成为我研究 A_n 型仿射外尔群左胞腔的关键工具和独门技术，由此我拟定了刻画 A_n 型仿射外尔群左胞腔的毕其功于一役的基本步骤。

相比于前一阶段我用元素的室形式刻画 A_n 型仿射外尔群的最低双边胞腔，此时我的研究工作差不多是重起炉灶新开张，需要重新设计我的研究方案。要特别加以说明的是，我那从头来过的想法产生于我工作做得非常顺利成功的当口，而非陷于死胡同寸步难行的境地。这说明我在自己的研究经历中以方法和工具方面的创新为先导不断取得新的成就，对自己的工作始终充满信心和热情，牢牢掌握着主动权。这样经过了差不多又半年时间的深入探索，1983 年 2 月中旬，我终于取得了重大突破：彻底明显地刻画了 A_n 型仿射外尔群的所有左胞腔。这是一个很大的成功。卡特随即将此告诉了卢斯蒂格，后者在其 1983 年完成的论文《仿射外尔群的胞腔》里提到了我的成果。

论文杀青

1983 年 3 月，我按公费留学规定享受回国探亲的待遇。5 月初探亲假结束，我返回瓦瑞克大学继续我的留学生涯并开始全力写我的博士论文。在不到 8 个月的日子里，我二易其稿，第一稿写了 140 页，第二稿扩充到 240 页，我写博士论文不是单纯组织文字，更要使论述更为精准严密，是一种再创造。1984 年年初，我请数学系秘书 T. 摩斯小姐帮我打印博士论文，至 2 月底完成。1984 年 1 月，卡特教授将我的论文手稿复印后拿到德国召开的一个数学专题会议上去介绍，回来后他告诉我，会上很多人向我要文章看结果。我当即花了几天时间写了一篇十几页的短文简要地介绍我的工作（这篇短文后来登载在国内杂志《东北数学》上，成为我第一篇公开发表的论文）。

计数符号型

我由国家公费资助留学，至此我的留学期限尚余 11 个月，加上打印论文的 2 个月，我一共有 13 个月的富余时间。这期间我毫无学业压力，思想上非常自由放松，正是放飞自我的极好时机。这期间，我将在刻画仿射外尔群左胞腔时引进的 A_n 型符号型用群论方法进行计数，得出它等于（$n+2$）^{n} 这么个很奇特的数，这个数有多种重要的组合论解释，为一些组合数学家所重视。我将所得到的结果和证明方法告诉卡特，他很感兴趣。作为一位富有经验的资深代数学家，卡特对公式（$n+2$）^{n} 进行了大胆的解释。他说，底数里的 $n+1$ 可以理解成 A_n 型根系的考克斯特数，通常记作 h，指数 n 可看作 A_n 型根系的秩 r，因此以上式子可改记作（$h+1$）^{r}，卡特猜测这个改写过的公式对于一般仿射外尔群的符号型个数而言也可能成立。我将此称为卡特猜想。一年后，我用类似方法证实了卡特猜想，该结果发表在 1987 年英国伦敦的数学学会杂志上。我的这篇文章在国际学术界被引用逾百次。

论文答辩

我的博士论文答辩被安排在 1984 年 10 月 18 日。根据英国学位制的规定，答辩委员会由两人组成，一名来自瓦瑞克大学数学系，由著名代数学家 J.A. 格林教授担任，另一名来自校外，由伦敦大学数学系的 G. 詹姆斯教授担任。答辩之前我心里没底，很紧张，问卡特我这点成果作为博士论文够分量吗，卡特安慰我说，成果早已"比足够还多"了。按照英国学位制的规定，导师不能参加自己学生的论文答辩。当我在答辩房间外等候时，卡特有意识地与我聊天使我心情放松。答辩进行得很顺利，答辩老师们没怎么为难我。只有一个插曲：詹姆斯突然从论文中间挖出一段要我当面解释。由于文章是我自己写的，内容早已烂熟于心，这完全难不倒我。我一解释，詹姆斯的思维反倒有点跟不上了。瓦瑞克大学的博士学位授予仪式一年只举行一次，时间放在 1985 年 7 月初。而我 1 月底就回国了，无缘参加仪式，只等届时学校将博士证书邮寄给我。我发现证书上我的名字被打印错了，写信向校方抱怨，他们随即补寄了一份更正后的证书给我。瓦瑞克大学知错即改，办事还是认真负责的。

书稿付梓

1984 年八九月间，卡特出面把我的博士论文投了出去。1985 年 1 月，在我回国的前夕，出版社来了消息："接受出版，不过，作为正式出版的书籍，作者须详细提供书内容的背景，因此建议在书的开头加上三章背景材料。"于是，卡特要我回国后抓紧时间补上那三章内容，他将于 1985 年 4 月初应曹先生的邀请到华东师范大学数学系作为期七周的学术访问，届时他将指导我完成最终书稿。

我的书稿于 1985 年 6 月底修改完毕，然后邮寄到英国的瓦瑞克大学。卡特为我请女秘书摩斯小姐打字，卡特花很多时间帮我随时纠正打字过程中难免出现的错误，同时添上许多没法打字只能手绘的插图。书稿在 1986 年 3 月作为西德斯伯林格出版社的数学讲座丛书第 1179 卷出版，共 307 页。该书的成果在此后多年里被我及他人进行各层面多角度的深耕和发展，给我一生的学术生涯开了个好局，我在心里默默感谢将我带上代数群领域并推荐我出国留学的曹先生和直接指导我取得书稿成就的卡特教授，还有在关键地方点拨我的卢斯蒂格教授。他们对我的精心指导和关怀在数学探索征程上给予我极大的前进动力。

指导研究生

曹先生的研究生杜杰在我回国时刚获得硕士学位，并于 1985 年寒假后开始攻读博士学位，曹先生让我指导他的论文。我让杜杰先读卡茨当和卢斯蒂格合作发表的论文《考克斯特群和黑克代数的表示》，然后让他考虑 B_3 型仿射外尔群的胞腔分解。由于我对于仿射外尔群元素的室形式已有非常成熟的描述，对于做群的胞腔分解也有一整套现成的方法，杜杰很容易就上手了，他又是个勤快好学而乖巧的学生，到 1987 年春季学期就把结果做出来并完成了论文写作，当年获上海市青年优秀科技论文二等奖，他甚至有余力进一步考虑 D_4 型仿射外尔群的双边胞腔分解，并把结果也做出来了。

曹先生的另一位研究生席南华于 1985 年上半年获硕士学位，暑假后开始攻读博士学位。曹先生也让我指导他的论文。席南华很年轻，才过 22 周岁，很聪明，我第一次听到他名字还是在我留学英国的时候。我在考虑数 $(n+1)^n$ 时遇到一个组合恒等式，写信问曹先生是否有人能证明。曹先生将问题抛给了研究生。席南华运用他在柯召等人写的书《组合论》上学来的公式很快给出了证明。1987 年 7 月，我在法国参加表示论会议，在从巴黎到马赛的火车上与卢斯蒂格坐在一起。交谈中他从口袋里掏出一张皱巴巴的纸，告诉我有个问题他只做出一半，还有一半没做出。我征得卢斯蒂格同意将该纸复印后带回上海，把问题交给席南华考虑。1988 年 1 月的一个午后，席南华到我住处找我，说他将问题解决了。我随即写信告诉卢斯蒂格，卢斯蒂格很高兴，写信给我表示要和席南华合作将这个结果发表出来，要我征求席南华的同意，并说只要席南华同意，文章可由他来写。文章于 1988 年在美国杂志《数学进展》上发表，具有很高的被引用率。席南华获博士学位后一直在中国科学院数学所工作，于 2009 年当选中国科学院院士，这是后话。

获　奖

华东师范大学于 1985 年春季让我以博士论文报奖，经专家评议获国家教委科技进步二等奖。我后来回想，觉得当时这样报奖有点吃亏：论文在报奖时没有正式发表，论文的成果当时还没来得及被广泛引用。10 多年后的 1998 年，当我将于 1986 年正式出版的书报奖时，书中提到的符号型已被正式命名为"时排列"（英文 Shi arrangement）而成为国际组合数学的研究热点，我的成果就很顺理成章地获得教育部科技进步一等奖并于次年获得国家自然科学四等奖。这么多年来我的科研不断推进且成绩斐然，得益于我能专心学问、心无旁骛，没有过多地卷入其他社会事务。

出国访问

我于 1987 年前往法国出席国际表示论会议。会议特邀我以巴黎第七大学访问副教授的身份出席会议并作大会报告。

1988 年，我获霍英东教育基金会首届高校青年教师奖。同年 9 月起，我被美国普林斯顿高等研究院数学所（简称 IAS）聘为会员，进行为期 10 个月的访问。前 4 个月，卢斯蒂格作为特聘教授在那里访问。我的被聘得益于卢斯蒂格的大力推荐，他不仅自己推荐我，还让荷兰教授 T.A. 斯伯林格为我写推荐信，同时推荐我的还有卡特和美国教授 J.E. 汉弗莱斯。他们都是当时国际代数群表示领域的领军人物，我与他们保持着持久的联系和友情，从心底深处感谢他们在学术上的大力扶持。某天我在 IAS 的公共休息室用下午茶时遇到前辈数学家陈省身教授，他应 IAS 的邀请来作学术报告。我向他作自我介绍，他慈祥和蔼，表示对我的工作已有所闻并知道我正在这里访问，使我感到既意外又亲切，与他的心理距离一下子拉近了。

我在 IAS 访问期间，卢斯蒂格常给我看一些他正在做的手写材料。例如，他与 T.A. 斯伯林格讨论问题的两封往来信件。我按照信中给出的结果和提出的问题做了研究并完成了一篇论文，被美国杂志《数学进展》所接受。我在 IAS 访问期间完成的另一篇论文将对称群上的罗宾逊—宣斯坦特算法推广到 A_n 型仿射外尔群，被美国杂志《代数杂志》所接受。

在 1989 年至 1990 年那一学年，我被美国的明尼苏达大学聘为访问副教授。其间我为本科生和研究生上课，课程名称有"线性代数及其应用""群论""多变量积分"等。在科研方面，因该校有较强的组合数学团队，我受他们的影响研究有界划分、格路和斜表之间的关系而完成论文《斜表、格路和有界划分》。这篇论文相对于我过去的研究领域而言有点另辟蹊径。

回国履职

曹先生带领下的华东师范大学代数团队，从 1988 年至 1990 年这二年间有四位教师先后被派出国，分别是杜杰、温克辛、王建磐和我，后来，王建磐和我于

1990 年先后回国，杜杰和温克辛一直在国外发展。1988 年，曹先生代数团队新招了 5 位硕士生，对他们的培养工作在近二年的时间内由 70 来岁的曹先生一人承担，真是太难为他老人家了。

我与王建磐回国后马上主动分担曹先生身上的重负，正好此时这些学生进入了作论文阶段，1991 年他们都顺利地通过论文答辩而毕业了，其中 3 人（即芮和兵、张新发和任怀中）接着成为我们的博士生，最后获得博士学位的仅有由我指导论文的芮和兵和张新发 2 人，任怀中中途退学自费出国留学去了。张新发于 1994 年因其博士论文获宝钢优秀论文一等奖，芮和兵获得博士学位后继续在科研上深耕且成就斐然，于 2010 年和 2013 年先后获国家杰出青年基金资助和上海市自然科学一等奖。我与王建磐于 1991 年同时被聘正教授，1992 年同时获国务院政府特殊津贴，1993 年又同时被国务院聘为博士生导师。

讲学东瀛

1992 年 7 月，我以日本学术振兴会会员的身份到日本的大阪大学数学系访问，为期 10 个月。访问期间，我出席分别在名古屋大学和东北大学召开的代数学专题会议并作大会报告，还先后访问了日本的上智大学、东京理工大学、新潟大学、广岛大学和京都大学等日本著名高校，结识了不少学术界同行，如川中宣明、庄司俊明、谷崎俊之等。印度资深代数学家维尔马在我访日期间也到访大阪大学，与我一起乘新干线到仙台的东北大学出席会议，这是我与他唯一一次见面和近距离交谈。他曾给我发表在《伦敦数学学会杂志》的 2 篇文章写评论，对我引入的仿射外尔群元素的室形式和符号型概念及计数公式 $(n+2)^n$ 给予很高评价。

我初到大阪大学数学系访问时还不会用 TEX 电脑软件编辑英文论文，因此写论文时只能用最原始的英文打字机，论文中常用的希腊字母和图表都只能用手工添上。该数学系一位 63 岁的名叫尾关英树的老教授得知这个情况后，请系里一位姓山根的中年副教授花了很多时间非常耐心地教会我用 TEX 电脑软件编辑英文论文，给我科研带来极大助力，我深深感谢这两位热心的日本友人。

访日期间，我作出 D_4 型仿射外尔群的所有左胞腔图和 F_4 型仿射外尔群的部分左胞腔图。回国后不久又作出 F_4 型和 C_4 型仿射外尔群的所有左胞腔图，还指导

博士生张新发作出 B_4 型仿射外尔群的所有左胞腔图。这样就将所有秩 4 仿射外尔群的左胞腔图作出了。

时排列问世

1995 年组合数学的国际权威、美国 MIT 的 R.P. 斯坦利教授在其就任美国科学院院士的学术报告《超平面排列、区间序和树》里将我首创的仿射外尔群的符号型概念正式命名为"时排列"，并就其与区间序和树的计数之间的关系进行了深入讨论。从 1995 年至今，研究时排列成为国际组合数学领域的研究热点而经久不衰。1995 年，我在陈省身院士的推荐下获求是科技基金会首届杰出青年学者奖，奖金为 4 万美元。

访马普所和悉尼大学

1996 年 1 月至 7 月，我受邀在德国波恩的马普数学研究所进行为期 7 个月的学术访问。

1997 年，我以高级研究员的身份对澳大利亚悉尼大学数学系进行为期一年的访问，访问期间先后到墨尔本和堪培拉出席两次数学专题会议。悉尼大学主请我的是 B. 豪利特教授，他对考克斯特群及相关课题很有研究。我与他一起阅读关于有限复反射群的文章并开始那方面的研究，算是对各自原先研究领域的一种拓展。有限复反射群的分类已于 20 世纪 50 年代完成，它们的范围比有限考克斯特群更广泛，但是仍保持很多共同性质：都由反射生成，都有根系和根图。考克斯特群的根系里包含正根系，在非考克斯特群的有限复反射群的根系里从没找到过正根系。我们将在根系里存在正根系这个性质称为正则性。于是满足正则性成为有限复反射群里考克斯特群的一种本质特性，从而把其他有限复反射群与考克斯特群区分开来。这是我与豪利特合作研究有限复反射群的第一个成果。

世纪之交 10 余年

20 世纪 90 年代，我在科研上除了前面提到的成果之外还做了以下几件事。一

是在 A_n 型情形下和秩不大于 4 情形下证实了卢斯蒂格关于仿射外尔群的双边胞腔偏序集与相应代数群的幂幺共轭类偏序集之间存在反序双射的猜想。二是定义了经典型仿射外尔群元素的置换形式，并建立了其与室形式之间的转换关系。三是完成对正符号型的计数，也对考克斯特群的考克斯特元进行计数，前者源于正的符号型与正根系的序理想之间的双射关系，后者源于考克斯特元与考克斯特图的无圈定向之间的双射关系。建立这两种双射关系需要比较强的数学洞察力，由此导出的计数结果具有很高的应用价值，被引用次数分别有 65 和 52 之多。

1997 年，我被国家人事部与教委授予全国优秀留学回国人员称号。1999 年，我获上海市第六届科技精英称号。

1999 年 8 月，我被邀以访问教授身份到美国圣母大学数学系进行为期 10 个月的访问，在那里遇到正在该系攻读第二个博士学位的陈愚。陈愚是我 1994 年至 1997 年期间在华东师范大学数学系培养的博士生并已取得博士学位。访问期间，我有给他们的本科生和研究生上课的任务，其中给博士生上课选用的教材是汉弗莱斯所著《半单代数群中的共轭类》，陈愚也来听我的课。在讲课过程中，我

2004 年 8 月 1 日下午，在南开大学陈省身住处客厅里座谈。右起：第二 R.P. 斯坦利院士、第四陈省身院士、第六 G.E. 安德鲁斯院士、第七时俭益，中间背对着镜头的是组合中心主任陈永川院士

一旦遇到书里的问题就与汉弗莱斯联系探讨，汉弗莱斯从善如流，都能及时回复。在结束圣母大学访问之前，我有幸受郜云和林己玄两位教授的邀请到加拿大的约克大学和不列颠哥伦比亚大学作短期访问讲学。在圣母大学访问期间，我完成论文《考克斯特元素的共轭关系》。2000 年下半年，我以访问教授身份先后访问德国的比勒菲尔特大学数学系和香港科技大学数学系，完成论文《关于布伦特多项式的明显公式》，这两篇文章分别于 2001 年和 2003 年发表在美国杂志《数学进展》上。在圣母大学访问期间，我还完成了论文《某些非本原反射群及其通用版本》，该文于 2002 年发表于美国杂志《美国数学会汇刊》上。这是我研究复反射群的第二个成果。此后，我对复反射群的研究继续深入，刻画其反射序，导出元素的反射长度公式，对其各种表出进行分类，为此又独立发表了 7 篇系列文章，还与博士生王丽合作发表论文 2 篇。这些开拓性的探索受到国际学术界同行的关注和频繁引用。

华东师范大学先后于 2002 年和 2008 年聘我为终身教授和二级教授。

再访英伦

2001 年 6 月上半月，我应 A.O. 莫里斯教授之请到英国剑桥大学牛顿学院进行为期半个月的访问，又于访问期间到威尔斯大学出席为 J.A. 格林教授 75 周岁祝寿而召开的学术会议。在牛顿学院，我见到了印度裔的 R. 格林博士，他比我小十多岁，曾是卡特教授的博士生，当时正在研究考克斯特群的完全交换元素及其所在的双边胞腔的性质。R. 格林博士在我赴英之前就同我约定，要讨论由完全交换元素组成的集合在哪些考克斯特群里构成双边胞腔之并这个问题。我同 R. 格林博士进行了充分的讨论。回国后，我为此发表了 4 篇相关论文，比较圆满地解决了他提出的问题。

受聘南开大学

自 2002 年至 2006 年，我经陈省身和万哲先两位院士的推荐任南开大学组合数学中心的特聘讲座教授，这五年间，我每年有 2 至 3 个月在那里工作并主讲一门课。在组合数学中心，我遇到来自法国的 A. 拉斯科教授，他是一位很有学问且热情友好的学者，1987 年我去法国出席会议时就曾见到他，那时他对我讲了很多关于组合数学的内容。我与他在南开大学重见时，他又向我介绍了对称群的杨—巴克斯特基，这引起我极大兴趣。于是我将杨—巴克斯特基的概念推广到一般的考克斯特群，并获得成功，文章于 2004 年发表在《英国伦敦数学学会杂志》上。2004 年七八月间，组合数学中心召开国际数学会议，请来不少国际上的著名学者，如美国科学院院士 R.P. 斯坦利、G.E. 安德鲁斯，等等。由于陈省身先生在国际数学界的崇高威望和极佳人缘，由组合数学中心主任陈永川教授组织，与会的国外学者和组合数学中心的老师相约于 8 月 1 日下午一起到陈省身先生住处去拜访和座谈，侯自新校长稍后也赶来参加。大家在会客厅里边吃点心边随意交谈，那些年逾花甲乃至年过古稀的国外学者都以学界晚辈的姿态向陈先生表示慰问和敬意，并请教各种问题，包括请陈先生预测今后国际数学的走向。陈先生的回答既诙谐有趣又留有余地，表现出极高的数学素养和宽博视野。四个月后的 12 月 3 日，陈先生以九十三岁高龄驾鹤仙逝，那个下午在陈先生住处会客厅里座谈的情景给我留下了难忘的记忆。

"时"热正酣

超平面理论有公认的四大排列：辫子排列、考克斯特排列、卡塔兰排列、时排列。前三个早已有之，只有时排列是 1995 年经斯坦利命名后才引起人们注意的。目前做超平面排列都绕不开时排列。

印度资深教授维尔马曾评论道："时排列与 K- 理论和旗簇里的皮蒂—斯坦伯格—郝舍卡基实质上是同一回事。它们将数学领域的众多很深刻的概念紧密关连：仿射外尔群的卡茨当—卢斯蒂克理论，旗簇的上同调和量子上同调，稳定向量丛的模量，共形块，谢瓦莱—宣斯坦特—托德定理，克尼日尼克—扎莫罗切可夫链接，带有标记点的黎曼面的模量空间，维尔林德公式，神奇膨胀公式。"

鉴于此，研究时排列成为当前国际组合数学的热点课题。一批数学家如阿塔那夏迪斯、寺尾、波斯特尼科夫、拉姆、索莫斯、菲谢尔、吉永等都在研究时排列，还有的在研究仿射外尔群元素的室形式、左胞腔图，及其他几何、代数、拓

扑和组合技巧，其中阿塔那夏迪斯和寺尾各写了十余篇这方面的文章，

目前从时排列的概念又衍生出 m-时、m-扩展了的时、G-时、理想—时、时门槛、扩展了的时、时—卡塔兰等诸多新排列，还有时公式、时向量、时室、时房、时区域、时平面、时超平面、仿射时超平面、时表、时报、逆的时、时移、时图、时树、时簇、时关系、时偏序、时算法、时对应、时统计、逆的时统计、时后嗣、时谱系等几何、代数、组合和拓扑概念，导致跨领域的多方位研究，近年来势头正盛，在《数学评论》(美国杂志，汇集了对全球发表的所有数学论文的评论)所收录的标题里含有"Shi"字样的相关论文就能轻易搜索出 40 余篇。日本数学家寺尾于 2016 年在上海交通大学出席国际组合数学会议时主动与我联系，要求见面并合影。近年来在仿射外尔群元素的室形式、符号型、左胞腔图、复反射群及多参数情形下的胞腔等方面主动同我交流或求教于我的国际同行也陆续不断。我的国际学术影响力不因我的退休而告终，这是 40 余年来我在数学领域辛勤耕耘、不懈努力的自然结果。2019 年 10 月，我有幸获得庆祝中华人民共和国成立 70 周年纪念章。

天道酬勤，一路走来实属不易，不少学术界前辈在关键时刻鼎力相助，使我如得天佑。能有今日之成就，唯有深怀感恩之心，砥砺前行，不敢稍有懈怠。

作者简介

时俭益，已回沪。

1948 年 3 月，出生于上海。

1969 年，到安徽省来安县务农。

1974 年，进入上海师范大学历史系培训班学习。

1976 年，毕业后留校图书馆工作。

1978 年，考取上海师范大学数学系，是曹锡华先生的代数群专业的研究生。

1981 年，赴英国留学，在瓦瑞克大学数学系攻读代数群表示理论的博士学位。

1985 年年初，学成回国，在华东师范大学数学系任教，被聘为博士生导师、终身教授、二级教授等，获多个省部级乃至国家级奖项，并先后到法、美、日、德、澳、加等国及港台地区以高级访问学者身份开展学术活动。

"罗马华人中最忙的妈妈"

金 捷

我曾经是一个幸运儿

我毕业于上海市格致中学，是六六届初中毕业生。之后，我在国外生活了整整 15 年，是"意大利中华医药学会"第一届学会秘书长。

只记得小时候家庭生活条件很优越，住房很大，只是父母亲总不在身边，生活一直由保姆照顾。

毕业时，因为家里只有我和妹妹相依为命，我被照顾内定到工矿去工作。看到同学们群情激昂，纷纷写血书要求到最艰苦的地方去，我立即被现场的气氛所感染，和大家一样太想投身到火热的生活中去，毅然咬破手指，写下血书。按当时招生原则：家长同意、学校同意、接收单位同意，如愿以偿，我是第一批通过审核的。当我成为北大荒55团新立营战士时，很激动也很开心，因为我不再需要保姆了，我可以独立生活了，可以到广阔天地大显身手了。我到连队从干农活开始，半年以后，调到团部宣传队，成为管理业务的副队长兼编导，这段经历让我得到了锻炼，收获良多。后来宣传队解散，我留在团部蔬菜连任副连长。

同年年底，全军征兵。我接到通知，让我马上去部队报到，毫无准备，也不需要准备，我把从上海带来的生活用品统统送给了室友们，自己只留了几件换洗衣裤，即刻坐上了南下的火车。在参军的路途上有两条路可以选择，要么去济南军区前卫文工团从事文艺工作，要么前往南京军区医院做一个白衣战士，我喜欢当医生，当机立断，去南京军区护校学习。正是这一步，为我后来在国外生存奠定了基础。

我非常珍惜，努力刻苦。学成归来后，我全身心投入工作中，在学校里学的知识全都能用上，得到了同事、患者的一致好评。经科室医护人员上下推荐，我又获得了前往南京军区军医学院学习的机会，全院只有这一个机会，我就更加珍惜。在军医学院学习期间，我成了十班班长。作为班长，晚上自习时，我会帮班里同学复习功课，自己常常忙得没有时间做作业、看参考书。部队的纪律是相当严格的，晚上9:30按时熄灯，没办法，我只能在熄灯后打着手电筒在被窝里看书、复习功课，这让班里的同学非常感动，即使过去了几十年，再见面时他们还是亲热地叫我"班长"！

毕业时，校方要我留校工作，可我不想做学院管理干部，只想当医生，更愿意为病人解除痛苦。几经周折，我调到了上海空军四五五医院，成了心血管科医生。这又是一个新考验。在担任医疗助理的工作中，我要管理全院300多张病床，要安排体检，还要解决方方面面反映上来的问题，一步步走来，年年获得嘉奖。这17年的部队生涯，让我从一名小战士，不断学习成长为通讯员、护士、代理护士长、医生、医疗助理员……工作任务也越来越重，特别是担当医疗助理员之后，事务繁重，医院的半年、全年总结都要自己独立完成。现在回想起来，这段经历真的好辛苦，却为我积累了许许多多宝贵的经验，为我后来去国外生存解决了许多难题。

两次被打让我暗下决心

　　和所有人一样，随着年龄的增长，我在上海结婚成家，再后来有了宝宝。而此时，我的家人都在国外。长年与父母分离，我很想他们，还有我的三位妹妹，父母当然也希望我能去国外全家团圆。当父母送来了经济担保，我却犹豫了，当时在空军医院当医生很好，生活已走上正轨，去国外干什么？我能干什么？担保函放了半年，国家对外开放政策一出台，我想来想去，最后还是决定去国外与分开 25 年的家人团聚。

　　那是 1987 年，我要去欧洲了。当整理好行装，当要离开上海，离开这熟悉的一切时，我的心一下子感觉空落落的。踏上飞机的那一刻，我感觉很迷茫，不知道迎接我的会是什么？

　　初到国外，一家人团圆，感觉很幸福，处处有家人呵护，吃住不愁，工作安定，还有保姆照顾，可我不能这样生活一辈子啊！我是医生，我要有自己的生活。可走出家门，两眼一抹黑，连话都听不懂，当时海外华人在国外以做皮革生意和餐饮业为主，我们家已有 7 家饭店，还有食品公司和进出口公司。我是学医的，是当医生的，跨行搞食品和进出口，什么也不懂，一切都要从头来过。此时，我面临人生路上三个最重要的转折：从中国到国外、从部队到地方、从医疗行业到服务行业，一切困难都要靠自己克服。

　　万事开头难，语言不通是第一障碍，我突然发现自己变成了哑巴、聋子，他们说的话我一点儿都听不懂，我说的话也没有一个人能听懂，无法交流，太痛苦了。我常常暗自落泪，真怀疑自己的选择错了，怀疑自己不该到国外来。

　　好在我经历过 17 年的部队锤炼，有了不屈的性格，再难的事，我也要去克服！既然选择来到意大利，就一定、必须过语言关，这一关不过，其他一切免谈。没有了傲气，有的是信心。那时期，我把所有人都当成我的老师，不管老人还是孩子，逮着谁就跟谁学，哪怕手拿实物，一个个学单词，问一句学一句，从最简单最需要的日常用语开始。很快，我从听不懂到听得懂，从只能听到能说出口，能表达清楚意思，这是重要的转折。当我能用意大利语与人交谈时，喜悦的心情无法用语言、文字来表达，感觉自己一下子从婴儿长成了大人。

我能听懂话了，我会说意大利语了，我可以走出家门到外面的世界闯荡了。让我想不到的是，走出家门竟然会莫名其妙被毫不相干的人打，记得我曾两次被陌生人打过。父亲为了让我熟悉环境，让我学会自己坐公交车外出。就在公交车上，坐在我边上的是个非洲女士，快下车前，突然一甩手，一个巴掌落到我的脸上，我一下子没有回过神来。她像没事人一样，我又怕又气，从小也没挨过打，我真想也甩她一个巴掌。正想伸手时，一下子看到她脸上放疗的痕迹，原来她有重病。我伸出的手默默缩了回来。还有一次是坐地铁，我和一个黑人妇女站在地铁的楼梯上，我在上面，她在下面，我因为着急想快点赶路，就从她空隙的左边插过去到她前边。刚站稳，头顶上挨了重重的一下。我回头看了一下，她连看都不看我，搞得好像不是她打的。依我的性格是不能容忍的，我也想打还她，可看到她又高又胖的样子，想想我和她对打会吃亏，斗不过只好自认倒霉，赶快去赶车了。

经历了这两次挨打，我感觉真不可思议。心想：他们都敢这样欺负我们，难道这就是中国人在世界上的地位吗？想想国内安定的生活和我热爱的工作，我曾经有那么多的朋友，何苦跑到这里来，不被人尊重。我暗暗下决心：要用我的能力和行动展现出新时代新中国的国人形象！

我要做骄傲的中国人，我要去学开车，我要学更多的本事，决不让人瞧不起中国人。过了语言关，我就到当地的学校学习，知晓当地的风土人情，考各类证书……一切从零开始，这期间付出了许多，多少次眼泪忍不住往下落，又一次次被擦干。这难处、这辛苦，只有自己心里最清楚。好多次我和先生坐在饭店大堂，眼望着门外广场，落寞、无奈、失望、无助……堆满心头。此时此刻，多么想念我亲爱的祖国！多么想马上回国！离开祖国，没有朋友，是多么无奈，多么无助！记得一次春节看"春晚"，我激动得泪流满面，我想我的祖国，我想回到祖国的怀抱啊！

创办罗马第一家中国草药店

生活终于走上正轨了。

我是学医的，我是一名医生，我的视线无法从病人身上移开，尤其是看到西医无能为力时，我就想到了我国自古以来神奇的中医药。我在罗马的几个医生朋友认为：中国的医生要为提高中医在欧洲的地位而努力，要把中国五千年优秀文化、传统中医药向海外传播。身在海外，远离祖国，我时时刻刻都忘不了自己是中国人，总忘不了自己曾经是医生，忘不了自己有一身为人解除痛苦的本事，而中国神奇的中医药还不被他人熟知，我想让祖国的瑰宝能在世界各地显山露水。

我想自己开中医诊所，可在意大利做医生要有当地医学院的毕业证书和当地医生的执照，当时我在管理自家的中国食品店，出售人参、雪梨膏、蜂王浆……都属于天然食品范畴，但是，用好了也能起到辅助治疗的效果，何不以此为切入口，试试？我有了尝试把食品店变成能为人解除痛苦的草药店的想法。但想想容易，真要做起来就不是那么容易了，要考试、要有执照。想来想去，还是从眼前的食品着手，宣传中国的人参。外国人知道人参是好东西，可他们不懂如何吃才能有好的效果。我告诉他们人参的种类、人参的吃法、人参的保存、人参的做法、什么季节什么人吃什么种类……让我没想到的是，这一招居然招来不少客人，一下子给了我信心。看到店堂里常常人头攒动，我感觉好开心，觉得自己总算有用武之地了。可我不安于现状，也不甘心，我要把我们中国五千年的传统文化、传统中医药带到国外，带给意大利的朋友们，我要靠自己的努力来生活，我要在意大利开一家中国草药店，让中西医结合，让祖国的中医药在欧洲的土地上开花结果。想法是伟大的，为了这个目标的实现要付出很多，需要一代人甚至几代人的努力，为了这个目标的实现，我们一步一步地走……

自己开的药店

第一步，我在克服了语言关后，刻苦学习，通过读书、经过考试使自己成为草药经理人，获得了草药店经理的资格，申请到了草药店的营业执照，中国食品店改头换面变身成中国草药店。就此，罗马的第一家中国草药店诞生了！开门迎客了！

第二步要进货，要有与身体各部位相匹配的产品。当时中国的产品质量不够理想，包装比较差，人参、蜂王浆用的是安瓿，六味地黄丸用的是大丸子……我们回到中国，自己去各地采购，这中间也是历尽千辛万苦，不管怎么样，总算把采购的物品运上了船。想不到又遇到意大利海关的刁难，每次放货只有1—2箱，缴税报关，再去提货。这二百多箱货要几个月才能提完？红包比货还要贵。这生意怎么做？实在是忍无可忍，我气憋够了，余下的货都不要了，宁可扔到海里。

要让外国人理解并接受中国的中医药可不是件简单的事。我一次次往返于中国和意大利，回中国后更是上海、北京、天津、哈尔滨……几处跑，买书、买资料、请教疑难杂症。曾经养尊处优朝南坐，现在却处处去求人，受尽刁难、吃足苦头，只为了弘扬祖国的中医药，我觉得能实现这个愿望是我在海外最大的成就。

第三步，要能留住回头客。我如同坐堂医生那样，给每位走进店堂的客人做一些初步的诊断：询问症状，耐心地通过看舌相指导当地人如何吃人参，给他们提建议……从开门营业工作到关门，天天说得口干舌燥，我把原来在军医大学学的知识全部拿出来。好在我出国前去上海中医学院学习了推拿，在意大利特意跑到南部去学了针灸，技多不压身。正是学会了这些本事，我用自己的双手，为病人治好了肩周炎；用熏艾条的方法解决了孕妇胎位不正的问题；双腿关节痛、撑着拐杖来的病人，经我为他针灸推拿，能扔掉拐杖，自己走回家……一桩桩、一件件事实让我的草药店名声大振，经口口相传，店里的客人多起来。只要我在草药店，客人更是特别多，大家都把我当成了神医，附近地区尽人皆知，找我看病的人越来越多。每当看到顾客满意、微笑离开，所有的辛苦都烟消云散。大家都喊我"外国雷锋"，我常常说："我努力了！能做的都去做了！我问心无愧！"

起步阶段我很累，除了草药店，还有一个饭店在罗马饭馆区等着我去管理。每个国家的首都，都有一个中国饭店。还好我考出了驾照，有车代步为我争取了许多时间。每天早上，我驱车去买菜送到饭店后，马上驱车去药店，上午9:30准点开门，中午回家吃饭，准备晚餐。下午再返回药店开门。晚上7点药店关门，马上赶到饭店上班，送走最后一位客人，送一部分员工回家，才能回自己的家，到家常常是半夜两三点左右了。当时我们家有7个饭店，父母和几个姐妹分头管理，每个人都很忙，无法互相帮忙。

祸兮福所倚　我当起了医生

我深深体会到中国公民在海外生存有多难。还记得管理饭店时，有一次，客人发现汤里落进了一片小木屑，与跑堂发生了矛盾。客人走出门外，正好碰到巡逻的宪兵队，宪兵队二话没说，进门就封厨房。饭店关门，关一天就是一天的损失。其间，我一次次去法院，一次又一次去罗马市 NAS 宪兵队，用自己流畅的意大利语来处理解决。整整一个月，在整改、装修后，饭店重新开门迎客。什么叫祸不单行，我太有体会了。这边饭店还在交涉中，那边的草药店发生了火灾，起因是晚上突然停电，冰箱融化，水流到裸露在地上的电线处，发生短路，把整个草药店统统烧光了，刚刚进的几十万的货，转眼化为灰烬。眼泪已经解决不了问题了，只有面对，再大的损失也要扛。经历过这样的一次次洗礼，我已经成熟多了，再大的困难、再难的事情，我都挺了过来。

我开中国草药店，时间一长，客人越来越多，客人中有医生，有医疗管理人员，有开诊所的，也有开意大利草药店的。他们对中草药和中医治疗逐步有了认识，也体会到传统中医治疗的效果，纷纷邀请我去他们那里工作，我被请进了大医院，也被请进了私人诊所。一周中，我有 3 天在私家大医院，2 天在私人诊所，1 天在草药店，还要做家庭医生，名气也越来越响。到后来，要让我看病，必须提前几个月预约，因为我不仅为他们治愈了常见病，还治愈了心理疾病，以至于有的病人治好了病，还时不时地来找我，他们觉得有我为他们保驾护航会很安全。而在外国人的草药店坐诊更马虎不得，看上去担子轻了，可是责任重了，要指导员工如何运用草药，遇到面瘫、急性腰扭伤的急性病人，更是手到病除。在意大利能很好地运用祖国的中草药、中医医术，用各种方法努力地去治疗每个病人，我感到很欣慰，觉得自己很有成就感。

我在一家私人大医院工作，医院 4 位领导中有 3 位是我的病人，这家医院在罗马相当有名气，意大利西医医生就有 76 位，而我是唯一一位黑头发、黑眼睛的中国中医医生，这让我感到无比自豪，我为自己、更为祖国而自豪。一些疑难病症或西医无法治的病全让我解决，比如临产胎位不正……每周，我会在一家小诊所工作

2天，以针灸为主，都要预约才能轮到，一天十小时，一小时一位，主要治疗更年期综合征、抑郁症、骨质疏松、颈腰椎病……我每周有一天去一家草药店坐诊，这家店买了一些中国的中成药，我要去教她们如何使用，并处理一些急诊，诸如急性腰扭伤、面瘫。最后剩下周日一天了，做一位能去家庭看病治疗的医生，是我的心愿，也是我努力要去做的工作的一个方面，因为我看到许多老人走不出家门，需要有人能为她们送医送药。我背起药箱，走进老人家里，为她们治疗、为她们送药、与她们聊天，为她们解除病痛，看到病人露出笑脸，我笑得比他们更灿烂。

金捷和学生们在一起

我喜欢医学，我喜欢当医生，我希望能把自己学到的、拥有的都无私奉献出来，因而常常忙得分身乏术，从西医内科到全科，全部要用中国传统治疗方法，而且治愈率一定要高，这是医生的职责。私家医院老板特别赏识我，医院聚会时，只有我有资格坐在领导席位上。再后来医院老板决定为我开设"罗马中医理疗中心"，院址都找好了，一切都在有条不紊地进行中，却因为我父亲的突然病故戛然而止，成为一大憾事。

发起建立"意大利中华医药学会"

病人多了，对我的要求也就更高了，单单一门手艺远远不够，疗程太长也不行。白天没时间，就必须利用晚上。我每天晚上 8 点多才能到家，吃着儿子为我做的晚餐，边吃饭边打电话与一些病人沟通，真的是人回到家里，工作也"跟"到家里，不停地接电话，总有人不断地打来咨询电话，有的是我自己打过去的，有的是电话问诊，我就在电话中指导病人。工作要求我要不断学习，有时边吃饭边看书，找外语医学用词来解释各种病因，或是找各种治疗方法针对不同的病人，常常到晚上 11 点多，饭都凉了，还没吃完。中医名目繁多、手段多样，单针灸就有体针、头针、耳针、腹针……还有艾灸、推拿、拔罐、中草药……身边没有老师，无处可请教，我必须来者不拒，不能推辞，压力巨大。

当时，我下决心一定要用中国传统医学去治病。可我的中医基础还是比较差的，为了更好地传授中医，我用所有的休息时间反复学习中医理论，注译中医理论。

在意大利，我也曾被聘去罗马中医学校或诊所上课，这使我拥有了许多学生。我的学生喜欢听我讲课，这些学生为中医中药的神奇而惊叹，她们刻苦学习，我则把自己的实践经验、各种临床实例和个人体会毫无保留地教授给她们。意大利学生给我这位老师的评价是："GEMMA（金捷）是用'心'在教我们！"而我坦诚地告诉她们："因为我是中国人，不可能永远留在意大利，希望你们以后能运用中国五千年的瑰宝来治疗你们的国民！"学生们念念不忘我这位中国老师。

中医药仅仅自己用还不够，我还要让我国五千年的传统医学在世界发扬光大，这是我们的责任和义务！于是，杭州中医院的中医世家何嘉琅教授夫妇与我 3 人发起成立"意大利中华医药学会"，我任第一届学会秘书长。我们经常开会研究工作，组织活动，与在意大利的华侨医生团结起来，一起努力，开了几届学术论坛，并联络意大利针灸学会。

我们还被邀参加在北京召开的世界中医药大会，与欧洲各国的同盟联合起来增加社会的力量。为了向意大利人民推广中医药，我与同行们一起做了许多事情：去意大利中医学校教推拿、足疗、针灸、看舌相；办学习班，传授中医的基础理论；耗了 5 年的时间，用意大利文翻译中医药知识和技能……我们为推广中医药不懈地努力着。

这就是我在意大利的生活。几经起落，克服了重重困难，这一路走来，实属不易。一位从意大利采访回国的记者曾经在《上海侨报》上这样报道："……在罗马，金捷是所看到的华人中最辛苦的妈妈……"

作者简介

金捷，旅意华人。

1950 年 2 月，出生于上海。

1968 年，赴黑龙江生产建设兵团五师五十五团二营十四连务农。

1969 年 11 月，黑龙江生产建设兵团五十五团宣传队副队长。

1970 年 7 月，黑龙江生产建设兵团五十五团直属蔬菜连副连长。

1970 年 12 月，南京军区后勤十五分部八十二医院战士、护士。

1977 年，南京军区军医学校学员；1980 年 1 月，南京空军上海四五五医院军医、医疗助理。

1987 年，上海展览中心医务室医生。

1987 年 7 月，移居意大利，担任意大利中华医药学会秘书长，意大利 AIED 私人医院全科医生。

2002 年 10 月，回国，暂居上海。

在音乐之国重新出发

李　敏

　　作为六九届初中生，17 岁那年我离开上海来到安徽务农，脱胎换骨，从手无缚鸡之力的都市学子，变成"服田力穑，不避寒燠"的地道农夫，头戴斗笠，手扶犁把，耕作于田间山边，看日出日落，终于成为自食其力的农人，一务农就是整整 10 年。

　　在死水微澜的特殊年代，这段刻骨铭心的生活经历，使我明白了什么是"面朝黄土背朝天"！无奈和枯竭的想象扼杀了梦想，自打出生以后，在这里生活的每个人，都已经知道了自己的生活轨迹和归宿，心似已灰之木，世世代代重复着相同的故事，定格于同一个画面，毫无新意。虽说"环堵萧然，不蔽风日，短褐穿结，箪瓢屡空"，但忘怀得失的我躬耕不辍，常著文章自娱，耐得住寂寞。

眼看伙伴们一个个离开自己，务农的最后几年，村里的青年也就剩下我一个。从此，我与瘦田破屋古书为伴，钓雨耕烟，形单影只。

对于我们这一代人而言，生活注定不会是平滑线性的进程。时隔半个世纪，过去风急雨骤的峥嵘岁月，至今历历在目。当年从不毛的村落重归都市，如梦方觉，步入高考之门时，恍如隔世。

1985年我大学毕业，留校上海交通大学任助教，参加上海交通大学南洋国际公司（上市公司）和香港西园集团合资宾馆的组建。现在回想起来，那是一个有了生机和希望的新开端，用当今时髦的说法，激荡三十年拉开了大幕……

我似乎很容易达到"悟"的境界，是因为和一般的大学生不同，是先踏上社会，并且经历了动荡的特殊时期，再博取文凭的。作为书香子弟，由于饱尝稼穑之辛，我有悲情情结。

迂回签证曲线出国

按照"迂回签证，曲线出国"的计划，我绕过欧美等西方国家遏制堵截外来移民的"马其诺防线"，先谋求第三世界贫困落后国家的签证。直觉告诉本人，世界上100多个国家，不会是铁板一块，无隙可乘。

最后我的护照上盖上了十几个国家的签证，分别是南亚、中美洲、南太平洋和欧洲国家的。决定走欧洲路线，是因为欧洲大陆国家众多，有很大的回旋余地。我可以乘坐横跨欧亚大陆的西伯利亚国际列车，票价便宜，从北京经莫斯科到布达佩斯的火车票是700元人民币，今后的路还很漫长，需要最大限度省盘缠。

临走前几天，家里的地板上，行装散放得到处都是，十多年前下乡的时候，也是一模一样的光景。川流不息的亲朋好友，除了祝福以外，纷纷传递海外生存的要诀，有放之四海皆准的金玉良言，有具体谋生的锦囊妙计，虽然谁都没有真正见过外部世界。

"临行密密缝，意恐迟迟归"，姐姐将祖传的鸭绒被，一针一线地手工制成睡袋；刚出月子的妻子，一手搂着满月的儿子，一手为出远门的丈夫收拾行李。

什么都谈到了，就是有一个心照不宣的问题，何时再相逢？5年？10年？甚至更遥远？只有苍天才能作答。想到这里，断肠人在天涯的伤感，不由得阵阵袭来。翻译家吴墨兰的公子小鹏，是我的好友中最敦厚的一位，他悄悄把我拉到门外，说："虽说热土难离，但是甘蔗没有两头甜，现在到了咬碎后槽牙痛下决心的时刻。正是为了他们，你也得往前走，不要回头。"

1987年2月18日星期三早晨7点45分，搭乘的开往莫斯科的国际列车，正点从北京站徐徐启动。列车离开月台，渐渐加速，从今以后，我如同断线的风筝，飘向广袤的未知世界，无论是祸还是福，恐怕永不重归。

晚上列车停靠二连浩特车站边检，我出乎预料找到一个小邮局。我坐在破旧的沙发椅上，搓着有点冻僵的双手，在昏暗的灯光下，给妻子写出第一封家信：

"亲爱的，多年来梦寐以求的夙愿将要实现。半个小时后，我们即将进入蒙古人民共和国，与中国告别。但是，不知怎的，我一点儿都高兴不起来，五味杂陈，心中难受极了，欲哭无泪……"

列车沿着古丝绸之路，跟着先贤足迹，到达当年高僧去过的圣地，这无疑是个好兆头，甚至令人回想起那些惊天地泣鬼神的历史画面，如张骞出使西域三十六国，成吉思汗逐鹿大漠弯弓射雕，给我带来无比的力量和激励，虽然作为百姓未必载入史册，但是不外乎是人生一大经历。

国际列车通过1777公里处的洲际界碑，从此由亚洲进入欧洲大陆，大家站在窗前，翘首以待此刻的到来。兴奋之余，突然间浮起一丝无名的思乡之情……

列车历经蒙古草原的塞外肃杀、西伯利亚的低温酷寒和东欧的料峭春寒，我们渐次移位，先来到蒙古国，接下来是地域广袤的苏联，再横跨工业化程度差异极大的欧亚大陆，然后来到初现经济自由化的匈牙利。

"唯匹夫之志不可夺也"，小人物具有勇往直前的精神，是因为自己身躯里流淌着祖宗滚烫的血液，继承的是祖辈顽强的基因。我的心中滋生一种复杂情感，很难断定这究竟是值得庆幸还是悲哀，或许两者皆有。

不过有一点可以确定的是，自己走的是祖辈未曾走过的路，继承发展的是先人未竟之业，所谓磨难，大抵如此。可以感到欣慰的是，待自己步入暮年之时，就有了和孙辈讲故事的资本。

我们这一代人，注定要早早背上生活的十字架，任重而道远。从小的传统家教，使我们牢记一个道理，世事岂能尽如人意，做人要至刚至纯，决不轻言放弃。

此后，我走遍了半个欧洲，迂回穿插，轻车熟路。俗话说得好，"老天爷饿不死瞎家雀"，和半年前不同的是，本人用在北欧宝贵的喘息时间，补充给养，养精蓄锐。"人必尽其当然，乃可听其自然"。数月的辛勤打工，身上有了可以继续前进的盘缠。

更重要的是，我的护照上几乎盖满了西方诸国的入境签证，很有点攻城略地的虎狼之势。游荡了半个欧洲以后，我最后以留学生身份来到奥地利半工半读。

所谓留学西洋，对于其中大多数人而言，当然也包括我，实际是中国式移民工程，复杂艰辛，崎岖曲折，从头越，甚至需毕其一生。

当列车进入奥地利国境，只见一片郁郁葱葱，森林、植被、湖泊、古堡风车和错落有致的乡村别墅，都告诉人们已经进入一个气候宜人、景色优美的国家，这里宛如天堂。

音乐之国勤工俭学

虽然能够进入漂亮的奥地利，无疑是烧高香了，不过当时我并没有意识到，奥地利最终成了自己后半生的第二故乡。那天是自己一个值得纪念的日子，1987年的 6 月 16 日。

我来到了奥地利——这个音乐之国、绿色之国、森林之国。人生之路，从奥地利重新出发……

20 世纪 50 至 70 年代，客籍劳工蜂拥而至，这和西欧战后重建带来经济起飞和全民高福利的社会背景密切相关。劳工中很多人来自欧洲内部不太富裕的西班牙、葡萄牙、希腊和南斯拉夫及欧亚之间的土耳其，也有一些人来自与欧洲有密切的历史或地缘联系的突尼斯、摩洛哥等第三世界国家。

战后奥地利的经济增长令人瞩目，社会治安极好。劳资双方通过谈判解决工资和物价问题，是奥地利一道亮丽的风景线。每年开春，奥地利劳工协会和联邦商会就工资增长幅度进行协商，最后确定的工资增长幅度具有法律效力，全国各行业职工的工资以此为依据进行调整。

奥地利联邦和地方政府设置的住房基金，专门用来发展社会住房，以提供给低收入的国民居住。例如首都维也纳共有 93 万套住房，其中国家产权的社会住房有 22 万套，另外有 23 万套政府补贴房租的合作社住房，此类房屋由政府和专门的开发商联合建造和管理。

经济适用房和廉租住房占整个房屋市场将近 50%，不仅解决了一般家庭的住房刚性需求，还有效抑制了其他国家常见的房地产投机。战后奥地利的失业率、犯罪率和通货膨胀率之低，在西方发达国家中也是有口皆碑。几十年以来，这里没有发生过社会动乱。令人羡慕的高居榜首的幸福指数，和奥地利建成了一个居有其屋、病有所治、老有所养的福利社会，是密切相关的。

很早以来，欧洲就尽量开发利用绿色资源，如风能、太阳能等，这里可以看到不少巨大的风车，安装风车和发电设备的钢筋混凝土塔有数层楼高，巨大的风轮叶片有十几米长，应该是论吨重，雪茄烟形状的机舱里安放着风轮发电机。在风力推动下，巨大的风扇在高空旋转，十分壮观，比起堂吉诃德手持长矛大战三百回合的风车，可要大不知多少倍了。

行进在奥地利土地上，绿水青山、满目葱茏，这里森林覆盖面积占国土总面积的将近 50%。空气清新，沁人心脾，天空湛蓝湛蓝的，就像倒悬的湖泊，即使在人口、汽车密度都很大的维也纳市区也不例外。

奥地利是世界上最富有的国家之一，还能保持清新优美的环境，归功于娜塔莎所说的"节能减排"，欧洲人均二氧化碳年排放量是 15 吨，奥地利的人均为 11.3 吨，而维也纳市只有 5.9 吨，是全欧洲最低的。

这里树木葱葱，色彩鲜艳的房屋和幽静的街道，一并映入眼帘，很难定义这里是城市还是乡村，实际上这已经不重要，上帝本来就没有进行过类似的划分。客人们惊奇地看到，茂密的树林中，野生动物出没，如入无人之境。松鼠、鸽子、小鸟、水中野鸭及天鹅见人不避，你可挥手投食，召之即来。

动物视人类为友而非天敌，这种独特的光景，绝非一日之功。曾经举办的世界上 200 多个城市的生活质量评选，以十余项严格的环保指标为评比标准，包括应对全球气候变化的贡献、垃圾处理、生物多样性、清洁交通、空气水质、基础设施、政治社会环境和医疗福利体系等，而维也纳名列世界前茅，看来绝非偶然。

到达维也纳的第 3 天，我先在维也纳大学报到注册，按照规定，外国录取生必须学习德文，通过相关考试才能正式听课。虽然不知道以后的归宿在何方，但看来一年半载是离不开了，除了攻读学位需要语言，在这里谋生也时刻离不开语言。

奥地利高等院校学费全免（对于本国国民和来自第三世界的留学生），使我喜出望外。于是，我每周一三五赴校上课，其余时间到处打工，熟悉鱼龙混杂的华人社会，体验旅居奥地利的华侨生活。虽然前途未卜，但在维也纳半工半读的生活，比起前期的漂流要好得多，征尘已净，风调雨顺，日子好像过得快了许多。有了衣食保障的我学习十分努力，常怀"身不饥寒，天未尝负我；学无长进，我何以对天"的感恩之情。

西方的高等学府并非图书馆，更不是机械地拷贝教授学者的思想之地，这里不鼓励书虫和模仿，因为前人的思想和学术成就，你吃得再透，也是人家的，唯有通过自我思考而建立起来的东西，才有可能成为真正的学问和创新。看书也好，学习也罢，是人一生的经常项，没有时间地点的局限。而大学的任务，主要是训练思维方式，提高智商情商，弘扬个性化的学习方法，这样自由宽松的教育环境，潜移默化，容易激发人们风格迥异的创造力。

维也纳大学的外国留学生班中，什么国家的人都有，简直就是一个袖珍联合国，在这里，人们可以感受到人类文化的浩无涯际，唯有广收博取方是大道。班上的学生们来自五湖四海，并非只是为了一个共同的目标，而走到一起。来到这里的人们大致有两种动机，一种是学成以后返回原籍，另一种是留学同时见机行事，我自然属于后者。

刚刚来到此地，我对什么都感到好奇。自己的出现，同样吸引了周围所有人的眼球，可以打赌，维也纳大学是有史以来第一次，收了一个来自万里之遥国家的东方布衣。关于那个陌生的国度，对于一个可以零距离接触的中国平头百姓，人们会提出许多问题，什么是改革开放？诸如此类。这些我们习以为常的过去和现在，在欧洲人的头脑里，却是一些不知所云的名词，既新奇又抽象。

同学们对我一路漂流的见闻深感兴趣，来自第三世界的同学，更能理解我这样的来自中国的移民。实际上，那些富裕的奥地利本地学生去过的国家不在少数，然而他们认为不值一提，因为这只是一般意义的旅游，走马看花，带着信用卡游山玩水，不可能接触到社会的内部和底层。他们一致认为，类似我这样的游历，

在德国留学时，李敏（左一）和夏教授夫妇合影

才算是徒手攀岩般的历险，没有任何安全措施，豁出去玩真的，虽然险象丛生，朝不保夕，然而更具浪漫色彩。

周游列国借笔著书

光阴似水，日月如梭，韶华迅速，学业完成。此时西欧信托基金正在招聘职员。仿佛是命中注定，我们这一代人"戏路子宽"，就像微观世界的量子能量跃迁，角色跳跃式变化频繁，有着变幻莫测的生活轨迹，难以预言。不管当事者愿意与否，所充当的角色之间，甚至可以没有任何缓冲和过渡。人到中年的我，多少已经习惯了这样的常态。前去应试，结果倒是顺利通过。

后来奥地利在上海建立总领事馆，我被奥地利外交部委任为总领事商务帮办，返回故乡上海履新，其间接触大量的中外企业和金融机构，见证了中国波澜壮阔的改革开放浪潮。

数年以后，我被瑞士 LS 国际集团公司委派，回到大中华区工作，往返中欧之间。

我打小立志成为父亲那样的大夫，悬壶济世。作为孙中山的崇拜者，父亲说，医生救人，作家救世，物质财富乃身外之物，他希望儿子能够走遍世界，著书立说。

本人旅居海外三十余载，周游列国以数十记，这样的人生旅途中不乏异域历史断代的见闻，而并非仅仅是谋生之途。

前些年，我的《萍踪传书》和姊妹篇《萍踪传书续集——环球航海日记》先后于上海文艺出版社出版。

数年来，《萍踪传书》于大中华区各大网站连载，累计点击率9000万有余。中国出版的《萍踪传书》和姊妹篇《萍踪传书续集——环球航海日记》，已在上海书城、浙江省新华书店和北京人天书店等实体书店，以及当当网和亚马逊网站上架，且被上海图书馆、北京国家图书馆和中国版本图书馆等诸多国家及地方公共图书馆收藏。

《萍踪传书》的姊妹篇《萍踪传书续集——环球航海日记》，是我搭乘豪华邮轮远航的随笔游记。我夫妇二人沿着航海家哥伦布当年的足迹环游世界，经过大西洋、太平洋和印度洋，航程为31200海里。

我们游历一个个海域、国家和地区，亲历了天涯海角的绚丽风光，以及美轮美奂的异域韵致，见识了地球上诸多不同的文化。

能亲眼阅览不同地区的地理风光、见识各类人文风情，实乃人生大幸，终生难忘。

古人曾经说过，文章千古事，功德无量。如今借笔悠思，落笔虽有意，然而言犹未尽，介乎于有意与无意之间。希望多年来不加刻意修饰的生活记录，演义

李敏和妻子一起坐游轮旅游

和思想的繁衍，能够帮助人们唤起反思。希望我们的民族最终立于世界先进民族之林，国祚永存，成为一流的世界强国……

作者简介

李敏，奥地利籍华人。

1952 年 12 月，出生在上海。

1969 年，赴安徽凤阳务农十年。

1985 年，大学毕业，任上海交通大学南洋国际公司（上市公司）经理。

1988 年，赴欧洲留学，先后任奥地利驻沪总领事商务帮办，中外合资老年养生公寓有限公司董事总经理，以及瑞士 LS 国际集团公司执行董事兼首席执行官。

曾编著长篇纪实体著作《萍踪传书》和续集《环球航海日记》，先后由上海文艺出版社出版。

感受德意志

王国建

　　20世纪90年代，我有两次赴德国做访问学者的机会，21世纪初又赴德国进行本科教学考察，近距离地接触了德国和德国人，从自身经历的些许小事对德国和德国人逐步有了一定的了解。

　　在大部分国人的心目中，德国是一个既遥远又陌生的国家。我们从小只是从希特勒、犹太人和第二次世界大战中知道了德国。守时、刻板、讲规矩、讲秩序、严肃拘谨、不苟言笑，是国人对德国人性格特征的固有印象。

　　1996年7月，我获德国巴登—符腾堡州政府资助前往德国斯图加特大学做为期半年的访问学者。1998年5月，我又受德国高分子化学家阿克塞尔·缪勒（Axel

Müller）教授的邀请，前往德国美因茨大学进行为期一年的高级访问学者研究工作。2003 年 10 月，我受同济大学委托，再次踏上德国的土地，赴德国斯图加特大学进行为期 3 个月的本科教学考察。几次访问德国，使我对德意志这个遥远的国度有了一定的认识，也对我今后的学术生涯产生了一定的影响。访问过程中遇到的一些轶事、趣事，至今历历在目，每每想起还感到饶有趣味。

首赴德国在机场的遭遇

记得第一次赴德国，因为人生地不熟，我临行前给斯图加特大学的外事办发了一份传真，希望他们派人到法兰克福机场接我。斯图加特大学外事办回答我，因人手紧张，无法派人到机场接我，让我乘机到法兰克福后，再转机到斯图加特。届时，在斯图加特大学进修的同济大学外语系陆老师会到斯图加特机场来接我。于是我买了从上海虹桥机场经德国法兰克福至斯图加特的航班，心怀忐忑地踏上前往德国的旅途。

到达斯图加特机场时，已是晚上 9 点左右。我来到出口处，四处张望了一下，并未发现陆老师。等了十几分钟，仍然不见陆老师的身影，我开始焦虑了起来。没有陆老师的接引，我怎么能找到斯图加特大学呢？即使到了斯图加特大学，我又怎么知道住在哪里呢？

这时，出口处已经没几个人了。我本来就忐忑不安的心更被紧张地提了起来。怎么办呢？正在这时，一位机场工作人员走了过来。他大约看出我焦虑不安的心情，便问我有什么需要帮助的吗？我用结结巴巴的德语告诉他，我刚从中国来，没见到来接我的人，因此不知道该如何办。他听了以后，让我别着急，把护照让他看看。我将护照递给他，他看了以后，笑了笑说："O，Sie sind Professor（哦，您是教授）。"说完，便拿起手中的传呼机呼叫了起来。当时的护照与现在不一样，上面是标注职务职称的。有趣的是，副教授、教授都标注为教授，工程师、高级工程师都标注为工程师。我当时是副教授，却被标注成教授，沾了不少光。不一会儿，来了一名警察。他听了机场工作人员的叙述，并看了我的护照，微笑着对我说："您是教授，是我们的尊贵客人，您的问题我们会帮您解决的。"他告诉我，再稍等一会儿，如果还没人来接我的话，他会用警车送我去学校。正在这时，我看到陆老师从一侧奔跑了过来，气喘吁吁地对我说："很抱歉，我去买了点东西，人太多耽误了。"原来，我到达的那天是星期五。按德国人的习惯，周六和周日商店超市都不开门的，陆老师怕我初来乍到没准备，帮我购买明后两天的食物去了。见到了陆老师，我一颗悬着的心放了下来，连声向机场工作人员和警察道谢。两位笑了笑，摆摆手说，"Gern geschehen, das sollten wir tun. Wir wünschen Ihnen einen schönen Aufenthalt in Deutschland（没关系，这是我们应该做的。祝您在德国过得愉快）"，就转身离去。

一直听说德国人拘谨严肃、不苟言笑，但我在踏入德国的第一天，就遇到两位热情好客的德国人，感受到德国人对知识和人才的尊重，这顿时让我改变了对德国人的认识，有了极好的印象。

令人刮目相看的本科生助手

到达斯图加特大学的第三天，是星期一，我即去拜访我的合作教授埃森巴赫（Eisenbach）。埃森巴赫教授看上去近六十岁，面慈目善。他是斯图加特大学化工系的教授，兼任斯图加特大学涂料颜料研究所所长。我向他赠送了中国的龙井茶叶，他十分高兴，告诉我他很喜欢中国的茶叶，因为他的夫人也是中国人。这一下拉近了我与他的距离。他问了我一些简单的问题后，便向我介绍将要进行的工作，是进行一个高分子表面活性剂的开发和研究。他告诉我，他平时在涂料颜料研究所的时间多一些，每周仅周三来化工系，因此有事可在周三那天来找他。今天是因为外事办通知他我要来，所以他早早来到化工系的办公室等我。听了他的话，心里有一阵小小的感动。他还告诉我，为了帮助我尽快熟悉环境和开展工作，他专门安排了一位本科生做我的助手。听了他的话，我心中嘀咕，一个本科生能帮助我什么？看来今后还得靠自己了。

与埃森巴赫教授交流完，他便带我去实验室。实验室里已经为我准备好了实验台和办公桌。一位年轻的德国姑娘正坐在我的办公桌前操作着电脑。见我们到来，这位德国姑娘站起来向埃森巴赫教授致意。埃森巴赫教授告诉我，这位就是为我配备的本科生助手。这位助手听了埃森巴赫教授的介绍，马上落落大方地自报家门："我叫米娅·施密特，你可叫我米娅!"一边向我伸出手来。出于礼貌，我也伸出手与她握了握。米娅看上去二十岁不到，瘦瘦的，脸上有不少雀斑。上穿一件 T 恤衫，下着一条牛仔裤，脚蹬一双旅游鞋，俨然一个未成熟的中学生。就是这样一位中学生模样的本科生，在今后的日子里，不仅给了我很多帮助，还让我对德国的教育体制和教育理念有了深刻的认识，也对我今后培养研究生起了十分重要的作用。

第二天，我来到实验室，米娅已经先我而至了。她给我介绍了实验室中的各位同事，又为我讲解实验室中的各种仪器设备的性能、用途和操作方法，然后带我去领了实验仪器和化学药品，一切都显得那么悠然自若，完全不是我心目中的本科生的形象，令我暗暗称赞。

我拿出一张准备要查找的文献目录，请米娅带我去图书馆查阅。她看了看目录，便起身带我去图书馆。图书馆中各类杂志书籍五花八门，数以万计，不熟悉的话，查找起来很是费事。可是，米娅带着我，一边给我讲解图书馆中书报杂志的分类方式，一边熟门熟路地寻找我所需要的杂志。大约半个小时，我所需要的十几篇文献都已经一一摆放在我的面前，着实使我惊讶不已。在国内，不要说一个本科生，就是博士生，对图书馆的熟悉程度也绝不会比她高。

下午，我到实验室与米娅讨论课题。她告诉我，她是有机化学专业的学生，学的不是高分子化学。虽然上过高分子化学和高分子物理的课，但她学得不深，只知道高分子的一些皮毛。这次因为要在埃森巴赫教授这里做高分子方面的毕业论文，所以看了一些高分子方面的书。我说没关系，我是学高分子的，有什么问题我们可讨论。言下之意你可以好好向我学习学习。可是在后来的讨论和实际工作中，我发现她不但对高分子科学的知识了解甚多，谈起来头头是道，而且有很多自己的理解和见解，水平绝对不亚于我这个高分子副教授。这再次令我对她刮目相看。在后来的研究工作中，她的很多意见和建议确实给了我很大的帮助。

大约三个月以后，我参加了米娅的本科论文答辩。她的论文洋洋一百来页，从文字撰写到数据图表，质量绝对不亚于我们的博士论文，受到答辩专家的一致好评。我曾问她怎么能写出这么好的论文？她告诉我，在德国，从小学开始就注重培养学生独立思考、上图书馆查找资料、撰写文章的习惯，因此撰写毕业论文对她来说不是什么困难的事情。

米娅大学毕业后，去了慕尼黑工业大学攻读博士（德国传统的学位制度采用的是硕士和博士二级学位制，不设学士学位。本科毕业获得的第一级学位便是diplom，相当于硕士学位），我再也没有见过她，不知她现在怎样，想必已经事业有成，生活幸福。

失误后感受到的宽容和热情

与高楼深院式的中国大学不同，德国的大学通常没有院墙，校舍往往与居民区混杂在一起。我当时在美因茨大学的办公室，不远处就是一家居民的别墅。窗子对着窗子，每天可看见一位上了年纪的太太在厨房里忙碌，满头银发，一身红装，十分优雅。偶尔相互目光触及，便点个头，微笑一下打个招呼，十分自然。每天中午，从对面飘来的烤肉香味、奶酪香味和咖啡香味，常常引得我垂涎欲滴，食欲大增。

不仅如此，学校中的教学大楼和实验大楼也是开放式的。我几次访问德国的大学，到达的第一天，系秘书都会将一把钥匙交到我手中。这把钥匙不仅可以开自己办公室、实验室的门，还可以打开本栋大楼中所有的公共房间，如教室、会议室、资料室、休息室等。复印机、传真机都是放在走廊中的，随时可以使用，十分方便。由于这把钥匙用处很大，因此千万不可丢失。我有一次不小心丢失了钥匙，全实验室人员帮我寻找，遗憾无果。最后硬是赔了100马克（当时的德国货币，1马克约等于5元人民币）了事，现在想起来都肉痛。

德国大学的实验室中，实验员之类的工作人员很少，每个教授的团队中一般仅有一两人，因此所有的实验仪器操作都必须自己完成，这又是与国内大学实验室不同的地方。刚到实验室时，会有专人将所有仪器的性能、用途和操作方法给你详细地讲一遍，问你听懂了吗？没听懂？他会不厌其烦地给你讲第二遍、第三遍，直到听懂为止。听懂了，OK，他就再不管了，以后你自己去使用吧。就这样，我在德国大学的实验室中，学会了很多仪器的操作，如红外光谱、凝胶渗透色谱仪、扫描电镜，等等，为今后的科研生涯增益不少。

有一次，我在美因茨大学的实验室中使用凝胶渗透色谱仪测定产物的分子量，不小心将色谱柱弄断了，心里十分害怕。因为这台仪器是合作教授阿克塞尔·缪勒刚刚花了几十万马克购得的，实验室中十几位博士生和研究人员等着用呢。我赶紧报告缪勒教授，他听了以后，安抚我说："不要紧，这台仪器还在保修期，我来打个电话请人修一下。"说完打了电话，当天下午就有维修人员上门来修理，很快就更换了色谱柱，并重新调试了仪器。其效率之高真令人咋舌。

缪勒教授的团队主要从事高分子离子聚合方面的研究，需要用到高真空。因此实验室中有一个真空操作柜，其中常年保持 10^{-4} 帕的真空度。操作这个真空柜要十分小心。它旁边的送样口有两道门，平时两道门均处于关闭状态，才能保持其真空度。进样时，必须先打开外面那道门，将样品放在两道门的中间，然后关闭外门，打开里面那道门，再通过操作手套将样品放入柜子中，随即关闭内门，送样才算完成。有一次，我正在真空柜上操作，缪勒教授带着几位客人前来实验室参观。见到我后便与我打招呼，几位客人也围着我问长问短。我一边与客人交谈，一边操作实验，一个疏忽，在送样口外门尚未关闭的情况下打开了内门。等我反应过来，已经来不及了。真空柜的压力瞬间飙升至常压。这意味着真空柜必须彻底清洗，重新减压，而且柜中大家存放的所有样品均报废，损失极为严重。事故发生后，我心中十分害怕。但缪勒教授和实验室的其他同事并没有对我进行埋怨和指责，而是积极帮助我清洗真空柜，维护真空泵。后来，我们花了整整一个星期的时间，才将真空柜重新调整至 10^{-4} 帕的真空度。这次事故给我的教训极其深刻，也对我养成今后严格的实验习惯起了很大的作用。因此对我个人而言，也并非不是一件好事。德国教授和同事们的大度宽容和热情相助，也使我对德意志民族的性格有了进一步的认识。

渗入血液的守信和互信

那年在美因茨大学访问时，我夫人和孩子趁暑假来德国与我团聚。一次周末，我带夫人和孩子坐火车外出游玩，回到美因茨时已是上灯时刻。孩子肚子饿了，我看到火车站旁有一个卖烤鸡腿的铺子，就上前想买几只鸡腿给他充饥。鸡腿是用电烤的，两面金黄，香气四溢，每个 3 马克，4 个 10 马克。由于已到晚上，柜子中只剩下最后两个鸡腿了。按中国人的习惯，最后一点落脚货，一般都会半送半卖，便宜一点处理掉。于是我对卖烤鸡腿的德国老汉说："只有两个鸡腿了，我都买了，5 马克吧。"没想到老汉一口回绝："不行，两个 6 马克。"我说："你最后两个，不容易卖掉。便宜一点给我，你就可以收摊回家了。"我想跟他多搞上一回，他可能会松动。可是他根本不买我的账，坚持要卖 6 马克。口中还不断嘟囔："Du denkst，hier wäre ein Flohmarkt（你以为我这里是跳蚤市场啊）？"令人发笑。最后我只好放弃，向他挥手拜拜，留下他在寒风中默默等待。

　　每个星期六，在斯图加特大学旁边的一块空地上，都会有一个跳蚤市场。跳蚤市场在欧美国家十分普遍。在跳蚤市场上，人们会将多余的物品或者未曾穿过但已过时的衣物等拿出来售卖，小到衣服、化妆品，大到录像机、电视机、洗衣机，以至旧汽车，五花八门，应有尽有。据说跳蚤市场源于 19 世纪的英国。早年的英国人经常将自己的旧衣服、旧东西拿到街上卖，而那些旧物品里时常会有跳蚤、虱子等小虫子。逐渐地，人们就将这些卖旧货的地方叫作 flea market（跳蚤市场）。由于跳蚤市场上的东西门类多样，且价格低廉，因此深受大家，尤其是学生们的喜爱。我也十分喜欢逛跳蚤市场，一方面常常能廉价买到自己喜爱的物品，另一方面能通过跳蚤市场了解德国普通人的日常生活。

　　一次，我在跳蚤市场上看到一台六七成新的幻灯机，标价 15 马克。卖主是一位 20 多岁的年轻人，头发红蓝相间，耳朵上挂着耳环，一副嬉皮士模样。当时还没有投影仪，我们在国内上课时，放幻灯片已属于很超前时髦的了。我不久前曾在商店里观察过幻灯机的价格，同样牌子的至少要五六十马克一台，于是心动。经过讨价还价，最后以 12 马克成交。晚上，我兴冲冲地拿出幻灯机试用。没想到，刚插上电，只听啪的一声，幻灯机上的灯爆掉了，令我十分沮丧。过了几天，我抽空到斯图加特市里找到了相同规格的灯泡，一问价格，居然要 16 马克一个。我那幻灯机才 12 马克啊。但不配灯泡幻灯机就无法使用，无奈只好买下。转眼又到了星期六，我又去了跳蚤市场，居然还找到了那位嬉皮士卖主，他还在上次卖幻灯机的地方蹲着卖他的旧货。我上前问他："还记不记得上个星期卖给我幻灯机？"他说记得。我告诉他幻灯机里的灯泡是坏的，不能用。他听了以后，连忙说："对不起，对不起！那你去配一个灯泡，钱我来出。"我告诉他我已经配好了，花了 16 马克。他听后，二话没说，从口袋里掏出 16 马克递给了我。这倒是我真没想到的。我原先以为他一定会跟我讨价还价，推脱责任的。我将他递钱的手推了回去，说："16 马克全让你出，太多了，我跟你一人一半吧。"他耸了耸肩，说："东西是我卖给你的，有问题当然应该我负责。怎么能让你花钱呢？"硬是将钱塞到我的手里。这一来，搞得我真不好意思了。他卖给我幻灯机，不但没赚一分钱，反而倒贴了 4 马克，着实让人难以理解。

后来，我跟缪勒教授谈起此事，并问他嬉皮士到底是怎样的一种人？缪勒教授告诉我，德国人将信誉看得十分重要，因此他卖给你东西有问题，他肯定要负责，这不是钱不钱的问题。嬉皮士并不是坏人，他们只是对社会现实不满，因此表现出放荡不羁的姿态。实际上，我们还经常看见嬉皮士们在街上打扫卫生、维护秩序、做好人好事呢。

类似的事情后来还发生过好几件。如有一次，我在商店买了几张 CD 唱片，回家后发现其中有一张的外壳上有裂痕。正好有朋友去市里办事，我就托他带去，看看能不能换一张。其实，我心里并不抱希望，因为购买时没有开发票，又不是我本人去。不料这位朋友回来时，带回了更换后的唱片。他说，商店的营业员根本不问谁买的，也不需要发票，直接就给换了。

事实上，德国人的守信，已经渗入他们的血液之中，反映在生活中的每一个细节里。如公交地铁不检票，火车站不检票，电影院也不检票。我住的宿舍大楼里有一个洗衣房，无人看管。使用时只要向旁边的投币箱中投入 5 马克，便可自己使用洗衣机。我也曾就这一问题请教过缪勒教授，如果有人贪小便宜，坐车不买票、用洗衣机不投币怎么办？缪勒教授回答说，那也只好随他去。但一般应该不会，德国人将信誉放在第一位，否则会被人看不起，严重的还要受到法律制裁，得不偿失的。

上面的点滴小事，不仅反映出德国人执着的性格，还折射出他们诚实、守信、相互信任的品质，更表现出他们冷漠外表下的热情和诚恳。

德语中，德国叫作"Deutschland"。有一次与缪勒教授聊天，讲到德国的名称，我告诉他中文根据谐音将"Deutsch"翻译成"德意志"。我还告诉他，同济大学的"同济"二字，也是根据"Deutsch"的谐音翻译而来的，并向他解释了"意志"和"同济"的含义。缪勒教授听了，高兴地说："中文的翻译太好了，德意志，德国人的意志。同济，同舟共济。短短几个字，就将德国人的基本面貌反映出来了，将中德友谊反映出来了。中文太神奇了。"

离开这些可爱的德国朋友已经很久了，还常常会想起他们。遥祝他们身体健康、生活幸福！

作者简介

王国建，已回沪。

1953 年 3 月，出生于上海。

1970 年 5 月，赴云南生产建设兵团务农。

1974 年，被推荐至上海化工学院（今华东理工大学）四川分院高分子化工专业学习。

1977 年，毕业留校任教。

1979 年，考入华东理工大学材料学院攻读硕士研究生。

1982 年 9 月，获材料学工学硕士学位。毕业后在同济大学材料科学与工程学院任教，历任助教、讲师、副教授。

1996 年，晋升为教授。曾任同济大学材料科学与工程学院党委副书记、纪委书记、副院长、高分子材料研究所所长。

1996 年，进入上海交通大学攻读在职博士研究生，师从中国科学院院士颜德岳教授。

2001 年，获上海交通大学材料学工学博士学位。累计指导硕士研究生和博士研究生共 80 名，博士后 3 名。

在国内外学术刊物上发表论文 300 余篇，出版著作和教材 14 部，授权发明专利 30 余项，研究成果获 2005 年度教育部二等奖。

获 2006 年度上海市科学技术发明三等奖。

获 2006 年度上海国际工业博览会"最具技术交易潜力奖"。

获 2009 年度上海市科技进步奖二等奖。

获 2014 年国家科技进步二等奖。

2018 年 3 月退休。

四、北上美洲

从北大荒到曼哈顿

周　励

　　我从北大荒到曼哈顿，旅美 39 年，足迹遍布 130 多个国家，7 次探索南、北极。我撰写的《曼哈顿的中国女人》《曼哈顿情商——我的美国生活与励志实录》和《亲吻世界——曼哈顿手记》三部曲，概括了我从北大荒到纽约的人生履历。尤其是第一部自传体小说《曼哈顿的中国女人》引起轰动，登上当年全国书展畅销书榜首，获《十月》文学奖，被评为 20 世纪 90 年代最具影响力的文学作品和中国百年畅销书之一。2022 年，作家出版社又出版发行了该书 30 周年纪念版。

　　我曾是黑龙江生产建设兵团五师医院内科医生（1972 年医科毕业），1978 年回沪后在外贸局担任医务室医生，业余时间开始写作。1985 年，我被纽约州立大学录取为比较文学硕士研究生，携 40 美元自费赴美留学，后转读 MBA（工商管理硕士）。1987年创业，从事进出口贸易，并担任美国时尚品牌买方代理。30多年来，我往返于中国和美国，亲眼见证了中国的改革开放和经济崛起。曼哈顿有我的奋斗青春和燃情岁月。我与500多万旅美华人的最大愿望，就是中美两国人民世世代代友好下去，为世界和平繁荣作贡献。

　　常有人问我：是什么让你萌生写《曼哈顿的中国女人》这部小说的念头？为什么会写这部作品？你的初衷何在？回想起北大荒时代，18岁的我带着两箱书下乡干苦力活儿，背着带有"历史问题"的沉重档案袋，苦心志，劳筋骨，心灵不仅不死，反而如同一座广纳宝物的宫殿。每天收工回来腰酸背痛，夜晚在大炕上借着草棚里微弱的煤油灯光，如饥似渴地阅读书籍直到深夜；或者一边在荒原上放牧猪群，一边高声背诵着李白的《梦游天姥吟留别》或者屈原的《离骚》。这样的治愈式阅读体验是我最深刻的北大荒记忆。

　　1985年到了美国，我最大的爱好也是阅读书籍，特别是历史人文书籍。写《曼哈顿的中国女人》的序言时，除了手下几张空白的稿纸或那本厚厚的红色笔记本（已经捐给复旦大学图书馆收藏）之外，周围尽是堆得满满的客户发来的英文传真、函电、国际快递信件、来样、合同、信用证……我被纽约商场风云与知青往事风暴同时裹挟，仅用了9个月，在业余时间完成了40万字的自传体小说。我在开篇题词："此书谨献给我的祖国，和能在困境中发现自我价值的人。"这就是我写《曼哈顿的中国女人》的初衷！

　　至今我仍觉得，我的金色童年是成长中最珍贵的日子，从孩童起，我血液中就浸透了对祖国和文学艺术的热爱。在纽约经商获得财务自由后，我阅读了大量美国原版畅销书，如塞林格的《麦田里的守望者》、赛珍珠的《大地》、谭恩美的《喜福会》等，1987—1990年，我还常去哥伦比亚大学东亚系图书馆或中国城的东方书店。我喜欢在东方书店购买《十月》《收获》。记得有一次看到莫言的作品《天堂蒜薹之歌》，我感动得热泪盈眶，爱不释手。1991年，我开始构思自传体小说，我在纽约东方书店记下了《十月》最后一页的传真号码，写好序言和第一章并打字后，即一页页发传真给《十月》。没想到第三天我就收到《十月》资深编辑王洪先热情洋溢的回信，他主动表示立即在《十月》1992年第一期刊出。自传体小说《曼哈顿的中国女人》第一章《纽约商场风云》于1992年刊登在《十月》杂志第一期，第四章《北大荒的小屋》刊登于同年第四期。边写边登，我写了9个月，有时含着泪水，一半以上内容写的是苦难、挣扎和奋斗。当时我想：我对得起十年北大荒兵团岁月的战友们，也对得起 1985 年录取我为比较文学硕士研究生的那位纽约州立大学美国教授，以文学的方式见证与留存历史，让人们以史为鉴，永不重演"文革"悲剧，这也是我写这本书的巨大驱动力之一。

第一部书《曼哈顿的中国女人》

第一部自传体小说问世后，不少读者问我为何用《曼哈顿的中国女人》作为书名。其实这个书名既象征着中国的改革开放，又来自 20 世纪 80 年代末纽约第五大道客户对我的称呼。那时在纽约第五大道，来自中国大陆的女性不多，我是他们见过的第一位来自上海居住纽约并可以随时见面的人，故他们亲切地叫我"曼哈顿的中国女人"。我决定以此作为书名，挺贴切。1993 年，日本 NHK 电视台专程来曼哈顿拍摄《中国留学生在纽约》纪录片，我是主角，摄制组感叹道："美国第五大道的客户们对朱莉亚（我的英文名）可真好！"行笔至此，我回想起和美国客户的互动细节。1990 年 8 月 20 日，我儿子安德鲁出生，书中第一章《纽约商场风云》里的人物、第五大道 38 街一位 80 多岁慈眉善目的白头发美国企业总裁给了我一张 2000 美元的现金汇票作为庆贺，我坚决不收，谈完业务丢下汇票就跑了。过了几天开会，客户又塞给我。我认真地说："你们的好意我心领了，但钱不能收。"这位白卷发老总裁目瞪口呆。不久后江苏省外贸集团来纽约洽谈，老总裁热情安排林肯豪华礼宾车接待，车里放着各种名酒点心，但我们不习惯在轿车里谈事，很快我们几位都晕车了。老总裁连忙道歉。又过了 8 年，兢兢业业的白卷发老总裁去世了，我很悲伤。接他班的大儿子专门打电话告诉我："我父亲讲你是他见过的最能干最纯洁的中国女人，他的遗言是让我们三个儿子一定要好好对待朱莉亚，尽可能多给'曼哈顿的中国女人'订单。"我感动得潸然泪下。

书中另一位人物，第五大道 37 街一位白发苍苍、外貌威严的美国企业总裁，他的眼睛像湖水一样蓝。尽管富甲一方，但午餐时他总是只啃一根黄瓜、一个苹果，吃一点鸡丁沙拉，非常节省，平时也不请中国公司客户吃正餐。我对他讲：

"中国公司很辛苦，百忙中千里迢迢来到纽约拜访您，作为礼节您应当请他们晚宴。"他听我的建议订了一家昂贵餐厅请客，以后他逐步把小气的习惯改了（这个细节我写到了书里）。有一次，蓝眼睛老总裁叫我去他办公室，不谈订单和交期，而是谈他正在看的丘吉尔获得诺贝尔文学奖的《二战回忆录》，他知道我对二战历史，以及丘吉尔、罗斯福、艾森豪威尔和朱可夫感兴趣，我有这部书中译本全套。我们谈了一个多小时。他家在新泽西州，是一栋靠近大海的豪宅，前后有 20 公顷绿地和网球场，但这位看上去像好莱坞演员的美国老绅士非常孤独，妻子早逝，儿女离婚，平时他就住在酒店，下班后唯一的爱好就是阅读，只有阅读时他才会露出由衷的微笑（这是他能够确信的唯一"幸福"）。周末的时候，他回到家由一位老保姆、一位厨师照顾。之后的一天，年近九十岁的蓝眼睛老总裁在家中花园里坐着看书时突然头部低垂，书本落地，溘然离世。他的大儿子——新总裁邀请我参加了葬礼，我是唯一被邀请的中国人。老总裁风华正茂的大儿子兴趣广泛，喜爱开私人飞机、交名模女友，前妻就是欧洲名模，与父亲的保守风格截然不同。葬礼结束后，他微笑着对我说："我父亲的遗言是一定要尽可能多给你订单，他很欣赏你这位'曼哈顿的中国女人'。"

正是这两位内心良善的第五大道老美，给了我"曼哈顿的中国女人"这个称呼。我从他们身上学到了许多东西，至今依然怀念他们。

1992 年年初，我回国洽谈业务，抽空专程去北京拜访了《十月》主编谢大钧和责编王洪先，并且与北京出版社签了五万册（销量）的合同。没想到这本书于 7 月出版时引起轰动，不断重印，据报道，共发行了 160 万册。回想自己曾是一个裤子上打着补丁、脸上带着自信的市少年宫小伙伴艺术团合唱队队员，1961—1966 年常参加少年宫的篝火晚会，我决定把《曼哈顿的中国女人》出版的第一笔稿费捐给上海市少年宫，后来又陆续捐赠了 150 万元人民币给边远山区人民，或用于祖国各项文化事业。

1978 年，我从北大荒返城以后，在文学阅读上，受到许多中国优秀作家作品的影响，譬如王蒙的小说，我还很喜欢路遥的《人生》和《平凡的世界》。我的自传体小说《曼哈顿的中国女人》写作过程非常顺利，百分之九十基于真实生活，百分之十属于文学润色，其实真实生活比书中写得还要精彩。譬如带 40 美元来到美国，我被介绍到美国食品业富豪家照看孩子，每周星期天下午随富豪夫妇坐直升机到纽约私人机场，再换乘私人小飞机飞往佛罗里达西棕榈温泉豪宅（与特朗普的海湖庄园同一条街，因为女主人六岁的男孩在那里的私立学校读书），每个星期五下午再随主人全家飞往纽约回到他在曼哈顿的公寓。打工生活让我想起《蝴蝶梦》《简·爱》这些文学名著，对刚到美国的我而言是一个极大的文化冲击，也让我了解到美国社会中巨大的贫富差距。

2012 年，泰坦尼克号沉船 100 周年时，我和妹妹就在歌诗达协和号豪华邮轮上，船启航不久居然就撞礁侧翻了，38 人罹难，我和妹妹逃过一劫，这个悲剧完全是"人祸"，目前那位意大利船长还在监狱里服刑。我根据亲身经历将这一事件的详情写下来，先在《解放日报》的《上观新闻》副刊上发表，后来收入《亲吻世界——曼哈顿手记》中。《曼哈顿的中国女人》荣登当年中国书展畅销书榜首，荣获文学界权威的《十月》长篇小说文学奖。后来，出版社又交给我成百上千热情读者的来信。在这本据说"家喻户晓"的书中，我写了我们这一代人的苦难与奋斗，写了改革开放的中国与世界的新架构，写了我们这代人不灭的理想、激情与勇气，在全国引发了轰动与剧烈反响。著名美籍华裔学者和文学评论家董鼎山认为，这部书"描述了一个时代，影响了一代人"。对这本书有不同看法，从学术讨论的范围看都是正常的，但也出现过不正常的声音。我在《鲁豫有约》访谈节目中讲了雨果在乔治·桑葬礼上的致辞："乔治·桑是善良的，受人赞美有一个替身，就是遭人嫉恨。凡是戴上桂冠的人都要受到抨击，这是一个规律。"我和乔治·桑相比是非常幸运的，除了极个别不值一提、令人啼笑皆非的非议外，我的第一部书不断被再版和重印，直到今天都很受欢迎。最令人高兴的是，30 年来，在中国和世界各个角落，我随时会遇见因为这本书改变了她或他的命运而热情向我倾吐的读者。我常想：我真是一位幸福地实现了理想的知青作家！非常巧，我不久前又收到一位著名旅美企业家的微信留言："周励，谢谢你，我就是看了你的书才决定到美国来留学闯荡的。"

《曼哈顿的中国女人》出版之后，我没有马上写第二本书，其中重要的原因之一，如海明威所讲："一个人一生中写一本好书就够了。"很长时间以来，我一直不想再写书了。原因很简单：苦难在《曼哈顿的中国女人》一书中全部写完了。我相信缺乏苦难的作品难以打动人心，我喜欢含着眼泪充满感动地写作。我想起陀思妥耶夫斯基的作品，他的笔尖总带有一种魔力，他塑造的每一个人物和事件都是一条通向人间罪恶深渊的坑洼小道，永恒的黑暗、疯狂、流放、监禁、死亡……可他笔下却是"从痛苦中产生美，用痛苦的烈焰温暖着他的时代和人世"。既然缺乏苦难岁月，那么我还有资格写我的第二本书吗？

大约是在 2000 年，我在瑞典诺贝尔奖颁奖大厅，一个人悄悄地走向讲台。我闭上眼睛，双手在胸前合拢，耳畔是斯德哥尔摩春天的鸽哨声……我亲吻了一下这个深棕色檀木的诺贝尔奖颁奖台。在这里，我敬仰的作家罗曼·罗兰、福克纳、丘吉尔、海明威、约翰·斯坦贝克、肖洛霍夫等拾级而上，来到这个讲台，正是为了催生一批又一批人类灵魂的挖掘者——新的作家啊！宇宙苍穹能够读出世代流传的文字，激动过的陌生心灵在古老又稍纵即逝的时空里一起轻轻吟唱，一页页书的扉页如占星师的魔法棒发出深邃的光芒，悄悄地改变着心灵和命运，这便是读者对作家的默默褒奖。在瑞典诺贝尔奖颁奖大厅，我为自己是一个用"人类心灵深处从远古以来就存有的真实情感"写作的身在美国的中国人而感到欣慰。

我收到了千百封中国读者的来信，许多人询问我是否有新作品诞生。在一个太阳冉冉升起的早晨，一位作家好友在越洋电话中对我说："你应当再写一本书。你要写一个女人的心灵世界，写你的美国生活，写中美之间的交流与冲撞，写与每一个读者有关的你的世界……"她热情的"力"，穿透了纽约的天空，于是我又拿起了笔。

第二本书《曼哈顿情商》

我第二本书在 2006 年推出。我想，既与我在美国的 20 年有关，又与每一位读者有关，那么就让这本书叫作《曼哈顿情商——我的美国生活与励志实录》吧。《曼哈顿情商——我的美国生活与励志实录》虽然是散文集，但从内容上，可以看作《曼哈顿的中国女人》的续篇，书中展现了我在曼哈顿 20 个春秋的真实生活场景。我在《寻找路易十四太阳王》一文中说："独自行走，尽情寻找我关心的古迹，历史与人物，这是我在美国 20 年最喜欢做的事情。"此语是我对这本书最好的概括。

我这第二本书，其中很重要的一个关

键词是"寻找"。寻找不同时代、不同类型的人物，对这些历史与现代人物作出不同评价与情感表达。在《寻找腓特烈大帝》的开头，我写道，作为德国人的媳妇，我常常伴随丈夫去德国探亲休假。从结婚一开始，我的兴趣就让麦克的父母和亲戚朋友们感到吃惊。我总是在老老实实地安静了几天，和大家一起吃够了德国香肠火腿啤酒后，告诉人们我必须离开。……有一次在酒窖的家庭聚会中，麦克的父母和姑妈让我把我在德国休假期间的个人计划念给大家听：寻找——（尽可能找到，哪怕一点足迹）音乐家：巴赫、亨德尔、海顿、贝多芬、莫扎特、舒曼、勃拉姆斯、舒伯特、门德尔松、约翰·施特劳斯、瓦格纳。宗教、哲学、文学及其他：马丁·路德、斯宾诺莎、康德、黑格尔、费尔巴哈、尼采、弗洛伊德、莱布尼茨、海涅、歌德、马克思、腓特烈大帝、路德维希二世、俾斯麦。我轻声地一个个念了那些名字，并请他们尽可能提供帮助。麦克的父母亲友们停止了开心地大吃大喝，几乎一致地叫了起来："朱莉亚！"从他们的目光中，我看到他们对一个中国女人的疑惑。他们每天看到我陪着小儿子和几个德国亲戚的孩子们欢乐玩耍，谁也不会想到我突然要离开，去寻找这么多几乎快被遗忘干净的人。

他们当然不会理解。在北大荒时……我已经深深感受到了马丁·路德与斯宾诺莎，我曾经怀着快乐之心阅读海涅那本了不起的《论德国宗教和哲学的历史》，怀着失恋之痛贪婪地阅读歌德的《少年维特之烦恼》。以后，来到美国后，又在纽约大都会歌剧院欣赏歌德的《浮士德》（古诺作曲）以及无数瓦格纳的歌剧……20年婚姻一晃而过，现在，每次去德国，麦克和他亲戚们都习惯了：我总会和他们一起愉快相处几天，然后像一颗子弹头一样射出，不见了踪影！

距离第二部作品又过去14年。

2020年，我在纽约又写了"曼哈顿三部曲"之三《亲吻世界——曼哈顿手记》。

第三部书《亲吻世界》

在自序里我写道："亲爱的读者，如果你爱好文学艺术和历史，爱好户外运动和探险，请与我同行——到一个与人类辉煌历史进行对话的安静世界去。"从曼哈顿出发，我追随自己的梦想探险南极、北极，探索攀登珠峰和马特洪峰。在风雪行旅和日夜兼程的难忘日子里，那些历史上震撼人心的时刻，譬如斯科特和阿蒙森的南极点竞赛，那些从希罗多德开始一代又一代历史学家与探险家对古埃及的伟大探索与不懈追求，一直激励我前行，也激励着我笔耕不辍。《亲吻世界——曼哈顿手记》第一部分是二战历史散文系列《被遗忘的炼狱：跳岛战役探险录》，主要根据近年来我对跳岛战役进行的实地考察而写成。我像考古学家一样去仔细发掘历史记载或有或无的实物与事件，并去硫磺岛纪念馆和美国国家档案馆考证核查，为的是探讨真实战争中的人性及狼性，有时甚至是人性至狼性的转换，解开鏖战杀戮背后不为人知的隐秘。今天的人也有可能变成狼。这个念头让我来回环绕太平洋万里冒险、田野调查，以便唤醒人们重新聆听"被遗忘的炼狱"的警世诤言：以史为鉴！在人类进入全球化时代的 21 世纪，在世界性疫情蔓延的严峻时刻，我在自序中写道："记得早春二月时，白天我与北美文友一起为武汉各医院张罗募捐运送口罩防护服，晚上万籁俱寂，我打开电脑开始写作，时常心潮澎湃地写到晨曦微露。"

我因在帕劳浮潜而开始对太平洋战争开展田野调查。我是个浮潜爱好者，20 多年来浮潜了太平洋、大西洋和印度洋多处。那时，我在帕劳海底看到日本军舰残骸、美军飞机残骸，一边浮潜一边担心：我会不会碰到日本神风特攻队飞行员的骸骨？我了解到，在帕劳的南端有一个贝里琉岛，那里曾经发生过激烈的战斗，而且这场战斗的惨烈程度和美军死亡的人数超过了硫磺岛战役。当时我跟导游讲我要去贝里琉岛，导游讲那个地方不好去，有美军墓地和日军墓地，中国游客从未去过。我坐上满是日本游客的船去了，船长讲："你是我看到的第一个中国人。"……在上海市作家协会举办的《亲吻世界——曼哈顿手记》新书发布会上，著名学者沈志华教授讲："我们搞二战史研究的许多人都不知道贝里琉岛战役，周励是用文学与探险发现，让冷酷的太平洋战争历史鲜活了起来。"著名文学评论家、复旦中文系原主任陈思和在《亲吻世界——曼哈顿手记》序言中写道："我们阅读周励的文章需要有足够精神准备，准备承受那种心灵的冲击，它逼迫我们重新穿越时间隧道，再去体验一场场地狱般的血与火的生死考验。这种冲击来自人类的理性精神。尤其是第一部分《被遗忘的炼狱：跳岛战役探险录》的六篇作品，被'遗忘'其实是被忽略……在世界战争的疯狂情绪支配下，狭隘的民粹主义者、军国主义者、复仇主义者……乌云密布，猖獗一时，他们的鼓噪声弥漫世界，而这个时刻，真正清醒的理性主义者最难坚守自己的精神阵地。就如第一次世界大战中，真正的英雄不是成千上万唱着战歌赴死的烈士们，而是法国作家《约翰·克利斯朵夫》的作者罗曼·罗兰，他祭出了'超越混乱之上'的人道主义标杆，为狂热的世人挽回一点做人的尊严。周励传承了罗曼·罗兰的理性精神，对于第二次世界大战的太平洋战争，她踏遍跳岛战役遗址，翻阅历史文献无数，写下了毫不煽情的文字：'从1941年12月7日到1945年9月2日，太平洋战争中盟军（包括中国）超过400万军人阵亡，2500万平民死亡；而轴心国超过250万军人阵亡，500万平民死亡。二战，给今天的人们带来太多的思考：以史为镜，以史为鉴。'"

这些年，我携带着文学传记周游世界，七次探索南极、北极，攀登珠峰大本营和马特洪峰。2017年11月26日，我抵达人类梦想的终极地之一：南极点。我感到了生命是瞬间，生命在高处。我迷恋上南极、北极，以及珠峰探险史和探险家传记，开始挑战极限，寻找欧美探险家的足迹。行走天下，边走边写，发表了大量探险文学作品和文化散文。

在美国，我是纽约罗斯福故居读书会所的成员，2017年跟着会所到法国波尔多参观酒庄和古堡。突然听说在100公里以外是孟德斯鸠的故居，我说我不去酒庄和古堡了，叫了一辆车子，径直开到孟德斯鸠故居。我在车子里就想到北大荒岁月，当时在北大荒白天种地，晚上看书。《论法的精神》里有一段话震撼了我："言语不构成犯罪，它仅仅栖息在思想，有时候沉默不语，比许多的语言更能表示意义。什么时候，

周励（前排中）登顶马特洪峰

把言语定为罪，那连自由的影子都看不到了。"我当时看了这段话，开心得不得了，觉得孟德斯鸠是我精神上的情人。这次我亲身来到了孟德斯鸠的故居，当年他就是在这座庄园里写了《论法的精神》！有心灵的地方才能觅见脚步，与历史人物对话，旅程才充满激情与乐趣。我在书中第三章大量书写了探险家阿蒙森、斯科特、沙克尔顿和理查德·伯德对我探索南极、北极的影响。抚摸着沙克尔顿的墓碑，念着英文墓志铭，尤其让我心潮起伏："人活着就是要竭力得到生命最好的嘉奖，而唯一的失败就是不再去探索。"

最后，我想以诺贝尔文学奖获得者索尔仁尼琴的获奖感言结束本文，这段箴言一直如晨钟暮鼓，激励我心："作家的任务就是要涉及人类心灵和良心的秘密，涉及生与死之间的冲突的秘密，涉及战胜精神痛苦的秘密，涉及那些全人类适用的规律，这些规律产生于数千年前无法追忆的深处，并且只有当太阳毁灭时才会消亡。"

我最近打算写曼哈顿系列第四部《曼哈顿似水年华》，以历史文化大散文形式，漫谈探险与阅读即遇见的历史人物给我的生命的启发。

作者简介

周励，美籍华人。

1950 年 11 月，出生于上海。

1969 年，赴北大荒兵团。

1972 年，读大学医科。

1985 年，赴纽约州立大学读 MBA。

1987 年，创业经商。

1992 年，发表自传体小说《曼哈顿的中国女人》，获《十月》文学奖，被评为90 年代最具影响力文学作品之一。

2006 年，出版《曼哈顿情商》。

2020 年，出版《亲吻世界——曼哈顿手记》，被著名评论家陈思和推荐为年度十大好书之一。

现任纽约美华文学艺术之友联谊会会长。

我和俞自由的故事

赵国屏

贫瘠中的科研

1969 年大雪纷飞的 1 月，我随上海一支激情昂扬的上山下乡"卫焦"战斗队，来到安徽蒙城的朱集生产队插队落户，在那里度过了在我生命中留下深刻印痕的 10 年。

我们年轻时受到的教育，学校、家庭、社会基本上是一致的。这个"一致"，包括了爱祖国、爱人民、爱集体、爱科学、爱劳动的"五爱精神"，包括了"世界是你们的，也是我们的，但是归根结底是你们的。你们青年人朝气蓬勃，正在兴旺时期，好像早晨八、九点钟的太阳，希望寄托在你们身上。"这样的时代使命感，构成了我和我的知青插队小组的基本价值观，能够抵御上海和朱集之间巨大的物质和精神差异。

朱集是个穷得吃不饱饭的地方，一百二三十口人，因为历史和宗族原因，分成好多派，互不信任，生存问题很严峻。把自己的生活搞好，把村里的生产搞上去，这是大家来之不易的共识。我们先努力了解农民，支持几位有公心、肯吃苦、能干活的中青年农民组成干练的领导班子。待生产有了起色，社员的积极性提高了，知青小组也渐渐有了话语权。

刚来时朱集小组总共8人，大都不相识。我们建立了团小组，由"出身好"的高中生俞自由担任组长。

1950年出生于上海的俞自由，其父亲是针织厂的普通职员。俞自由5岁时，曾随母亲在父亲老家宁波东吴镇住过两年。镇上的大庙小学中，3个年级的同学在一个教室里，老师轮流教课，俞自由统统看在眼里，到7岁时回到上海，按已有的文化知识，她直接进了三年级。所以比我小两岁的自由，后来也是六七届高中生。

赵国屏（右）和俞自由

转　折

朱集小组在建设新农村中的成绩，使我们成了远近闻名的先进典型，下乡第五年，俞自由担任了蒙城县委副书记。

我带着大家在队里干，俞自由常出去交流学习。下乡第三年，23 岁的俞自由当了大队党支部书记。年末，县水利局局长说，我这里还有 2 万元，看看还是你们能干事，拿去拉个电吧。拉电，就是给生产队架电线杆。通电，2 万元是远远不够的。为了"点灯不用油"的幸福生活，村民们热情高涨，说我们自己干。俞自由和当时与她同样瘦小的女知青胡蓉，带领全体男劳力，拖着板车到 380 里外的阜阳，拉回了 45 根电线杆。浩浩荡荡，背着杂粮馍，不避风雨，光返程路上就走了整整 4 天。俞自由说，那时的农民很讲纪律，一吹哨子，原地休息，用小木棍支起板车。

共同的理想，共同的奋斗，共同的爱好，使我和自由成为恋人。当时组织上不同意，说："俞自由，我们是要培养你的，怎么找了个出身不好的。"俞自由的父母也不同意，担心女儿要"嫁到大人家"，会不会受气？兴国路和高安路，我们两家虽相距不远，但按世俗的眼光，各方面都不在一个层次上。但我们相知相惜携手走了一辈子，无论顺境或逆境、富裕或贫穷、疾病或健康，始终以诚相待。

下乡时我从上海带去很多书，包括两本如《辞海》般厚的关于农业技术方面的农业丛书。后来又从被砸烂的公社中学图书馆中捡回了一批。有一次在县城新华书店，我把俞自由给我拿去理发的钱，买了一本《国外农业概况》。书本给了我知识和自信，我学会看图识天气，学会识别优良品种和因地制宜搞农艺。与当地农民多年一起胼手胝足取得收获的经历，他们教会我要把理想变成现实，光有书本是不行的。很多年后，在美国完成博士论文，撰写"致谢"时，我郑重地感谢了朱集全体农民给我的教育。

那时，朱集的插队小组，梦想着把贫瘠的淮北改造成富裕的江南，把我们朱集上海知识青年扎根农村的规划以《社会主义新农民的明天》为题，整理成文，登载在《文汇报》一个版面上。而我当时没有写在"规划"里的构想是："朱集的农业生产水平应该和《国外农业概况》里描述的差不多，而它的政治水平要跟大寨差不多，就要这个样子的！"

我的父亲赵祖康，是我国公路建设的泰斗，在上海解放前夕当过七天代市长，为大都市的平稳交接作出过贡献。书生报国，是他对子女的最大期许。只是一直以来，我属于"出身不好的可以教育好的子女"，我填表格时的"出身"一栏，总写着"伪官吏"。虽然关心我的领导，特别是知青办的领导，一直鼓励我入党，我却实在没有这个决心。

1976 年开春，周恩来总理逝世。始终在为人做事方面视周总理为人生楷模的我，递交了入党申请。不久，我被任命为朱集大队党支部书记。但是，后来的大环境，却不允许我再干下去了。我被视作"突击提干"分子而被免职。已担任县委副书记的俞自由，被要求写检查。我几次骑自行车，赶 60 里路到县城，替性格倔强的自由起草"检讨书"。

三十岁开始的求学路

1978 年秋，30 岁的我考上了复旦大学生物系。迟来的大学生活和对知识的渴求，使我开始了又一段刻苦异常的生活。毕业时，我已当选为复旦大学党委委员，学校领导希望我留校工作，业务和行政"双肩挑"。但我还是选择了专业深造，当时，孩提时要做科学家的理想变得很执拗。

我考上了中国科学院上海植物生理研究所（以下简称"上海植生所"）的研究生，又经植生所推荐考上中美生物化学联合招生项目，1983 年去美国普渡大学留学。两年后，为和我团聚，经历过政治风云大起大落的俞自由，辞去天长县副县长职务，也来到了美国。

普渡对研究生的基础训练非常严格，我刚去的时候，很不适应，一位教授曾认真地对我说："我们普渡是招不到一流学生的，但是，我们要把你们培养成一流的学生。"还在我蹒跚学步的年纪，我国著名核物理学家邓稼先就曾在此留学。我觉得普渡的大学课程设计和研究生培养体系非常好，课时不多，但必须课后狠下功夫才能真正掌握，这对于开掘学生的思维和独立科研潜质很有益处。逢考试，几十个教授都可以出题，图书馆里经常能看见来自各国的累得打瞌睡的学生。

我的导师是美国人，比我大了不过十来岁，常会从培养学生能力和将来发展的角度要求我。当我遇到问题时，可以向所有的导师求教，有些导师比我年纪还小。对知识和科学研究的喜爱，使我养成了时时处处不懂就问的习惯。我的导师也会指点我，某个问题哪位教授有研究，你可以去问他。其他教授对我们也是无话不谈，有时甚至会说，你导师在什么地方思路有问题，这个地方你就不能听他的。导师曾建议我选"生物化学过程中有机化学机理"，一门似乎与我当时的博士论文研究不那么相关的课程，但是，"将来对你一生的事业可能是有用的"，导师说。这门课，我读得很辛苦，得了个 B。但是，近 20 年后，在听取一位从事生物有机化学研究的年轻科学家的报告时，联想到当年学习这门课的内容，我才真正领会了老师的苦心，心中充满感激。

数学加英语共 1000 分就行了

俞自由无论是之前的人生路还是她的美国求学路，都颇有传奇色彩。

自由小学没学过汉语拼音，中学学的是俄语，英语没有基础。到美国那天，我去接她，在汽车上试着问她英文字母表，她背到 H 就不知道下面是什么了！要在美国生存下去，语言是第一关。自由以她惯有的刻苦精神，去教堂学；替人家带孩子时和小孩子一起看英文《芝麻街》学；去餐馆打工，她学到了更多的英语词汇，却也尝到了受雇于人的酸甜苦辣。她曾说："我去读书就是为了不再洗盘子。"但是，跨过人生沟沟坎坎的自由，心里的标杆是要读研究生。

可是，她的英语水平能念什么呢？她想在自己长期搞农村经济的特长基础上，尝试进农业经济系，攻读硕士学位。此外，自由中学的数学基础比较好。而她在天长县当副县长时，已经在复旦上学读书的我，就把自己在大学学的微积分教材和习题都给了她，她每天晚上 10 点以后开始做习题。所以，去美国之前，她的数学已达到了大学程度。由于数学是经济学的基础，而学数学对于英语的要求又是相对较低的。所以，她计划从选修高等概率统计入手，再修一些经济学的课，应该比较容易。

当然，那时修课全靠自费，压力很大。再说，是否能学好，把握也不大。所以，自由就去与教高等概率的教授商量，先不注册旁听，但是参加考试，如果得分在 B 以上，则下学期注册这门课，但不去上课，用上学期考试成绩拿学分。而自由就可以去旁听另一门经济学的课，也是先旁听考试，再注册拿学分。当然，她这样读得非常辛苦。有次去考试，走着走着腿都软了。我扶着她，在教学大楼外的楼梯上歇了一会，不断鼓励她一定去考，要自信能够考好。她后来说，这也真与"送郎上战场"差不多了。但正是这样，自由在三个学期内，每学期作为 part-time 学生，注册 1—2 门课（相对学费负担低），却以门门 A 的成绩，拿到了高等概率统计、宏观经济和微观经济三门农经系研究生最重要基础课的学分。

此时，她已经比较自信了。她用自己不怎么样的英语去找农经系主任谈攻读研究生的问题。不巧系主任出国去了，一个副系主任在代理，他对自由的独立性和在中国有很多农业经验非常感兴趣。但是，自由是连大学文凭都没有的，如何能进研究生院，还要去找研究生院商量。碰巧，这个副系主任的太太就是研究生院的副院长，她了解情况后，就提出了"考过 GRE，当一学期全职学生（修两门经济学的课和一门英语课）"的方案。那么，怎么通过 GRE 呢？这位副院长说，就是数学考 500 分，英语也考 500 分。我说，我可以保证她数学一定不止考 500 分，但我同样保证她英语是一定考不到 500 分的。那位副院长想了想，说：那就数学加英语共 1000 分。结果，俞自由的数学考了满分 800 分，英语考了最起码分的 200 分。那位研究生院副院长得知消息，很简单地说，你加起来考 1000 分就行了，我们说话是算数的。之后，自由花了一学期把那些课修掉，被研究生院录取，开始在普渡大学农业经济系攻读硕士研究生。

比翼双飞

入门的传奇性，并没有丝毫减轻自由攻读的压力。普渡大学的农经系在全美排名第二，课程设置很全面，要求也严格。自由入学之后，依然担心某些课难修。但是，自由平时与师生交流甚广，人缘好，系里教授和工作人员都愿意帮她想办法。让她基本上还是采用先旁听"试考"再注册拿学分的方法，用一年（两学期）的时间，拿满了所有修课学分。这样，由于提前完成了修课任务，第二年就容易找到助研的工作（也就是拿到资助）。

普渡大学农业经济系的硕士研究生，除了必修数学之外，只有一门专业必修课，即"经济学史、研究方法和农业经济政策"，几乎囊括了经济学特别是农业经济的一切。从古希腊到古典时期（亚当·斯密、李嘉图，还有人口论马尔萨斯）经济学史开始，但不是"象牙塔"中的经济学，而要学习经济学的研究方法，包括当下美国经济面临的现实问题。比如，美国一部分畜牧业是在草原上放牧的，而草原上有属于保护动物的会啄食幼畜的鹰。于是，如何在保护畜牧业的同时，不过度伤害到自然环境中的鹰，这个政策该怎么去制定，又该如何执行？当然，为了学习科研的思路和方法，以及统计学方法，甚至要阅读华生的《双螺旋》这本书。而整个的教学方式，经常就是挑选原文中的一个章节要你去读，然后，让学生按照当下的情况和观点，写出自己的体会。自由每个周末都要写一篇英语的论文，我帮她克服英语困难，也由此学到了很多经济学的知识。

尽管读书几乎占据了她所有的时间，自由依然尽可能积极参与和组织留学生、华人华侨和社区的各种活动。

在美国，我常去农庄和农民一起干活。有时是为了大考后的释压，有时是陪自由去做论文调研。对美国农村和那里人民生活的真实了解，使我们拓宽了视野，和自由时时忆起的朱集农村，隔着太平洋，似乎近在眼前。

1990 年，我获得普渡大学生物化学博士学位，1992 年，自由获得普渡大学农业经济博士学位。

生命科学家的启程

我俩先后于 1992 年和 1993 年回到了祖国。

我 1992 年回到上海，先是在中国科学院与美国 Promega 合资的上海普罗麦克公司，当首任生产经理，承担从负责建立生产流程、质控质保体系到新产品研发和客户答疑等与产品有关的一切工作，后来与俞自由一起培训公司会计，建立与美国公司接轨的成本会计体系。我们在两年内将一个从零开始的分子生物学试剂公司，办到了有内外销产品、有市场运行、有正规财务管理，并初步实现盈利的合资企业。20 世纪 90 年代初，中国从事基础研究的科研机构，科研条件极差，我找到这个较为有利于发挥我作用的工作起点，利用公司的条件，为国内的研究生举办分子生物学实验短训班，也招收一部分高校毕业班的学生实习，实实在在帮助了中国青年学子迅速掌握国际分子生物学的先进技术。

　　1995 年 1 月，应导师焦瑞身召唤，我回到中国科学院上海植生所，继承了导师自 20 世纪 50 年代初回国后开创的微生物代谢与次生代谢的基础和应用基础研究实验室，以及由他开创的放线菌氮代谢全局调控的研究体系，全面引进国际分子遗传学和分子生物学的前沿技术和研究理念，并积极参与我国生物技术和生物工程的研发工作。同时，我在焦瑞身、杨胜利、李载平、李季伦、闻玉梅等老一辈科学家的支持下，积极参与中国微生物学会、中国生物工程学会及中国科学院生物技术专家委员会的服务工作，拓展了自己对生命科学研究领域的战略视野。

　　1997 年，我担任了中国科学院生物工程研究中心主任。当时，国际人类基因组计划已经进入快速推进的阶段。同年，在一批老科学家的支持下，我被任命为国家 863 计划生物技术领域专家委员会委员，与其他委员一起积极推动了国家人类基因组计划的立项。1998 年，中国科学院"九五"特别支持项目、知识创新工程重大项目"人类基因组和后基因组研究及重要疾病基因的开发利用"正式立项，我与李载平、裴钢院士共同担任首席科学家，从此，迈入了基因组研究的全新领域。那时，我正当"知天命"之年。

　　当时国际人类基因组计划的内容是绘制人类基因组的遗传图谱、基因图谱、物理图谱和序列图谱，重点是通过 DNA 测序的方法，绘制完整的人类基因组序列图谱。中国启动人类基因组计划之后，参与了国际人类基因组计划，承担了完成人类基因组 1% 的测序和识别人类表达基因的 1% 任务。中国科学院的人类基因组特支项目，则从功能基因和致病基因的鉴定入手，以孟德尔遗传疾病基因克隆和重要功能基因（包括疾病相关基因）的 cDNA 克隆及鉴定为主要切入点。同时，我以自己的微生物专业背景为支撑，整合国家人类基因组南方研究中心及中国科学院上海生命科学研究院，在两个国内最先进的平台上，积极开展了微生物基因组测序、转录组和生物芯片、蛋白质组、基因功能的实验动物模型检测，以及生物信息学的研究与开发工作。

　　对于从事分子微生物学和蛋白质分子生物学多年的我来说，在进入 50 岁的短短几年内，去实施这样一种科研方向的转型、科研角色的转型，不但是艰难的，而且失败的概率极大。我那时去参加一些关于基因组研究的会议，不要说作报告，就连听报告，也有很多听不懂。一些基本概念，甚至只能在饭桌上问问。有些内行的专家，干脆就说："你这就是中学生的水平！"

　　是什么让我放下个人的患得患失，下决心走上了这条"不归之路"的？我心里深藏着鲁迅《热风·随感录四十一》中的一段话，"愿中国青年都摆脱冷气，只是向上走，不必听自暴自弃者流的话。能做事的做事，能发声的发声。有一分热，发一分光……"就是这"有一分热，发一分光"，让20岁的我下决心到最艰苦的农村去，追求自己"十有五而志于学"的生物学。也就是这句话，让50岁的我，认识到了研究基因组的"天命"。

　　我带领团队人员，在2年内取得了突破性成果。2001年，《自然·遗传》杂志在发表我们与人类基因组北方中心撰写的两篇有关Ⅱ型乳光牙疾病基因的论文时，评论说："这两篇论文的发表，意味着定位克隆已不再是西方科学家的专利。"2002年，我担任国家人类基因组南方研究中心执行主任，主持完成了问号钩端螺旋体全基因组测序和注释，论文入选2003年《自然》杂志纪念DNA双螺旋结构发表50周年的专刊。

　　2003年，我与广东省疾控中心合作，组织了境内外十几个科教单位、数十名科研人员，开展"非典"SARS的分子流行病学研究，于2004年年初在《科学》杂志上发表论文，阐述了SARS早期到晚期流行中病毒的分子进化规律。此后，我进一步在《美国科学院院报》、美国《生物化学》杂志上发表一系列论文，跟踪疫情发展趋势，深入探讨从动物到人，再到人传人的分子机制。这些科研成果为人畜共患传染病的防控提供了理论依据，也为应对新发突发传染病组织多学科交叉综合研究提供了新的范式。该成果荣获2006年度上海自然科学一等奖。

　　2005年，我当选为中国科学院院士。之后，我继续在生命科学领域开拓新的研究方向，建立新的研究平台。

　　2009年年中，自由突然被查出罹患肺癌晚期。数月中，62岁的我每天陪护在妻子身旁，不放弃一线希望地寻找比对治疗方案。夜深人静时，还要修改不容停滞的学术论文。在自由生命最后一个月里，也就是在2010年3月的一个晚上，我在她的病榻边接到电话，得知我与同行合作，研究揭示代谢酶乙酰化活力调控是生物体中普遍存在的全局调控机制的论文，被《科学》杂志接受了。病床上的妻子露出了笑容。2010年3月29日，自由病逝。我因悲伤与劳累过度，留院治疗做了冠状动脉支架。几天后的追悼会上，除了家人，还来了六七百位自由生前的同学同事朋友，其中很多是当年一起下乡的知青。我说："你给我留下了太多太难的任务，从家庭到我的科研，你都有期盼。我会带着你的爱，学会坚强，有尊严地活下去，去完成你交给我的任务。"

2008 年，我组建了中国科学院合成生物学重点实验室，率先在中国建制化地开展合成生物学研究。此后，经 10 年"凤凰涅槃，浴火重生"，至 2018 年，实验室成功构建首例"单染色体啤酒酵母"，实现了人参稀有皂苷在酵母细胞工厂中的生产，取得 CRISPR-Cas12a 核酸检测技术突破，获底层专利等一系列重要成果。2016 年，我在中国科学院上海生命科学研究院组建生物医学大数据中心，坚持不懈地为生物医学大数据治理体系的建设做好基础性的科学工作，并以此推动国家生物信息中心及其地区枢纽节点的建设。

任职香港岭南大学

俞自由 1993 年回国后，先后担任上海交通大学经济管理与决策科学系副主任、主任，上海交通大学经济管理学院常务副院长等职，积极引入国外先进的教材与教学方法。她通过与保险公司和保险业务培训机构的结合，建立保险培训中心，率先将美国保险业先进经验和 LOMA 寿险管理师考试引进中国，并在汪道涵同志和中国一批金融界前辈的支持下，创立中国保险与社会保障论坛。

1998 年，俞自由受聘香港岭南大学管理学院副教授。岭南大学重视她在大陆丰富的社会实践经验和美国普渡大学农经系博士研究生的教育背景，俞自由参与创建了岭南大学财务及保险系，致力于金融投资风险分析和保险市场的教学与研究。当时，中国改革开放态势如火如荼，金融和保险市场及风险投资拥有巨大市场，俞自由在科研和教学中，重视国内金融保险和风险管理实践的紧密联系，得到了包括国家自然科学基金和福特基金在内的多项研究资助。她也善于将国际和中国香港的资源与上海地区大学的研究生培养相结合，让学生了解保险研究的最前沿。她指导和培养的一批金融保险专业的硕士与博士研究生中，许多人已成为政府部门、教育机构及各类金融保险机构的管理和研究岗位上的领导和骨干。

2001 年至 2003 年，俞自由参与组织亚太风险和保险学会，并两度担任学会主席，先后在香港和上海两地组织年会，推动了中国保险学界与国际同行的合作。

在香港任职的 12 年，是自由又一段奋力拼搏的人生。刚去时，因为完全要用英语教学，备课压力很大，她几乎把每一句话都预先打了草稿。为了应对与学生沟通中的语言障碍，还设计了一些应急手段，每一个细节都"不敢怠慢"。她希望学生的学习能着重于应用而非应试。千夫诺诺，不如一士谔谔。她希望学生有理解能力，会独立思考，有交流沟通的能力，有从海量信息中感悟本质的灵感，能有批判、反思、总结、推理、选择等能力。她说搞经济的要见危知机、转危为机，这些靠照本宣科是远远不够的。

2010 年 3 月 29 日，自由因患肺癌辞世。4 月 6 日，岭南大学的系主任，一位学养深厚的美国学者，兼程和同事赶来上海，参加了六七百名当年知青和她的学生、各阶段同事来相送的追悼会。岭南大学在学校的教堂举行了追思会，她的同事们怀念她给大家带来的欢乐，称她"执著于真理，又善解人意，并敞开心胸与人讨论"，"是极少数会对学校高层的政策及决定直接表达不同意见的人士之一"，"从工作里爱了生命，就是通彻生命最深的秘密"。大学对于她从不虚度光阴，努力奉献于社会的人生，给予很高评价。

永远在路上

近年来，我经常给社会各界讲述自己"为了生命科学的人生"，将之视为科学家的义务。我希望以自己成长的经历，启迪下一代人，如何做科学，如何做科学人。

在 2006 年度上海自然科学奖颁奖大会上，作为获奖者，我在发言中说：

"我从小就热爱自然，热爱生物和生命科学。我特别感谢在童年和少年时代所接受的'爱祖国、爱人民、爱集体、爱劳动、爱科学'的'五爱'教育，它使我将对生命科学的兴趣与为人民服务、为祖国争光的理想结合起来，使我的爱好和兴趣有了理想的基石。正是这一理想，支撑我在批判'成名成家'的年代里，坚持学好数理化；在上山下乡的青春年代里，坚持学习农业知识和开展农业科研；在被错误处理的形势下，努力学习，30 岁考入复旦大学，35 岁通过 CUSBEA 考试留学美国。此后，还是这一理想，让我学成回国，让我在十多年的时间内，从企业到研究所，从微生物到人类，从科研到管理，不断改变我的地位和角色，不断学习新的知识，接受新的挑战。说到底，这都是为了一个理想，为了一个梦，希望我所从事的科学工作能为我所深爱的人民带来幸福，为国家带来尊严和荣耀。"

　　直到今天，我依然带领我的团队，和一大批同事们、同行们一起，奋斗在路上。

作者简介

　　赵国屏，已回沪。

　　1948 年 8 月，出生于上海市。

　　上海位育中学六七届高中毕业。

　　1969 年 1 月，赴安徽蒙城县务农。

　　1976 年，任楚村公社朱集大队党支部书记。

　　1978 年，考入复旦大学生物系，1982 年毕业。

　　1983 年，赴美国普渡大学深造。

　　1990 年，获生物化学博士学位。

　　1995 年，进入中国科学院，历任研究所副所长、工程研究中心主任、研究院副院长、研究所党委书记。曾兼任国家研究中心执行主任、大学系主任等职。

　　2005 年，当选为中国科学院院士。

　　2011 年，当选为第三世界科学院院士。

　　2022 年，当选为美国微生物学会会士。

从新疆赴美"学农"

庄 崚

改革开放之初，为了加快实现"农业现代化"，党和国家曾派出数批主要来自全国农垦系统的青年农工和技术人员远赴美国及加拿大的农场和大学研修。

这批青年和常规的留学生不同，他们大部分时间在国外农牧场参加劳动，以自己的劳动收入支付假期中在大学的研修费用和自己的日常生活费用，是名副其实的"勤工俭学"。当年我有幸成为其中的一员，亲身见证了这段承载着"中华民族伟大复兴"崇高使命和时代特色的难忘岁月。

婚礼上收到加急电报

1978 年 10 月底，新疆生产建设兵团秋收基本完成后，我和爱人杨建军，在连队粮食晒场上乘坐拉运玉米的卡车前往库尔勒，再到吐鲁番换乘火车，经西安、北京、天津、南京回上海旅行结婚。

在途经北京参观军事博物馆时，我们曾以车进车出的京西宾馆为背景照了一张相，后来才知道，为党的十一届三中全会奠定基础的中央工作会议正在那里召开。

我的岳父杨大成，是上过"抗大"的英勇善战的老八路；岳母许纯贞，是王震将军于 1950 年从长沙招收的女兵。后来曾为她们拍摄过《生命的火花》《八千湘女上天山》等电影和纪录片，岳母是湖南女兵中的一员，很有些传奇色彩。

1978 年 12 月初，我们回到上海，婚宴订在上海福州路上的杏花楼。母亲对此特别上心，先去了两次。因其时改革开放尚未揭开大幕，订了当时算有点超规模的 3 桌，还被店方再三叮嘱要尽可能低调，否则"遭冲击责任自负"。

赴婚宴时我仍穿着一身农场发的绿军便服，建军仅穿了一件红上衣。不过那天穿着红上衣的漂亮姑娘还有好几位，以至于有好几个到厅门口探头探脑张望的客人，吃不准哪一个是新娘。

正在敬酒过程中，却闯进一位穿着绿色制服的邮递员，说："谁叫庄峻？加急电报。"原来那位看上去已有四五十岁的邮递员非常有责任感，将电报送到我家时

庄峻的结婚照

无人签收，见电报封面上写有"加急"二字，问邻居后便骑着自行车直接赶到杏花楼。

谢过邮递员，打开电报，是农二师二十一团宋国祥参谋打来的，上面写道："师团已推荐你参加全国农垦选拔赴美学习考试，接电后即刻返回赴乌鲁木齐兵团司令部参加选拔考试。"

全家人的目光都在"赴美"两个字上久久停留。虽妻子是老八路家庭出身，但当时在一机部工作的我父亲，抗战时曾在国民党军委会西南运输总处当过运输科长、专员，还是国民党员；更有甚者，我的伯父一家在1949年5月，于隆隆炮声中从上海龙华机场飞往我国台湾。这对原来考大学都受限的我而言可能吗？尽管如此，大家还是支持我立即返回。

到新疆的火车票一直很难买，好在设在北京东路的售票处不算远。我从杏花楼直接赶到那里想碰碰运气，不行的话再到老北站等退票。赶到窗口前一看，七天内的票已全部售完，这本是意料之中的事，我正准备出来，不料有人在喊："两张明天乌鲁木齐硬座票，有人要吗？"我赶快要下一张。第二天中午，我就登上开往乌鲁木齐的列车。

在乌鲁木齐市东风路考场举办的初试包括英语、驾驶等课目。我这个靠进新疆前在上海市北中学所学得的英语底子，和在农场中自学拖拉机驾驶的"三脚猫"功夫勉强通过。因为那时我们的英语总体水平普遍较差，为了赴美后能更好地研修学习，农垦部还要对我们进行强化培训并复试。

1979年3月，我和王志耕、陈永强、张赴先等10名新疆生产建设兵团的学员，来到设在上海奉贤星火农场原上海市商业干校校区内的农垦部外训班报到。在部里派来的刘汝洪和李维克两位班主任和上海市农场局教卫处处长何士良等带领下，周叔余、蒋老师等诸位师长同我们一起吃住在条件艰苦的干校中，不辞辛劳，竭尽全力对我们精心培育。

老师和同学对我们这些来自西部边陲的学员格外照顾。当时英语听力对我们来说是一大拦路虎，整个外训班一共只有几台可放磁带的录音机，晚上就放在教室中供大家灌耳音。管理这些录音机的小许总是优先将录音机给我们新疆学员使用；上海、北京、浙江正在听的同学一看我们进去，都马上站起来让我们。我们也勤学苦练，慢慢赶了上来。老师和同学之间的师生之情和同窗之谊，也成为我

新疆生产建设兵团 1980 年赴美勤工俭学的 7 名学员，前排中为庄峻

们人生旅途中感激与珍藏的对象。

一波三折的艰难政审

　　依照国家农垦部和美国国际农民教育协会签署的协议，美国国际农民教育协会会长雅玛拉森一行，于 1979 年 9 月到上海验收外训班培训的成效。

　　我作为学员代表之一参加了这次会晤。在较详细地介绍了美国农业的概况和优势后，雅玛拉森提出听听学员的自我介绍，谈谈赴美研修后想学些什么，并欢迎提些问题。

　　前面的几位同学都讲得很好，轮到我发言了，我问道："Are there any weak spots in American agriculture（美国农业生产中有什么弱项吗）？"

　　雅玛拉森显然没有想到有这么一个问题，但他稍停顿一下后就微笑着回答："Good question，this is waiting for you to find out by yourselves while studying（这是个很好的问题，正等待你们在学习的同时自己去发现）。"

　　鼓掌声中，会面结束了。雅玛拉森步出会场，走到我跟前时停了下来，说道："If you could come, I'll give you an opportunity to observe, but just in 3 months,

OK（如果你能到美国来，我将给你机会观察，不过仅限于三个月的时间，等着你的答案，行吗）？"

临近结业，学员们被安排到瑞金医院进行出国体检，查出我的血压偏高。何士良处长得知后，就在周六下午专门要车，带着我又一次从奉贤前往市中心复查，结果还是高。医生就叫我到隔壁一张病床上躺下。何处长就一直坐在旁边陪我，要我不要讲话，静卧，心情放松。过了半个小时左右出去又量了一次，还是不行。

窗外的天色慢慢暗了下来，我站起身说："谢谢老师和医生，我们回去吧。"何处长却一脸轻松地说："不是比刚才低了一点吗，再躺躺。"他要我躺好，走到外间关上门，我听见他好像用医生桌上的电话给家里打了个电话，要他们不要等吃晚饭什么的，然后同医生讲述起赴美勤工俭学的由来及意义。又过了一会儿，女医生拿着血压计走进来，要我躺着别动，再次测量，结果通过了，医生便在表格上签了字。我到如今还是不清楚，当时到底是血压真的下去了，还是医生被这一改革开放之初的创举及何处长的精神感动而放了我一马。

但与体检相比，"政审"更是难上加难。"人贵有自知之明"，父亲是有着"历史问题"的国民党员，伯父伯母在中国台湾，堂兄堂嫂在美国。当时情况下，如果哪个单位派到美国或欧洲的人跑了，是必定会严厉追究的，特别是追究推荐人与决定人的责任。

但是写着"该青年技术员（实际上我当时是助理技术员）自1965年从上海支边进疆后一直安心边疆建设，劳动中能吃苦，十多年来，包括在"文革"期间从未缺过一天勤，多次被评为五好工人，还能抽出时间学习和应用农业科技……"等内容的鉴定，经连队、团场、师部一级一级签字盖章后被送到兵团司令部。

由于情况比较特殊，拟选派的报告又被上报给农垦部。最后赵凡副部长一锤定音："周总理早就说过：家庭出身、社会关系还是要看本人表现，要相信我们的农垦青年。"春节前，已回到农二师二十一团工作的我，接到了来自北京批准我赴美研修的通知。

实际上，父母对我的政审不抱希望的程度比我还要高得多。乍一听我有可能被选送去国外，特别是到美国研修的消息，父母当然喜出望外，但仔细想想，又觉得怎么可能。

当时刚刚开始改革开放，连上海这样的大城市公派出国的人还是凤毛麟角，怎么可能轮到远在天山脚下戈壁滩上的我呢！所以为了怕我期望太高，失落后的打击会更沉重，父母刻意淡化赴美之事。在婚礼上听到要我回新疆参加选拔的通知后，他们甚至在上海9个月的外训班期间，基本不与我谈及这个话题。

现在赴美研修终于变成现实了，面对这一当时有点近乎"天方夜谭"的通知，父母内心的喜悦远超过我自己。虽然还是早春时节，我和我的全家却亲身体会到改革开放的春风已度玉门关。

50 名"农工"踏上美利坚国土

同期赴美的青年农工一共只有50名，却来自全国16个省、自治区、直辖市。其中新疆7名：张赴先、林任凯、王志耕、宋马列、陈永强、庄峻、符鹤年；黑龙江7名：程善刚、谈克农、章力建、肖延生、梁玉强、孙贵玺、龚贤益；上海6名：苏嘉义、石立、孔太和、宁永健、李道广、沈宝发；浙江2名：韩辉、谢经元；江西4名：丁金生、张长雄、王其中、闫炳钢；河南1名：张新风；河北1名：张俭英；湖北3名：毛智贵、陈贻玖、荣瑞林；广东4名：王胜贤、黄良国、曾帮葛、黄遥宝；广西2名：何庆强、顾念恩；北京2名：姜守昌、刘仪安；内蒙古2名：胡噶桂、伊兰贵；吉林2名：柴广田、徐卫东；辽宁2名：田家瑜、杨盛民；宁夏2名：帖汉、初敬桐；四川3名：赵爱思、宋家照、吴荣恩。

同伴中以当时上山下乡的知识青年为主体，还有部分学农的青年大学生。我们的领队是孔太和和王志耕，研修方向包括粮食作物、经济作物、畜牧、农业机械、管理经营等五大领域的30多个专业。

1980年3月，我们到北京万寿路农垦部招待所集中准备出发。中美双方都相当重视作为邓小平访美成果之一的这一交流。美国驻华大使特别在三里屯的大使馆内为我们举办了饯行鸡尾酒会。农垦部赵凡副部长代表中方出席，伍德科克大使则端着酒杯到处"Cheers（干杯）"。不知什么时候，大使走到站在宴会厅一角的我跟前，笑容可掬地自我介绍："在下是'树林中的公鸡'（他的英文姓Woodcock的本意），我也是一个农民。"我听了首先质疑自己的耳朵，因为20世纪80年代初的"农民"，意味着没有"单位"、没有工资、没有商品粮、没有城市户口。后来经考证，才相信他并非故意示"酷"，就连我去美国时正担任总统的卡特也可算大半个种花生的农民。

那时，还没有从北京直飞美国的航班，我们经日本东京成田机场转机来到大洋彼岸，开始了为期一年的研修。

中国驻旧金山总领事胡定一和夫人来到萨里那斯看望我们，并送我们奔赴遍布全美国各州的研修农牧场。雅玛拉森会长因在国外未能前来，但美国国际农民教育协会的工作人员雷顿唐一见面就微笑着问我："你就是那个与会长打赌的学员吗？"我连忙否认。他大笑说"开个玩笑"，并告诉我："会长说他信守承诺，给你三个月时间深入美国农业首屈一指的加利福尼亚各类农场看一看，希望能有所收获。"

按照协会的安排，当年 4 月至 6 月，我前后去了加州 12 个农场及相关机构，包括中部的全机械化小麦农场、葡萄种植园及酒庄、北部的奶牛场和种子加工厂、南部的棉花农场及柑橘果园等。一个农场一周左右的时间，主要是听取农场主介绍并参观，并参加二至三天的田间劳动，临走前再简单座谈。雷顿唐带我去了最前面的几个，然后有的是下一个农场的主人来接，或者我搭乘"Grey Hound（灰狗巴士）"自行前往。

这些农场主都是加州农协的会员，对我这个来自遥远东方的中国青年农民非常热情和坦率，自豪地带我参观他们的农场或牧场，好几位还陪着我参加劳动，详尽地介绍和直率地回答我的提问。

别杰格父子叙述了自己家族从欧洲来美国务农的经历及体会，费许先生和夫人邀请我参加他的生日派对。在此期间，国际农民教育协会还安排我前往加利福尼亚大学戴维斯分校参观被称作"农业硅谷"的"种子生物技术中心"，到伯克利分校听系统工程学术讲座等。

通过实地调研，我感到正如雅玛拉森所介绍的那样，美国农业生产在集约化程度、机械化生产效率、种子的标准化、农业技术服务等方面确有许多值得学习借鉴之处。但我也发现了几项弱点：一是生产中太耗能源，特别是汽油；二是少数农场存在水土流失及因化肥施用过多而造成污染的现象；三是部分农牧场主的下一代不愿接班，致使农场面临出售。

1980 年 6 月底，雅玛拉森在萨克拉门托听取了我的汇报，对我的心得点头赞许，并鼓励我用英语写成《一个中国农民对加利福尼亚农业的观察》一文，后由他推荐给著名美国农业杂志 *Red Wood*，并于 1980 年 10 月发表；临别时，他还赠送给我一本由知名农业环保学家弗·卡特和汤姆·戴尔所著的 *Topsoil & Civilization*（《表土与人类文明》）。

我赴美申报的主要研修专业是甜菜和农业系统工程。7 月初按照预定的计划，我独自一人乘坐长途巴士来到美国中部爱达华州勃立市（Burley）小有名气的皮埃森甜菜农场。

皮埃森农场是一个典型的家庭农场，规模不算小，有近 2000 英亩（合 1.1 万多亩），相当于我们团场中需一百多名农工管理的一个连队地域那么大，但整个家庭农场的主要经营和管理均由皮埃森夫妇与他们的小儿子夫妇完成。

对于甜菜我并不陌生，新疆是我国主要的甜菜产区之一。每当定苗、锄草、施肥、喷药时，田里一眼望去全是人；收获时更是人手一把坎土曼奋力挖掘，场面颇为壮观。但在这里，这些作业全是用机械完成的。

在美国当一个农民并不简单，皮埃森和他的儿子不仅要懂甜菜栽培诀窍，还要会操作和保养不下于 10 种农业机械。夫人和小儿媳妇则不但要做好后勤及财务，而且农忙时节也要下地。

在一起赴美勤工俭学的同伴中，我的动手操作能力是比较差的。我深知自己的短处，便"笨鸟先飞"，早上早一点起来帮做一些机具擦洗等准备工作，白天将新疆养成的睡午觉习惯改掉，精神饱满地认真做好每一项交办的工作，晚上再补学各类机械说明书。

我就住在皮埃森家中，和他们同吃同住同劳动，目睹他们工作日的辛劳。每逢周日，他们全家一起西装革履穿着整齐去教堂上"Sunday School（星期天学校）"。过年过节时，在外的儿孙从西雅图、波士顿赶回，20 多人的三代大家庭亲密无间。

1980 年 8 月中旬，我们在美国中部研修的 10 名学员，一起到我所在的爱达华州立大学农学院斯耐克研究中心进行理论培训。在听取研究员讲课和实地参观的同时，大家兴奋地交流了各自心得。

在犹他州盐湖城附近杨百翰大学试验农场的王志耕，讲述了他学习美国先进农业科技和粮棉经济作物综合性农场经营的收获；在家庭农场中的孔太和，则提出了当时国内还较罕见的家庭农场的系列借鉴之处；陈永强分享了对特大型机械化养鸡场效率的分析；李道广和宁永健总结了驾驶美国大型农机进行作业的注意要点，提出了在新疆和黑龙江大型国有农场中先试农业航空作业等建议。综合起来，大家都觉得收获颇丰。

转眼秋天来临，当地气温下降很快。如果甜菜收挖不及时，含糖量就会下降。于是我们清晨5点顶着霜露，开着小拖拉机下地为收挖机清道平渠，8点回来吃简单的早餐，然后带着皮埃森夫人为每个人准备的午餐三明治和可乐，开始正式收挖。

皮埃森负责调度指挥并充当机动工，他的二儿子和雇来的临时工驾驶甜菜收挖机，我和其他几个工人则开着拖车跟在收挖机左侧的输送带旁，负责接收挖出的甜菜，集满后开到田边公路上交给速度较快的大拖拉机，将一车又一车堆得高高的甜菜拖斗直接运往数十英里外的糖厂。

午餐没有固定时间，多数是在皮埃森为收挖机简短保养时坐在驾驶座上吃的，而皮埃森和他儿子往往将三明治匆匆往嘴中一塞。这样一直要忙到晚上7点过后天完全黑下来才收工。一天下来足足要工作十三四个小时，累是累，但更多的是丰收的喜悦。

在抢收过程中，我发现各道工序所需时间不等，有时会出现空转等候情况。我就根据在新疆兵团连队中当班长时进行"劳力组合"的实践经验，并结合"线性计划"原理，提出了一些改革建议，皮埃森听了很高兴并马上采纳。

收获完成后，我要离开农场前往全美著名的萨里纳斯甜菜育种站，进修远缘杂交和辐射育种技术。皮埃森在给国际农民教育协会的鉴定中称我是"Model worker（模范农工）"。但我心中有数，比起同伴来，我还差远了。

"一个不少"地从美回国

20世纪80年代初，从祖国大陆来到美国的人数还非常少。我们50个中国青年农民分赴全美中西东各部，不仅在劳动中学习现代农业科技，还成为弘扬中华文明、增进中美人民友谊的民间使者。

一到美国，首先感受到的就是广大侨胞无比高涨的爱国热情。萨里纳斯华侨协会不仅为我们举办了全员出席的盛大欢迎会，接我们到家中做客，还向我们每个人前往的州、市华侨协会进行热情洋溢的介绍，请他们为我们的研修提供指导和帮助，并在周末安排活动。

　　我先后参加过十多场聚会，介绍了中国社会主义建设的历史进展和改革开放的崭新气象。记得一次在旧金山唐人街东风书店举办的活动上，有个白发苍苍的老上海人，听说淮海路东湖路口的西餐厅咖啡馆不仅还在而且顾客盈门、经营扩大时，突然放声大哭，说："我的家就在那楼上。"

　　美国民众也对大洋彼岸的东方巨龙充满好奇、抱有敬仰，一有机会就争先恐后地向我们询问有关中国改革开放的种种问题，我们也尽力作出回答。但他们关心的领域实在太广，有许多问题超出了我们的了解，我们只好说："有机会欢迎你们自己去中国亲眼看看。"

　　我来美国后结识的好朋友、杂志总编萨莉·泰勒（Sally Taylor）博士就是其中一位。她听了我的介绍后，立即决定前去向往已久的中国。

　　1980 年 10 月，我父母亲和弟弟在我高中同班同学葛剑雄的陪同下，在上海和平饭店会见了萨莉。萨莉兴奋地向他们述说着来到中国后的所见所闻："Incredible & Great（无比神奇和伟大）。"

　　1981 年 3 月，我们有整整一个月的假期。除前往俄亥俄州的代顿和南达科他州的阿伯丁看望了二位堂兄外，我还前往华盛顿中国驻美大使馆拜访了教育处，到世界银行并向温勒丁博士介绍了新疆兵团的概况。还去纽约参观了联合国大厦，

1980 年 10 月美国记者萨莉·泰勒到上海访问庄峻父母，葛剑雄（右一）陪同，左一为庄峻弟弟

并在哥伦比亚大学参加了"中国改革开放"专题研讨会。

　　1981年4月，我们50个人"一个都不少"地从美回国，使得在机场迎接我们的农垦外事司科教司负责人很是得意和高兴。

赴美勤工俭学研修结业证书

　　赵凡副部长和其他领导在砖塔胡同农垦部办公大楼，听取了我们的汇报。当我汇报系统工程在美国农业生产中的应用后，他指示我第二天再到设在清河的农垦部干校，向来自全国各地的农垦局和农场领导进行汇报。

　　时任国家环境保护和城乡建设部部长的李锡铭则作出批示，将我和鱼姗玲合译的《表土与人类文明》一书交中国环境科学出版社出版，成为改革开放后最早问世的现代环保译著之一。

　　一起赴美研修的同伴们回来后，没有辜负各级领导和广大农垦战士的厚望，在各自的岗位上大展身手。

　　我回到新疆后，被调到兵团司令部从事外资项目管理。1993年春，世界银行行长普雷斯顿（Lewis T. Preston）在北京同国家领导人会晤后，不远万里专程前来新疆兵团二二一团，实地考察农垦综合开发项目，并对项目的成功实施给予很高评价。这在改革开放以来我国与世界银行合作史上十分罕见。

　　随同他前来的温勃丁博士，听说我们兵团赴美研修回来的7人中有5人均在不同垦区参加了世界银行项目的开发和管理时评价道："Work-study model wonderful，Chinese reform & opening up amazing（勤工俭学模式真不错，中国改革开放了不起）！"

作者简介

庄峻，已回沪。

1946 年 8 月，出生于上海。

1963 年 7 月，上海市市北中学高中毕业。

1965 年 7 月，去新疆生产建设兵团农二师二十一团一连任农工。

1980 年 3 月—1981 年 4 月，赴美国研修一年。

1993 年，调回上海市浦东新区，在浦东新区管委会办公室、上海陆家嘴集团公司工作。

著有《外贸自乘效益论》《浦东 2020》《表土与人类文明》（译著）等，多次获省部级科技进步奖、全国论文奖。

乡村教师到美国创办学校

马立平

恩师刘佛年先生

　　1951 年，我出生在上海。在上海外国语大学附属外国语学校读到初二后，于 1969 年到江西省永丰县鹿冈公社村前大队（现高坑村）插队落户。干了几年农活之后，我被指派到大队的乡村小学当民办教师。那时，我连初中二年级都不曾读完，就要在一间简陋的教室里同时带两个年级的"复式班"，既教语文、算术，又教图画、唱歌，甚至要教体育，可想而知那是多么困难。

于是，我利用回上海探亲的机会，一边找些教育学的理论书来看，一边去母校听各科老师上课。也正是在这段"拜师学艺"的时间里，我有幸结识了人生中最重要的一位导师——华东师范大学刘佛年先生。

即使在今天，我似乎依然能听见自己第一次叩响先生家门时那紧张的心跳声。我，一个初中都没有毕业的乡村小学民办教师，就坐在这位全国著名师范大学的著名教育学教授面前了。当时先生"靠边"在家，已经六十岁出头。他坐在客厅的藤椅上，慈祥地微笑着，饶有兴趣地听我讲述山村小学里的种种琐事。他对我的志向表示赞赏，告诉我今后有问题可以写信给他，他会及时给予指导。最后，先生站起身，从书架上抽出几本书，让我带回江西慢慢看，还说看完以后他会再给我寄其他书。

拜访之后一回到家，我赶忙拿出纸和笔，记录下刘佛年先生的重要嘱咐：

> 要有主见，认准了正确的目标，便尽量努力去达到，不要怕别人议论讥笑。要多看书，多实践。为了能看到更多的书籍，是否可自学英语？教育学的教科书，可以看，但要更多地读教育家的名著，包括杜威、赫尔巴特、蒙台梭利……

这张小纸条，我至今保留着。

先生果然履行了他向一个素昧平生的乡村教师所作的承诺，曾数次亲自给我寄书；我写信向他求教，他每信必复。从此，在那江西山村的煤油灯下，我开始一本一本地研读向先生借来的教育经典著作，同时自学英语。

经年的积累，使我能够在 1980 年直接考取了华东师范大学教育系的硕士研究生，正式成为刘佛年的学生。

我读完硕士研究生，前去向先生告别时，他这样叮嘱我："厚积薄发，要'板凳愿坐十年冷'。毕业后，准备五年不发表文章，可以做到吗？"又是一句轻轻的询问，重重地落到我的心里。"宁静以致远"，甘于寂寞，正是能不离不弃地达到预定目标的重要心理条件。是先生的叮嘱，使我后来品尝到了"致远"的甘甜。

回想起来，先生嘱咐我的以上几点，亦多适用于做其他学问，唯独"多实践"这一条，无疑是我们耕耘在教育研究领域的学者的真谛。

引起轰动的"小紫书"

1989 年，我踏上了留美读博之路。

到美国后我就读的第一所学校，是密歇根州立大学。踏上美国土地的时候，我口袋里只有当时政府允许兑换的 30 多美元。如果学生想跨州就读美国的大学，需要支付一笔额外的学费。当时学校只免了我州外学生的学费，而基本的州内学费还是要付的。可是我收到录取通知书的时候并不知道，以为全部学费都免了。如果早知道这样，我都未必敢到美国。

起先我住在一个别人捐给贫穷大学生的小屋里，两人合住一个八九平方米的小房间，每月连租金带伙食只要 186 美元。房间比上海以前的"亭子间"还小，从门到窗 2/3 的面积用板水平方向隔开，板上面放个写字台，板下面睡人。那座小屋里常常弥漫着一股异味。我初来乍到，以为那是美国的味道。等自己的导师和师姐来探望时，我才知道所谓的"美国味"竟是大麻的味道。

在导师和师姐的帮助下，我找到了一份分析研究资料的助研工作，告别了"大麻小屋"，搬入普通研究生宿舍。当时我所要分析的资料，是密歇根州立大学教育学院一个研究项目的调研数据，该项目用四个问题调查美国老师的小学数学知识。初读这些数据，我大为吃惊。比如其中有一道题目是请小学老师算出"$1\frac{1}{4} \div \frac{1}{2} = ?$"的答案，并且编一道相应的应用题。没想到接受调查的 100 多个老师虽然都是大学毕业生，却有一半以上人算不出答案。而能编出概念正确的分数除法应用题的，只有一个人。

随着调查的深入，我发现，这样的现象在美国还相当普遍。学生不会背乘法口诀，小学高年级学生做加减法还要扳手指。我本来是带着一种"朝圣"的心理来美国的，看到这些现象，真的让我非常困惑。

20 世纪 90 年代初，国际教育成就评价协会（IEA）发起并组织了第三次国际数学和科学测评（TIMSS）。研究结果一公布，引起了美国数学教育界的争议。从 20 世纪 60 年代初算起，30 年内的三次类似测评，美国学生的表现都在平均水平之下。美国数学教育界许多人不能接受这样的结果，甚至有人认为是试题出得不好，把责任归咎在测试工具上。

　　我想，或许可以用自己手上正在分析的这些数据，从侧面来说明问题。如果人们看到美国教师在数学知识方面的缺陷，那么学生成绩之间存在差距的事实就不言而喻了。一旦指出了这个问题，或许还可以通过改善教师的知识状况来改善美国数学教育现状呢。

　　带着分数除法的问题，我回到上海，在自己的母校做了一个小型的实验性研究，结果所有的数学老师都答对了。做好这次实验性研究回到美国不久，我从密歇根州立大学转学到斯坦福大学，当时斯坦福大学我的导师一听说这个实验性研究，马上兴奋地说："这个课题不错，你就用它来做博士论文！"

　　于是我回到中国，采访了不同水平的五所学校的老师——上海的三所小学以及自己在江西下乡时工作的城镇小学和村小。我把中国老师对四个问题的回答和美国老师的数据相比较，写出了博士论文。

　　在此之前，密歇根州立大学从事数学教育的学者已经根据他们收集的数据指出，美国小学数学教师的学科知识存在严重问题，但是，这些问题的本质是什么？又究竟什么才是小学数学教师应该具备的"好的学科知识"？当时的研究几乎没有涉及。我的论文描述了小学数学老师的学科知识仅仅停留在"知其然"和能够越过"知其然"达到"知其所以然"的两种境界的差别，并且以大量翔实的资料，具体描述了究竟什么是小学数学教师学科知识的"知其然"。

　　完成后的论文照例被印成红色封面的精装本，陈放在斯坦福大学教育学院图书馆的书橱里。我见自己辛苦得来的研究成果这么静静地躺在书橱的玻璃门后面，有些不甘心。我申请到了一笔博士后研究经费，来到伯克利大学，最终把论文变成了正式出版的书。

　　这本紫色封面的不到200页的小书《小学数学的掌握与教学》，对美国小学数学教育问题提出了独到的见解和批评，从1999年面世后重印20多次，后又出了10周年纪念版和20周年纪念版，累计印数达10万余册，成为美国数学教育界难得一见的热门书。还被先后翻译成韩文、西班牙文、葡萄牙文、中文等文字，其影响遍及南美洲、欧洲和亚洲。

　　"小紫书"的成功并没让我停止对个中问题的思索。或许正是因为自己孜孜不倦地思索和探讨，美国联邦教育部部长把我纳入小布什总统的数学决策顾问团，进一步为美国的数学教育献言献策。

创办斯坦福中文学校

我在做研究的同时，并没有忘记身为一个"教师"的职责。"研究教育理论的人，最好要亲身从事教育实践"，刘佛年先生的这句忠告，我一直记在心里。

1994 年春，我和丈夫一起，创办了斯坦福中文学校。我们的初衷很简单，想让当时斯坦福大学的中国留学生后代能够有地方学习中文。从最初只有 9 名学生，到如今拥有 10 个年级 1300 多名学生，学校已经走过了 30 年。

美国大多数的周末中文学校里，低年级的学生多，高年级的学生少，人数分布多半呈金字塔形。我们学校不一样，1 到 5 年级就有 4 个班，而从 6 年级起开了 5 个班，高年级人数甚至超过低年级。

30 年的时间里，我始终站在教学第一线，亲自编写教材，亲自上课。我还像当年的乡村教师一样，既教语文又研究数学。

我所编写的中文教材，如今已被美洲、欧洲、澳洲等地多所中文学校的数万学生采用。

我觉得，这是因为自己的教材在数十年的教学过程中经过不断修正不断改进，相对来说可行性比较强。

说到海外华裔子女学习中文，我不禁想起了当年在斯坦福大学教授中文时遇到的学生 C 小姐。

亭亭玉立的 C 小姐，父母来自中国台湾，他们 20 年前来美国读书，后来留下来安居乐业。C 小姐自己是斯坦福大学化学系的学生。当我在学校东亚语言系第一次遇见她时，很奇怪为什么一个化学专业的人要跑来学中文。她用一口流利的国语不胜感慨地告诉我："说起来连我自己也不相信，我现在会付这么贵的学费来学中文！小时候爸爸妈妈为了让我学中文不知道花了多少心血，费了多少口舌，那真是像打仗一样。他们每个周末都要送我去中文学校，可是我就是不想学，不要学。觉得中文太难，太没意思。其他美国同学周末就是玩，为什么我就得去学那枯燥无味的中文？

"可是，这种感觉到高中以后就慢慢变了。我开始渐渐认识到我就是中国人，我无论如何也不可能变成白人，变成美国人。同时我注意到我的美国同学的家庭，其实也各自有自己的文化认同，他们其实也很看重自己文化的'根'。犹太人时时学习犹太文化，黑人努力发扬黑人文化，那是不用去说了。我的荷兰裔朋友，父母常常送她回荷兰度假；德国裔朋友，对德国人的特性头头是道……

我发现在美国这样一个多种族文化的国家里，不是各种文化都消失了，而是各自都有自己的位置，相互影响。一个人不了解自己种族的文化，真是会令人无地自容。我想读中文书。就像我不能想象自己今天看不懂英文书一样，我不能容忍自己这个中国人对着一本中文书、一张中文报纸目瞪口呆。随着年龄的增长，有时也想和父母进行更深入的交流，谈谈对人生对社会和历史的看法，询问了解他们的过去，这一切离开中文都谈不深谈不透。所以我决定再来学习中文，我的父母也都很支持我，为我感到高兴。他们说，我未必要靠中文谋生，但是要靠中文安身立命，才会在文化上有所依托，不至于成为一只断线风筝。我想他们说的是有道理的。"

我自己的孩子也是像 C 小姐这样在美国长大的。我创办中文学校，正是为了许多海外华裔的子女能够健康成长。而我的心愿，自己几十年来的努力，是在摸索一条路，能够让华裔孩子们在周末中文学校的学习体验不那么痛苦，并且能够学有所成，而不至于像 C 小姐那样虽然读了中文学校，到了大学还得去修低年级的中文课。

为了让华裔后代学习中文，马立平创办了斯坦福中文学校

教育要有文化的深度

"小紫书"在美国数学教育界引起关注以后，一位素不相识的美国学者偶然发现我在华人孩子的中文教育圈也很"有名"，就打电话联系我。他问道："你在数学教育方面的工作和在中文教育方面工作的内在联系是什么？"这个问题让我感到意外，竟一时语塞，回答不上来。想了一想之后，我说："这个联系，或许是我在教育内容的文化深度方面的一份坚守。随着教育的日益普及，教育内容的文化深度却在丧失。这种现象的发生虽然有其必然性，却令人担忧。我是教育专业出身的，相信教育应该在普及的同时守住其文化的深度，并希望自己能在这方面做一点工作。在小学数学方面，我努力提醒人们关注算术后面的数学道理。在海外华裔青少年的中文教育方面，我编教材时特别注意深入浅出，用浅显的文字表现孩子们能够接受的、有一定深度的文化内涵。"

我编写的中文十年级教材是《中华文化巡礼》，从地理到农业，从中医到书法，几乎涵盖了中华文化的各个方面。在编写时，我始终想着张岱年先生提出的代表中华文化传统精神的四个基本观念——天人合一、以人为本、刚健有为和以和为贵。这一组观念草蛇灰线般贯穿在所有篇目里，使得学生在学习各方面知识的同时能够接触到其背后共同的文化内涵。

我很喜欢爱因斯坦关于教育的一段语录："Education is what remains after one has forgotten what one has learned in school（我们所受的教育，是忘掉了在学校里所学的之后所留下来的东西）。"

这段话发人深省。我们在学校里学的数学知识，在生活里或工作中用得上的很有限，能够记住一辈子的也极其有限。同样，孩子们在周末中文学校学习的中文，很可能在将来的生活里不常使用，甚至会遗忘不少。所以，要特别在意让教学内容给学生留下"教育的意义"。

在中文学校上中华文化课的时候，我经常会看到学生们流露出自豪、自信的眼神。这对我来说就是最大的欣慰。我们的学生多数出生在美国，作为"少数族裔"，这些孩子对自己身份的认同会有不同程度的困惑。了解祖先伟大的文化，能帮助他们挺直腰杆，堂堂正正地立足于美国社会。通过周末中文学校，孩子们获得了这一份对祖先文化的实实在在的了解和自豪感，从而对他们的"华裔"身份产生一份实实在在的自信，我们的学校给了这些孩子们意义深远的帮助和支持。而能够做到这一点，正是靠对"教育要坚守文化深度"的坚持。

作者简介

马立平，旅美华人。

1951 年，出生于上海。

1969 年，赴江西永丰县鹿冈乡高坑村务农。

1971 年，开始教学生涯，先任小学民办教师，后任高坑村小学校长。

1980 年，华东师范大学教育系研究生。师从著名教育家、华东师范大学校长刘佛年先生。

1984 年，任上海市高等教育研究所助理研究员。论文《高等学校办学水平评估指标体系质疑》获全国教育研究论文特别奖。

1989 年赴美，在密歇根州立大学教育学院攻读博士学位，获 Arthur R. and Pearl Butler 奖，开始中文教育实验"直接认字教学法"。

1991 年，转学斯坦福大学教育学院，师从前美国国家教育学术委员会主席 Lee Shulman，继续攻读课程设计专业博士学位。

1994 年，创办斯坦福中文学校。结合中国传统语文教学法和现代课程理论，编写研发海外华裔儿童中文教材，继续进行"直接认字教学法"的教学实验。1995 年，获博士学位。毕业论文荣获 Spencer 博士论文基金。

1996 年，任加州伯克利大学教育学院博士后研究员。

1997 年，任斯坦福大学东亚语言系讲座教授。

1999 年，小学数学教育的专著 *Knowing and Teaching Elementary Mathematics* 出版。之后又出版了韩文版、西班牙文版、葡萄牙文版、中文版《小学数学的掌握与教学》和英文的 10 周年、20 周年纪念版。还任 Houghton Mifflin 出版公司的数学教材审稿人。

2000 年，任斯坦福大学胡佛研究所访问学者。

2001 年，任卡内基教学发展基金会高级研究员。

2006 年，作为数学教育专家，进入美国总统的数学决策顾问团。

在大洋彼岸的 40 年

杨世雄

　　1968 年 11 月 18 日，我和上海第一批赴江西插队的 1000 多名知识青年离开上海，奔赴江西省峡江县务农。人生艰苦的历程开始了，留下了许多难忘的回忆，也积累了宝贵的人生经验。

　　1975 年夏天，根据国家政策，我由江西回到上海，从里弄生产组到人民银行，又在 1978 年年初到大连海运学院开始了大学生涯。尔后，我在 1984 年 8 月去往美国，开始在新泽西州理工学院（NJIT）攻读电机硕士学位。由江西这片红土地走来的我，又开始了一段崭新的人生历程。

赴美求学

我于 1982 年 3 月从大连海运学院毕业，到 1984 年在上海船研所工作整整两年后，根据国家有关规定可以申请出国自费留学。在纽约的大舅刚从联合国总部退休，他鼓励我申请美国学校，进一步深造。我在上海参加了英语托福考试，并得到了美国新泽西州理工学院电机系的入学许可。

1984 年 8 月，我怀揣 60 美元，由上海来到纽约。舅舅和舅妈来接我，我住进了学校宿舍。马上要开学了，先要考虑上课注册。当时 NJIT 中从中国大陆来的学生很少，我最先遇到的不少是中国台湾同学，这也是我第一次接触台湾同胞。台湾同学都很活跃，告诉我不少台湾的趣闻，也问我不少问题。比如，同宿舍的朱同学问我在大陆会不会学《三字经》，毕业后要不要服兵役等。在他们的帮助下，我搞懂了学校上课注册的要求。我也和他们一样在第一学期注册了九个学分，而且都在晚上上课，这样白天就有机会去打工了。记得第一学期开学不久，在台湾同学的提议下，我们晚上上课，白天在纽约的一家台湾人开的玩具批发中心打工。我们的工作内容是把集装箱车运来的各种玩具装入仓库或者替客户送货。每天的工资为 40 到 50 美元。这也算是"洋插队"的第一段经历吧。玩具公司的仓库在一栋老旧的公寓里，工作学习紧张之余，我也会向同学们讲起我在江西农村时的经历，台湾同学都很佩服我，称我为"杨老大"。

第一学期，我注册了线性系统等三门课程。由于教材很贵，孙同学帮我在台湾购买了影印教材，节省了不少开支。期末考试，我得了 2 门 A、1 门 B，开局还是顺利的。第二学期开始后，我去见了系主任，向他争取助学金。系主任告诉我，刚好有一个在系办公室工作的机会。我感到十分高兴，马上就接受了。我每天上午在系办公室工作四个小时，每周五天。除了接待学生，协助教授整理大学生档案，还有不少办公室的琐事。一年下来，我对学校的运行工作也熟悉了许多。

1986 年夏天，我取得了电机工程硕士学位，这一年我 36 岁。下一步，我选择继续攻读博士学位。攻读博士学位要先通过博士资格考试。资格考试有十门功课，所以需要加修不少课程。同时，我在系办公室的助理奖学金工作升级为助教奖学金工作。每学期为本科学生上一门课程，并带实验，我需要备课、批作业、准备考试等。这一年暑假，我太太也由上海来到美国，在 NJIT 附近的 Rutgers 州立大学攻读历史学硕士学位。对她来说，第一学期一切都是崭新的课程，还要阅读大量书籍，并进行写作，负担是蛮重的。周末她还想找一些工作，在中餐馆和冰淇淋店都做过。这一年对我们来说，是繁忙的一年，但也是新生活的开始。1987 年秋季开学不久，我顺利通过了博士资格考试，我太太的硕士学习也逐步走上正轨。

俗话说，万事开头难。在美国求学、生活会有许多压力，也会面临一些想不到的问题。大部分中国留学生刻苦学习、工作，都慢慢步入了正轨。但也有意外发生。我们同住的一位北京室友已经完成硕士课程，却因为开车不慎造成终身残疾。又有一位中国同学，因为第一学期成绩不好，谈女朋友也不顺利，没有顶过压力而自杀了，大家对此感到十分惋惜。

1988 年春天，在教授的指导下，我开始博士论文研究选题，最后确定方向为人体生物钟的数学模型研究。这对我来说是一个崭新的课题。我首先从研究一些动物的生物钟数据开始，了解生物钟数据的获取和分析；然后在教授的指导下研究各种数学模型；最后发现用非线性二维数学模型，可以较好地模拟生物钟的大致情况。在接下来的两年中，我每个星期和指导教授的研究小组开会，报告数据和模型的研究情况。根据他们的意见，我将建立的数学模型在计算机上运行，同时和实际数据相对比，再不断改进。生物钟研究的一个实际重要课题是如何调整和适应，比如跨洋旅行后如何尽量减少时差，恢复正常的生物钟。我在数学模型中加入了一些新的参数，模拟这一情况。同时，在动物研究中通过环境的变化，比如增加或减少光照，观察实际数据的变化，并和数学模型对比，以求吻合。

1990 年春天，我的博士课题研究基本完成。导师认为可以开始论文写作和准备答辩。我的初稿完成后由导师和研究小组初步审定，又请数学系的教授做了进一步的审查。直到夏季，我最后通过了论文答辩。这年秋季，我正式取得了美国工程科学博士学位，当时已经整 40 岁了。30 年后，我的儿子也在美国麻省理工学院获得了博士学位，他获得博士学位时的年龄比我小了足足 10 岁。

搬家，我的第一份工作

我取得博士学位时，正值我们的儿子出生。我在新泽西州一家计算机咨询公司开始了我的第一份工作。当时美国国际商业机器公司（IBM）正在研发新的计算机操作系统，佛罗里达州（以下简称"佛州"）有较多的工作机会。而我们的儿子只有六个月大，佛州天气炎热，我们也很不熟悉。但考虑到今后的发展，我很快就选择了去佛州，全家开始了第一次搬迁。考虑到长途开车比较辛苦，公司允许我们带小孩乘火车前往，家中物件则由搬家公司运往佛州。我在佛州成为 IBM 公司的合同工，仍属于新泽西州公司。我还担任了合同工的经理。1993 年，我加入了 IBM 公司，成为公司的正式雇员。我当时负责操作系统中的印表部分，和惠普等公司合作，从熟悉系统开始，逐步得心应手。1995 年为解决系统的汉化问题，我又和几位同事一起到北京和长城计算机公司协同工作了一个多月。

研制新系统的过程中工作非常繁忙。整个公司上下同力，经常加班。公司供应晚餐，自动售货机也免费开放了。记得有几次，晚上十点多钟，我又被测试组叫去解决问题。周末大部分时间也在工作。这个操作系统最后基本成功了，但后来公司和微软的合作出了问题，这项工作也慢慢停止了。在繁忙的工作中，一晃几年过去，儿子也逐渐长大了。记得儿子小的时候，因为我工作太忙，主要由太太照管。有一次我去加州开会，儿子生病。太太为了照顾孩子无法准时上班，结果第二天就被解雇了。儿子两岁时，岳父母来美国探亲，帮了我们不少忙。儿子三岁后去了幼儿园，开始逐步学习一些知识。我们平时在家时也经常教给他一些数学和英文的入门知识。1997 年，他和妈妈一起到中国探亲，在中文方面也开始入门了。后来他进入小学后，很快被选择进入了高级班，比普通班的教学更加深了一些内容，智力得到了进一步开发。

第二次搬家

1995 年，IBM 公司为集中开发力量，减少运营成本，决定将佛州操作系统部与得克萨斯州（以下简称"得州"）奥斯汀的开发部合并。我们这个部门大约

1000 名员工，也要搬迁到得州奥斯汀。公司先组织所有员工到得州了解当地生活情况、房屋资源、教育，等等，对员工的房屋处置、购买、搬家等作出了一系列的补助政策规定。整个过程持续了大约五个月。1996 年 3 月，我们大部分员工都开始在奥斯汀上班了。我在奥斯汀看好了一个住宅区，付了定金，由建筑商开始建造我们的新居。儿子进入了当地的小学。太太也进入得州大学奥斯汀分校完成最后一部分的计算机课程。她原来已获得新泽西州罗格斯大学的历史学硕士学位，因为历史学工作机会较少，她又从头开始主修计算机专业课程。功夫不负有心人，1996 年来得州后，她很快就取得了计算机科学学位，也开始了这方面的工作。

1999 年，为进一步开发新产品，提升效率，IBM 决定将一部分成熟产品外包到其他国家。我们部门的这批产品则转移到拉脱维亚作进一步的研究开发。部门经理派我到拉脱维亚去指导他们。拉脱维亚位于波罗的海沿岸，西靠欧洲，东临亚洲，当时还是苏联的一个联邦共和国，苏联解体后独立。那里可以看到许多苏联的影子，也有类似于我们改革开放初期的状况。他们不少人会讲英语，懂计算机技术，但在工作效率和管理上还有很多不尽如人意的地方。我在那里向他们作了详细的技术介绍，和他们一起把项目迅速地开展了起来。

回国探亲捐赠外公珍贵文物

2000 年夏天，来美国 15 年多后，我们全家三口第一次一起回国探亲，喜悦心情是难以言表的。我们回国见到久别的父母、兄弟和朋友，也看到上海和全国各地改革开放以来的许多新变化。

自 2000 年开始，我们每隔两年回国看望父母。也和以前农村的老朋友们重逢，回忆起许多往事。我们带儿子到北京、南京、杭州、大连等地，参观了首都和各地的许多美景，去了老家和我就读的大连海事大学（即之前的大连海运学院）。2002 年开始，南京江浦开始筹建包括我外公胡小石在内的金陵四老纪念馆。外公生于 1888 年，他是国内著名的学者，文学家和书法家。中华人民共和国成立后，他曾任南京大学文学院院长、图书馆馆长，江苏省文物管理委员会主任委员，江苏省书法印章研究会主席，南京博物院顾问等。"文革"期间，外公的作品在国内流失，销毁严重，数量不足。经过沟通和细致准备，我将两位在国外的舅舅多

杨世雄（前非左四）向南京大学捐赠珍贵文献

年收集的外公书法、书籍、信件、照片等，于 2002 年到 2004 年年间分批带回中国，捐献给国家，为江浦胡小石纪念馆的建立奠定了基础。2019 年和 2023 年，我又分别将舅舅留下的珍贵文献带回，捐献给南京大学，为国内的学术研究和纪念馆的建立作出了一点贡献。

开始新项目，取得专利

由 2000 年开始，我在 IBM 的工作经历了几个完全不同的新项目，每个新项目都是一个重新学习的过程。一般来说，公司一个新的项目需要先对用户的实际要求进行可行性研究验证，确定项目的合理性和可靠性，再考虑技术上的先进性，确保项目完成后可以在实践中应用。我经历的好几个项目就是经过认证被淘汰了，即使认证通过，也需要在研发过程中不断完善。我在 IBM 做的最后一个项目是信息技术系统管理软件。这个项目持续时间较长，在不断研发的过程中，大家也增长了不少经验。2011 年和 2014 年，在这个项目的研发过程中，我和 IBM 研究院的其他同事一起取得了两项专利。后来我又参与了解了一些大客户对产品的深入要求，比如在大数据情况下系统的运行。这些都对后来系统的发展有了不少的帮助，我也因此进一步获得了许多经验。

自己动手，丰衣足食

在美国，一般食品和用品的价格都不太贵，最贵的是人工。所以，大家都是尽量自己动手。对我们来说，经历过插队生活，这些都不是问题。我买了不少园林工具，周末自己割草、修边、割树等，维护房屋前后的整洁和安全。美国房屋的草地面积大多比较大，不少中国朋友还会开辟一块种蔬菜。常常听到哪位朋友的蔬菜又丰收了的消息。朋友、同学的聚会，一般都是在家中举行。每家准备一两样拿手菜，主人则多准备一些。国内北方来的朋友学会了做南方的小菜，南方长大的朋友也学会了做北方的面食。

我来美国，最早在新泽西州求学，后来到佛州和得州工作。每到一处，当地都有不少中国同胞和社团等。特别是在得州休斯敦，我参加了休斯敦知青联谊会，有200多人呢。大家都是在国内有过插队经历的知青。这个联谊会定的宗旨是：交朋友，找乐子，做好事，写历史。大家平时在微信上交流，也定期组织聚会活

2019年杨世雄（左二）退休时和公司同事合影

动。疫情过后，联谊会已经组织了两次大聚会。端午节的聚会还为大家准备了几百个粽子，很是热闹。

在美国的日子匆匆忙忙。我在 IBM 做了不少项目，一直工作到成为资深工程师。2019 年 4 月，我 70 岁正式退休了。疫情过后，可以有机会多回国看看，多和朋友交流，也可以多去健身房游泳、运动，生活重心开始变化。无论是当年在江西这块土地上度过的 7 年青春时光，还是在美国拼搏奋斗走过的 40 年历程，都是我一生中永远不能忘记的。

作者简介

杨世雄，美籍华人。

1950 年 10 月，出生于南京，当年随父母到上海。

1968—1975 年，在江西省峡江插队务农。

1982 年，大连海运学院电子系七七级毕业。

1986 年和 1990 年，在美国新泽西州理工学院分别获得电机工程硕士及工程科学博士学位。后加入美国国际商业机器公司（IBM）任高级工程师等职。其间，曾参与北京长城计算机公司合作发展和其他多项研究发展课题。获若干计算机软件设计专利等。

2019 年 4 月，在 IBM 公司退休。

30 年前在美国"卖晚报"

顾 龙

我是有 30 多年新闻经历的高级记者，曾有过"总经理"的头衔，30 年前，我被派往美国洛杉矶掌管新民国际有限公司。

在北大荒兵团一起当团新闻干事的"北大荒新闻系"系友来电说：真没想到，黑土地耍笔杆子的土记者，要去美国"卖晚报"了！

真的是没想到，1977 年，我一个初中生因为报道有成绩、立过三等功得以破格参加高考，考上黑龙江大学。毕业后回到上海，赶上《新民晚报》复刊，进报社圆了记者梦。1994 年，我还会去美国"公派打工"。

30 年过去了，那段开拓性的人生岁月，历历在目，难以忘怀。

飞越洛城"卖晚报"

随着改革开放的深入，到海外去的中国人越来越多，身居异国，格外怀念祖国和家乡。特别是上海人对《新民晚报》情有独钟，希望在美国也能看到。

1993年12月，《新民晚报》总编辑丁法章率团赴美实地考察，归来后向上海市委领导作了汇报。市领导表示赴美发行是晚报走向海外的一件大事，应尽快筹建，并将此事列为1994年上海对外宣传的一项重要举措。

1994年3月，丁老总派我去北京国务院新闻办和外贸部申办建立美国公司的批件，我当时担任编委、政法教卫部主任。到了北京，在外贸部"荒友"的帮助下，申报材料被顺利送到部里。

1994年4月底，《新民晚报》收到了外贸部同意在美国发行的批文，解决了在美办报的资金问题。

丁老总又找我说，经市委宣传部部长会议通过，让我出任新民国际有限公司首任总经理，要我8月底飞赴洛杉矶筹建公司。

走遍华人聚居区为公司安家

1994年8月29日，我飞抵洛杉矶那天，正巧美国加州政府批准了公司注册登记。

临行前，丁老总叮嘱晚报要在11月1日全美发行！只有两个月的时间呀！

美国的中文报纸很多，中文电视和广播也在发展之中。中文报纸光在洛杉矶地区就有十多家。各报背景不同，发行形式也各异，有付费订阅的，也有赠阅的，中文报业市场竞争激烈。

《新民晚报》是中文报纸。我想，发行圈就在华人居住区域内。在洛杉矶，华人居住集中的区域，以蒙特利公园市、阿罕布拉、柔似蜜等城市为主。

一条日落大道将这几个城市贯穿起来。在这条街两旁，几乎都是写着中文招牌的店铺。初到此地，会给人一种又回到中国的感觉。

我买了一张洛城地图，从9月1日起，在东航、春秋旅行等美国分公司的几位热心的老朋友指点下，我跑遍华人聚居区，为公司安"家"，不到 10 天的时间里，看了 60 多处房屋。

由于报纸印刷已确定在《中国时报》印刷厂进行，我们就花 28 万美元在附近柔似蜜市买下一套住宅，又在嘉维尔大街租了一套办公房。

顾龙在美国公司办公室，身后美国地图标明 51 个晚报读者订阅点

不久，晚报同事、公司技术总监杨俭俭到任。丁老总又发来急件：国务院新闻办和上海市委宣传部领导将在 10 月 25 日来洛杉矶参加外事活动，必须在那天晚上举行招待会，宣布《新民晚报》在全美发行。

在美传版印出第一份晚报

要在全美发行，订户在哪里？我想到上海晚报订户常会给在美亲友寄报纸，这可是极佳的"发行渠道"。我拟定一个由国内晚报读者为美国亲友订报的活动方案，丁老总同意了。

晚报刊登订报活动启事：国内读者提供在美亲友地址，从 11 月 1 日起美国公司赠阅两个月报纸。从那时起，办公室电话响个不停。不少华人收到家人电话或传真，都来参加订报活动。

我接电话时，很多来电者第一句是英语，第二句变成了普通话，当得知我是上海人，第三句就讲上海话了！

我们将每天传来的读者名单送到《中国时报》印刷厂，他们用电脑编制成名册。一周内，读者数上升到近 3 万个。美国 50 个州和一个特区都有我们的读者。

读者人数最多的 10 个州是：加利福尼亚、纽约、得克萨斯、新泽西、伊利诺伊、马萨诸塞、宾夕法尼亚、马里兰、佛罗里达、密歇根。

订户有了，卫星传版是头等大事。北大方正的传版设备安装后，杨俭俭立即投入调试。10 月 13 日晚，首次隔洋传版试验，失败了。

过了两天再试，表示信号接通的红灯闪烁了，传版机响了！第一张通过卫星同步传真的晚报版面"露脸"了。当晚我拨通丁老总的电话，激动地说："丁总，传版成功了！"

顾龙（左）与技术总监杨俭俭（右）1994 年 10 月 15 日首次隔洋传版成功

传版成功后，我们与《中国时报》印刷厂合作，成功试印第一批《新民晚报》。我们在洛杉矶建立了 93 个代售点，并花了 2 万美元赶制 50 个街头自动售报箱。

全美发行梦想成真

《新民晚报》在美发行招待会定于 10 月 25 日晚上举行，邀请嘉宾 400 多人。

10 月 23 日中午，中国驻洛杉矶总领事周文重安排上海市委宣传部金炳华部长、丁老总与国务院新闻办主任曾建徽见面。曾主任听取汇报后，高兴地说："真没想到这么快就能发行全美了！"

下午，曾主任来公司出席揭牌仪式。在电脑房里，当我介绍这套传版设备是洛杉矶报界最好的时，曾主任说："有了好设备，还要办出高质量的中文报。"

曾主任欣然命笔，写下了"传播祖国声音"的贺词。随后与金部长一起为新民国际有限公司揭牌。

10月25日，新华社华盛顿分社向全球播发了新闻电稿：《新民晚报》在美国正式发行。

当晚，丁老总在招待会上以公司董事长身份致辞。他激动地说："今天是一个永远难忘的日子。尽管我已两次来过美国，但这次不一样，我是以东道主的名义在这里致辞。今天是大喜日子，《新民晚报》在她65年发展史上，从来还没有在海外发展过报业，如今迈出了国门，这是历史性的突破！"

周文重总领事是"上海老乡"，他对我说，小时候一到傍晚，他常被大人差出去买晚报。《新民晚报》不仅是上海人的，也是中国人的，更是海外华人的！

新民国际有限公司所在地阿罕布拉市市长宝江地虽有重要会议，但还是赶来贺喜。他高兴地说："我的城市成了《新民晚报》在美利坚发行的发源地，这是为当地华人办了一件好事！"

长江三峡开发总公司的袁国林副总经理即席作诗一首："六五新民落西天，

中国驻洛杉矶总领事周文重（左）1994年11月中旬参加订阅《新民晚报》读者抽奖活动

百万游子笑开颜。七十三峡梦成真，亿万炎黄报祖先！"

海外游子为在异乡能读到家乡报纸而互相传告，一张请柬有的竟来了五六个人。在两本签到簿上，写下了许多熟悉的名字：朱建华、张德英、丁绍光……

朱建华在上海时就是我好朋友，他对我说："阿拉应该为'卖晚报'做点事呀，阿拉会开车，为公司送报纸好伐！"果然，这跳高世界冠军成为一早将晚报送到街头自动售报箱的"投递员"了。

而更多的人留下的是自己的、亲人的、朋友的名字和地址，他们盼望《新民晚报》在美国也"飞入寻常百姓家"！

招待酒会上的菜肴很丰盛，但我一口没吃。对我来说，晚报在美发行梦已成真，这是最开心的。

街头报箱装满首批《新民晚报》

11月1日凌晨1点，经过传版整理的《新民晚报》当天16个版面版样，被送到《中国时报》印刷厂。从外州考察归来的金炳华部长、丁法章老总也赶到厂里。2点25分，当印出第一批报纸时，大家脸上都露出笑容，《新民晚报》终于闯进了美利坚。

1994年11月1日凌晨，第一张《新民晚报》在美国诞生。金炳华部长（右二）、丁法章总编（右一）在印报现场

　　洛杉矶街头，有50个标上"新民晚报"字样的墨绿色报箱。原想报纸第一天发行，"肚子"不会空的。谁料想，四路投递员早上7时起送报到箱，转眼间就被抢空了！

　　《新民晚报》于11月1日起在全美发行的消息，连日来成了洛城华人圈的热门话题。虽然有两个月赠阅，但该日一早就有30多个电话打到新民国际有限公司，都称是"晚报老读者"，要订报纸！

　　我母校向明中学教物理的邬老师从旧金山来电说："小顾，侬好！你们赠阅很好！侬帮我订一份晚报，阿拉要天天看美国出的晚报！"

　　上午9时，我与杨俭俭驾车行驶在嘉维大街上。一路上7个报箱，有6个全空了，剩下的一个仅剩五六份报纸。

　　当我们来到蒙特利公园市的三联书店，曾经理正与职工往报架上摆放《新民晚报》。一位听口音是广东来的老华侨，正在报架前浏览。当听说《新民晚报》是当天传版印出来的，他惊喜地说，没想到早上就能买到上海来的晚报。

1994年11月1日出版第一张《新民晚报》美国版特刊

长青书店刘老板是老上海。前些日子他听到晚报来美国发行，就下令所属6家书店都要代销。这一日他早早来各家书店，见到晚报送来了才放心。

在一台自动售报箱前，只见一位老年人夹了一大叠晚报。老人姓雷，是上海来的中医师。老雷说："林放先生阿拉都晓得的，文章为老百姓讲话！阿拉跟晚报是老交情了！今天第一天的报纸有意义、有价值，拿十来份给上海老乡们看看！"

一"洋"相隔，牵动游子情思；

一"报"连心，传来家乡讯息。

"第一天的报纸有价值！"为了实现跨洋发行《新民晚报》，多少人为之操心费神。

第一天在洛城出版的《新民晚报》特刊，比上海多了八版，还套红印刷，版面是我与杨俭俭用心设计编排的，因为全美各界祝贺广告太多了。

在《中国时报》印刷厂邮寄处，我们看到几位墨西哥籍的工人已将晚报打成600多个邮包，通过邮局发往全美各地。

首次在洛杉矶过春节

经过两个月的赠阅，美国不少华人读者爱上了《新民晚报》。因此11月订阅1995年报纸工作展开后，不少读者寄来支票订报。

《新民晚报》在美国每份零售25美分，订价每月为7美元，半年为40美元，全年为80美元。因为美国报价都是读者订期越长，订费就越便宜。征订工作一直忙到了"年夜头"。

1995年的春节是1月31日。随着在美国的华人数目增多，春节也在日历上被列为"节日"。

洛杉矶华人多，据统计当时有80多万。我们所在的阿罕布拉市也是华人集聚地区，所以过春节的气氛还很浓。

在洛杉矶，《世界日报》《侨报》等十多家中文报在春节时都停刊近一周。而我们按中国惯例，天天出报。所以这倒与在上海报社时一样，春节不放假。唯一不同之感，就是离家人太远了。

除夕，我和公司同仁一道吃年夜饭。饭后，我们分别给金炳华部长、丁法章总编打电话拜年。

丁老总很关心新的一年"卖晚报"的情况，我回答："订户已达到 4000 户，加上零售数已超万份。"丁老总满意地祝大家春节愉快！

1995 年，晚报很快达到两万份的订报量，这在美国华人圈是空前的。

当我们出完报驾车回家，已是正月初一。途经华人住宅区，都可以听到阵阵鞭炮声！虽不如上海那样火爆，也使我们感受到一丝乡情。

到家后，我们看录像机自动录下的中央台春节晚会。当赵忠祥说到向海外同胞问好时，我们才领悟到自己身在异国他乡，也已被列入"海外同胞"之中了。

与美国邮政局打交道是硬仗

试发行成功了，但这还不算硬仗，因为报纸是免费赠阅的。

金炳华部长和丁老总离开洛杉矶回国前，都千叮万嘱，1995 年的征订是真正的硬仗。"卖晚报"，发行环节一定要畅通，让《新民晚报》真正在美国读者中扎根。

来美国办公司倒没觉得困难，因为公司申请手续全由聘请的律师事务所"承包"了。"卖晚报"发行报纸，却阻力重重。

我们报纸在全美发行，但印刷点仅有西部洛杉矶一个。美国邮局规定发行报纸的公司设在哪个市，就必须由那个市的邮政局来承办。

我们所在的阿罕布拉市，辖区内从来没有报业公司，因此也没发行过报纸。现在一下子每天有几万份报纸从这个邮局送出去，不免有点手忙脚乱。

但是局长托尼亲自来公司道谢，原本今年上级规定的营业额难以完成，这次我们来"卖晚报"，每个月就给邮局增加好几万美元收入，他一下子成为洛城邮局界的盈利大户了。

道谢归道谢，美国邮局办事效率却很差。邮局属于政府部门，与公职机关一样，周六、周日放两天假。美国一年还有 212 个节假日。所以我们发往外州的报纸，常常会在假日里"搁浅"2 天。

加上美国邮局分发人员不识中文，《新民晚报》是小型张，在美国，这种报型均属商业广告报，可以缓发。开始发行时，外州一些邮局误以为晚报是"商业广告",投递很慢。美国订户的信箱又小,日报积压起来就塞不进去。

于是,我们几乎天天会收到外州读者打来的电话,反映收不到报纸。在赠阅期间,读者还可以谅解。要是 1995 年订阅后还是这样,就成了一件麻烦事,会影响订数。

我们不得不几次到邮局去商谈,并且每天在报头右侧印上一行英文说明,表明本报是天天出版的一份新闻纸,要邮局能天天投递。

同时,我们向各个州的投递邮局发信,介绍本报简况和来美发行情况,希望其能够每天投递到读者家中。

在美国发行报纸,还要办申请二类邮件的手续,这也是一件难办的事。因为美国规定新闻报纸可以按二类邮件享受半价投递,投递速度也快。否则按一般邮件投递,费用高、速度慢。

由于我们一开始就在全美发行,所以只有依靠邮局投递。而且二类邮件按邮局规定要在正式发行后才能审批。

于是我们又去邮局交涉,托尼局长推到他上一级主管,却迟迟不给解决。这样,我只好请律师来交涉。律师找到州邮电管理部门,在事实证据面前,晚报终于得以恢复正常发行。

这倒让我学到了在美国"卖晚报"生意经:一要靠零售,二要多设分印点,否则摆脱不了邮局的控制。

10 位中奖华人读者上海游

1995 年 3 月 23 日晚,10 位来自美国八个州的华人读者走出上海虹桥国际机场,他们都圆了一个共同的梦——订晚报中奖参加上海新春游。这活动是我策划的。

《新民晚报》于 1994 年在美国发行后,我们在 1995 年 1 月 28 日在洛杉矶举行美国参加订阅《新民晚报》读者抽奖活动,有 10 位幸运读者可参加 3 月上海新春游活动。中国驻洛杉矶总领事周文重、著名画家丁肇光等从三万多张订户名条中,逐一抽出 10 位幸运者。第二天美国发行的《新民晚报》刊出中奖者名单,幸运者有一半多在美国东部。

　　为了使每位中奖者及早获得喜讯，我们从订户电脑库里，查出这10位幸运者的家庭电话号码。于是一个个报喜的电话接通了！罗时芳，是第一个中奖者。接到报喜电话的那天，全家正在按中国传统风俗过大年夜。"去上海新春游！"这是一份多么厚重的春节礼物！

　　中奖时做梦般的惊喜，如今已变为现实。10位中奖华人读者住进了上海新"家"——五星级的新锦江大酒店。他们将在这个温馨的"家"中，度过五个夜晚……

　　上海新春游的第一个节目，就是到《新民晚报》做客。在中奖者中，年龄最大的要数76岁的杨祖宏先生。在《新民晚报》报史陈列室里，他看到晚报创办人陈铭德、老社长赵超构塑像时，十分感慨地说："这两位是我一生敬慕的人！《新民晚报》在美发行，我又读到了久违的报纸。"杨老先生深情地说："我与晚报可谓旧雨新知啰！"

　　短短的四天里，春秋国旅的导游带华人读者从南浦大桥到杨浦大桥，领略了浦东新区的一派风光。乘坐第一条地铁，登上浦江夜游轮，东方电视塔与外滩隔江争辉。在豫园商场购物，到玉佛寺、龙华寺进香，尝到了沪上最好的素食。在古北新区参观高级商品房，勾起了多少人在故乡购房的欲望。仅仅四天，他们都发出"上海新貌太美了，一次看不够"的感慨！

　　3月28日晚上，春雨潇潇。明天就要分别了！《新民晚报》在锦江饭店的四川厅举行家宴式的告别晚餐。此刻，没有人提议，十多只酒杯举起来了；没有一句祝酒词，碰杯了！一切尽在不言之中。

　　植根桑梓，情系中华。我将10位幸运读者在《新民晚报》社门前与社领导的合影分送给各位。有人提出建议，大家分别后，都应该写一篇此行观感，在《新民晚报》上发表。见字如见面么，这是最快速的"重逢"！

　　在送走10位美国华人读者后，他们所有的不舍与留恋，一直在我脑海里"放电影"。我马上写了长篇通讯《情满故土》，在《新民晚报》6月11日上发表了。

设立美国记者站采编当地新闻

　　我们公司拥有两份"无形资产"：一份是三万多个华人在美通讯录，曾有人要买，我们不同意，这是我们用免费赠阅换来的宝贵"读者资源"；另一份就是随订报单附加的一份读者意见征询表，列出八个问题，广泛征集读者对《新民晚报》美国版的意见。

对于读者征询表，我从中随意抽出 2000 份样本，花了整整三周时间作汇总分析。

不少征询表后，读者还附上一封长信，来补充发表自己的意愿与建议，这充分反映了美国华人读者对《新民晚报》在美发行的关爱，对初创时期产生的问题的理解，对今后改进的热切希望。

征询表的第一个问题是：《新民晚报》是否要增加美国当地新闻？结果占总数48.1% 的读者认为要增加美国当地新闻。

他们的理由是，《新民晚报》既来美国"卖晚报"，订户又是以美国华人为主，报纸只有中国新闻，总会觉得接近性差，不实用。

特别是华人经济状况大部分属中下水平，报纸上没有美国当地新闻，就还要去订一份当地中文报纸。这样负担太重，那就可能不订《新民晚报》了。

不少读者专门提出一些书面意见，希望尽快在美国东部各大城市设印点，尽量缩短投递时间，便于读者及时读到《新民晚报》，并优先考虑在纽约、波士顿开设分印点。

一些留学生来信建议订报要给一个优惠价，这样会有更多的留学生订阅。

有的读者建议采用灵活的订报方法，以优质服务来取胜。在美国订报有临时停送、报费自行延期的做法。当订户临时外出时，可以通知报社停送；归来后再恢复，订报日期顺延补足，报社不追加费用，这称为 CREDIT，中文的意思即信用、信誉！

这次征询调查，我们找到了《新民晚报》在美发行的不足。我写成专题读者调查报告，递交公司董事会。董事会十分重视，对美国读者的意见和建议逐条落实。

1996 年 11 月 9 日，经有关部门批准，《新民晚报》设立美国记者站并推出美国版，"报道中美重要新闻，传播华人社区资讯，提供各类服务信息"。报纸内容不仅更关注美国华人在当地的生活，还为当地读者提供更贴近的服务性内容。

不只美国版，《新民晚报》从 2004 年开始在全球扩大布点，寻求合作伙伴，向海外 25 家华文媒体输出版面，平均一周累计发行 245 个版，周发行量 37 万份，为传播"中国声音"发挥了巨大作用。

"卖晚报"牵出"刘海粟大峡谷特展"

在美国"卖晚报"，最大的收获是结识了许多热心、热情的美国华人朋友。华人企业家张善利就是与我有 30 年交情的"老大哥"。

张总曾告诉我，1990 年 5 月，他曾陪旅居美国的 95 岁高龄的刘海粟上大峡谷写生。这件事被洛杉矶华文媒体誉为"创下中国近代绘画史一项新纪录"。我说，这可以写一篇独家大特写。

当跨入 21 世纪，张总来大连投资。我牵住他长谈 3 小时，录了音。张总说自己拍摄了大师上大峡谷写生的 8 个小时录像，还有现场照片，等整理后下次来带给我，这样可以写得更真实。

2003 年，张总给我一盒"刘海粟大峡谷纪游"精编录像带和十多张照片，我拥有写大特写的独家"第一手素材"。

张总曾说过，他愿意将刘海粟大峡谷写生影像资料捐给刘海粟美术馆，为刘海粟艺术人生添上圆满的篇章。

2020 年，是刘海粟上大峡谷整 30 年。新建的刘海粟美术馆在沪落成了，我在晚报的好友靳文艺当馆长。

我想起张总的意愿，欲将他给我的录像带和照片等捐给新建的刘海粟美术馆。当我与张总通话后，他激动地说，这件事你帮我办！一定是无偿捐赠，让刘海粟的大峡谷写生影像"回家"是我的心意！

2020 年 11 月初，我带着张总给我的影像资料和照片，来刘海粟美术馆代张总捐赠。靳馆长当即要我向张总转达谢意，这填补了刘海粟晚年创作的空白。靳馆长还说，明年是海老诞辰 120 周年，用这珍贵的影像资料和照片策划刘海粟大峡谷写生专题展，那是独家首展！

没想到线一牵，好事来！不到 60 天，刘海粟"黄山归来再登高"成功展出，特展用张总捐赠的录像带和照片，制作成系列视频和图板，展现了刘海粟大峡谷"天下奇观"的独特写意，更加完美彰显了国宝级大师不拘一格、激情豪气的人生

　　1990 年 5 月，95 岁的刘海粟（右一）在大峡谷写生，同行的刘夫人夏伊乔（左二）、华人企业家张善利（右二）和负责保健的李医生（左一）

价值和艺术气魄！

　　我的独家长篇大特写《天下奇观大峡谷——刘海粟美国科罗拉多大峡谷写生纪实》，在刘海粟上大峡谷 30 年之际作为"献礼作品"，刊登在《新民周刊》2020年 12 月第 44 期上，用 6 个版、9 张彩色照片鲜活亮相。这篇史料性大特写，已被刘海粟美术馆收入馆刊。

　　31 年前的录像带，牵出"黄山归来再登高"特展，揭秘了刘海粟鲜为人知的往事，引起众多媒体报道。

　　《文汇报》2021 年 1 月 26 日"文化版"头条特稿《95 岁的刘海粟为何执意登上美国大峡谷写生》写道："画美国大峡谷，最终画出民族化的独特表达、不断超越的精神追求。今天，回望刘海粟 31 年前的这次美国大峡谷写生，深意远在画面之外。写生，从'十上黄山'归来到再登美国大峡谷，凝结着刘海粟不断寻求自我突破的一股精神力量。"

　　2023 年，刘海粟美术馆馆刊 38 期年刊将我的纪实文学《天下奇观大峡谷——刘海粟美国科罗拉多大峡谷写生纪实》，作为《黄山归来再登高》纪实文献展的珍贵文献收入馆刊，填补了刘海粟晚年年谱的空白。

去美国"卖晚报"，真没想到还会牵出这样独家的刘海粟上大峡谷写生的首展！

作者简历

顾龙，已回沪。

高级记者，上海向明中学六六届初中毕业生。

1950年，出生于上海。

1968年8月，赴黑龙江生产建设兵团67团，任团新闻干事，立过三等功。

1977年，考入黑龙江大学中文系攻读新闻专业。

1982年，进入《新民晚报》当记者。

1985年，为报社编委。

1994年，出任新民国际有限公司总经理。

2006年，创办国内第一份社区报《新民晚报社区版》，任社长、主编。

曾主编《北大荒新闻系》，出版自选新闻作品集《穿越新闻》。

2008年，获上海市第八届长江韬奋奖。

海归从黄河路开始

薛海翔

2024年开年，一部《繁花》电视剧红透大江南北，看着王家卫用炫丽光影构建的黄河路，看着黄河路上色彩迷离的婆娑身影，记忆一下子回到了20世纪90年代初期，黄河路上，人人梦想，个个奋进，我也是经历过的。那是我辞别家乡上海，远赴美国之后的第六个年头。

我是1987年去美国自费留学的，捏着30美元，只身来到大洋彼岸那块全然陌生的新大陆，开始了与数以万计的中国留学生大同小异的留学生涯，学英语，读专业，课余打工，送外卖，做保洁，挣学费和生活费，成了"洋插队"中的一员。

年少时，我曾是"土插队"一员。17岁那年，我从上海来到广西的十万大山，在壮族山村当名副其实的农民，打赤膊，戴斗笠，顶着北回归线以南的热带骄阳，在贫瘠山坡的红土梯田上挥汗耕作，一天三顿稀粥，一米七八的身高，体重只有49千克。有那一番"土插队"经历垫底，留学打工的区区劳顿，也就不在话下了。

初闯美利坚，我们主要的身份还是留学生，所以一定要读书。我报考的研究生专业是美国研究，这个专业非常有趣，没有设置专门的课程，可以选择研究生院开设的任意课程进行学习。当时，我主要选择的是文科专业课程，如政治学、美国文学等，我觉得这是通过学校教育认识西方世界的一个方式，从文化的角度了解美国。

另外，就是实地参与现实生活，以工作的方式走进生活。我选择的工作是给美国人当管家，就是替他们照料家务等，需要住在美国人家里。其实就是保姆，这也是深入了解美国人的一种方式。

我曾经在旧金山的富人家里、纽约的犹太富豪家当过管家，这使得我以后写《早安，美利坚》时，在表现东西文化差异时会有很多生活化的细节，如对不同阶层的美国家庭生活有不同的呈现。我也会更关注移民美国的中国人，理性地用文本比较的视野去呈现和思考。在美国留学的第三年，我获得了临时的工作绿卡。我在选择工作时还是希望能进一步了解美国，毕竟是为了解西方才去留学的。

1990年，从坐落在五光十色的曼哈顿的研究生院，来到落基山麓的丹佛市，我在中英文双语报纸《美中时报》当总编辑，当时在美国中西部十个州发行。

薛海翔在1990年7月4日《美中时报》创刊招待会上致词，时任该报总编辑

我觉得办报纸是了解一个社会非常好的方式。办了这份报纸后，我特别喜欢到各行各业去采访。如普通人不能去美国的监狱，但报社记者可以，我就去监狱采访因偷渡被捕的中国人，办报纸等于拿到了打开美国社会的"金钥匙"。

我最感兴趣的还是美国的政界，当时可以非常自由地采访州长、议员。这些经历使我快速融入美国社会，深入体验东西方的巨大差异，也积累了大量的创作素材，到了一定程度就爆发出来，使我有了非常强烈的创作冲动和欲望。

我最高兴的是每到春节，作为总编辑要在报纸头版刊出春节致辞。我曾在街头报摊看到一位老奶奶，在翻找我办的报纸，她说我们大楼里许多中国人都爱看！这时，身边的小男孩找到《美中时报》，喊着："奶奶，我拿给你！"此景此情让我感动，我们华文报曾为社区华人办过许多事，我就在"春节致辞"中写了这件事，祝华人同胞新年快乐，让我们在新的一年一起耕耘！

1992年，在《美中时报》上登出邓小平南方谈话消息的时候，我感到，一个新的时代即将降临祖国大地，我应该投身其中。

1993年3月，经过几个月的准备，我带着好几家美国企业投资中国的意向和方案，带着"薛总"头衔和好几盒名片，带着签合同用的图章钢印，道具般簇新的西装领带，还有对故国和家乡的渴念，飞越太平洋，回到了阔别6年的上海，自然被国际饭店后面的"黄河路美食街"吸引住了。

整整半年时间，我在这片热土上到处奔走，北至北京，南至海南，更多的时候，是在长三角，在家乡上海，探矿寻宝般地挖掘商机。餐桌酒席，是大大小小"宝总"出场的必至舞台，乍浦路黄河路云南路，是天南海北各路豪杰买卖交易刺刀见红的主战场。推杯换盏，美味佳肴，鬓影衣香，笙歌起落，一份份合同，一次次签字，一个个希望，一轮轮憧憬，如海浪般呼啸而来，又退潮般垮塌散去。

这是我第二次投身商海了，第一次是在20世纪80年代前期。第一次"下海"经商时的举措，如新生婴儿刚从襁褓里钻出，步履蹒跚，摇晃前行。那时，我在上海作家协会专事文学写作，面对如此新生事物，我们几个年轻人忍不住了，留职停薪，南赴深圳，办起了一家民营公司。在中国这块土地上，二三十年没有私人经商过了，到处空白，个个无知。犹如西部蛮荒，一切从零开始，更似见猎心喜，人人得而拓之。黑海行船，载浮载沉，无知无畏，一意孤行，所以，铩羽而归，是一开始就命定的结局。

此番回国，商海盘桓半年，再返丹佛，盘点商场那点收益，小得不值一提。但是，意料之外的收获，却如巨浪排空，轰然而至，一下子改变了我后半生的人生之路：

半个中国的奔波中，我亲眼看见，现如今的中国市场经济，鲜花着锦，烈火烹油，较之20世纪80年代，兴旺和成熟已不可同日而语。做贸易，炒股票，三来一补，两头在外，中外合资，面向世界，千年大门开启，隆隆响彻南北。上一轮下海经商时，初露尖尖角的种种"模式"，如今已蔚为大观，成了主导社会潮流的澎湃力量。在几个世纪的困顿之后，中国巨轮终于乘着与国际接轨的浩荡长风，驰向全球市场的万里大海；普通人也可以拥有梦想、能够相信未来了，追求幸福成了社会潮流，每个人的命运，都在这个潮流里发生改变。由此，山河重塑，人间改观，一个伟大时代到来了。

——我要把它记录下来，当时代的见证人。

这个念头，排山倒海，再也无法压制。

我离开报社，回到家里，找出一张500字格子的稿纸，复印了几百张，摊开第一张稿纸，一笔一画写下"第一章"3个字，一部长篇小说的创作开始了。在窗外落基山脉的皑皑白雪映射下，我伏案埋头，奋笔疾书。

4个月后，30多万字的长篇小说杀青，我提着一尺厚的手稿，第二次从丹佛飞回上海，来到上海文艺出版社，将稿子交给他们。我则去天平路上的文艺医院，为长时间执笔写作引发的右臂炎症做一周三次的理疗。

1995年，我的第一部长篇小说《早安，美利坚》出版。

小说讲述的是中国新移民走向海外，在文化冲击中重塑人生、反哺故国的故事，问世后引发很好的社会反响，不长的时间里四次重印，上海电视台和广播电台接连为我和新书做专题访谈，出版社也召开了小说研讨会，评论界冠之以"留学生文学的新台阶"的名号。

受到鼓舞，回到丹佛，我着手写作《早安，美利坚》第二部，书名拟定叫《无神岁月》。我在科罗拉多四处奔走，搜集素材。

正在此时，我接到了上海电影制片厂黄蜀芹导演的越洋电话，她读到了《早安，美利坚》，从上海作家协会处要到我的电话号码，邀请我回国，以《早安，美利坚》为蓝本，写一部留学生题材的电视连续剧。我说，我没写过剧本，不会写。

导演说，你小说故事性和画面感都强，适合改编剧本，编剧技巧是可以学习的。

我又一次从丹佛飞回上海，在黄导手把手的引领下，我开始创作电视剧本处女作《情感签证》。4 个月后，20 集剧本完稿，剧组成立，开机拍摄。剧中女三号是《繁花》中饰演"金科长"的吴越，二十出头，清水芙蓉。

这一通电话，改变了我后来 20 年的人生模式，从此，我再也没有涉足商海，再也没有从事贸易和投资，而是成了一名隐身幕后的编剧，写了一部又一部电视剧文学剧本，题材也从最初的海外生活，逐渐转入国内生活，商战剧、谍战剧、科幻剧、古装剧、年代剧、情感剧……凡观众喜闻乐见的，均有涉猎。粗略算算，播出电视剧集有 200 多集。

与写小说不同，小说可以闭门造车，关在家里一个人闷头写，写剧本是集体行为，一边写，一边与制片人和导演商讨框架和走向，要不停地聚集开会。所以，写剧本需居住国内，剧本杀青，我才去丹佛休整。在国内居留时间，有时会超过国外，在这个意义上，我也算得半个"海归"了吧。

30 年转瞬过去。回首眺望，这一代人的如许经历，恍如江河中远去的浪花水波，在岁月薄雾中若隐若现、如梦如幻，很快就会消失，踪影全无，如同没有发生过一样。

幸好，我们有笔能记，似水年华一旦用文字固定，便化身黝黑坚硬的礁石，倔强地屹立在历史长河中，一如沉默伫立的航标，昭示那几经变迁的沧海桑田，记住那一次次的光明绽放。而在这一切之上，还有那谁也不能撼动的日月经天，生生不息，万古闪亮。

记录历史，这是一件值得去做的事情。

作者简介

薛海翔，美籍华人。

作家、编剧。曾为美国全运会乒乓球金、银牌得主，也是拳击、滑雪和游泳好手。现居中国上海和美国丹佛市。

1951 年，出生于上海。

17 岁到广西壮乡插队务农。后在黑龙江炮兵部队服役。

1977 年，参加高考，进大学中文系。

1980 年，加入中国作家协会上海分会。

1987 年，赴美留学。

1990 年，创办《美中时报》。

1981 年，发表成名作《一个女大学生的日记》，获首届《钟山》文学奖。出版《早安，美利坚》《情感签证》等长篇小说，多部作品被国家外文出版局翻译成英文法文和日文，发行国外，累计发表百万字文学作品。

1996 年，创作电视剧的文学剧本，写就并拍摄了电视连续剧处女作《情感签证》。电视剧的题材，反映海外新移民生活，如《情感签证》(美国)、《恋恋不舍》(日本)、《在悉尼等我》(澳大利亚)、《情陷巴塞罗那》(西班牙)等。电影文学剧本《亲吻江河》获"2008 年夏衍杯创意电影剧本奖"。

2021 年，长篇非虚构作品《长河逐日》在上海三联书店出版。

美中商海浮沉记

严 捷

回首往事，我于 20 世纪 70 年代下乡挥汗耕耘，80 年代校园求学任教，90 年代美国下海经商。弹指 30 多年，去国怀乡之情未尝稍减。

不久前，我在旧金山收到一则从国内发来的微信视频，发信人是多年不见的老同事雨林。他曾是复星高科技集团旗下、上海派可斯医疗器械有限公司的销售主管。

点开视频，封面上熟悉的公司标志 PAX MEDICAL 赫然在目。这是一个展览宣传视频。就在 2023 年 11 月 13 日至 16 日，世界最大规模的医疗设备展销会，即第 55 届德国杜塞尔多夫医疗设备展览会（MEDICA），在莱茵河畔风景秀丽的杜塞尔多夫举行，各类创新型高科技医疗设备云集，5372 家展商汇聚，吸引了 83000 名医疗保健专业人士，来自全球 166 个国家的参观者人数有 20 多万。

中国展商更是大放异彩，有 1457 家展商参展，位列 2023MEDICA 之首。其中，上海派可斯医疗器械公司制造的病房、手术室设备包括碳纤维手术台、LED 高清摄像直播无影灯、医用吊塔、ICU 吊桥及数字一体化手术室系统等，设计高端大气，功用综合智能，外形酷炫新颖，在国际医疗舞台上展示了中国智造的力量，引起极大关注，观者如潮。

此前，上海派可斯医疗器械有限公司被授予"上海市专精特新企业"和"上海市高新技术企业"等荣誉称号，在全球业内有一定的品牌知名度及市场占有率。

视频下方，雨林写了一句话："严总好！你植入的派克斯种子，正在绽放！"

这句话触动了我，我随即回答："智造精华，迈向高端，今昔巨变，与有荣焉！"

雨林回复："呵呵，那是你我的记忆！"

是啊，今昔巨变，那是属于你我的记忆。因为这家公司的前身，是上海派克斯医疗设备有限公司，一家我于 1998 年在嘉定开创的美商独资企业。瞬间，思绪将我拉回那些筚路蓝缕以启山林的难忘岁月。

赴美打工准备读博

1990 年年底，我告别了复旦大学的讲坛，带着七岁的女儿来到美国洛杉矶，跟分离了三年的妻子会合。那时，妻子还在加州大学攻读计算机学位，虽打着一份工，但收入微薄。如今孩子来了，经济压力骤然加重，我必须尽快找到工作。

放下行李的第三天，我就开始在华文报缝的招聘信息里寻找机会。我曾去华埠的殡仪馆试工，用从小练就的一手书法帮写挽联。又应聘去一家服装公司手绘文化衫，画一件五毛钱，跟来自广州美院和上海画院的专业画家同台竞技，成天跟丙烯颜料和金银饰片打交道。后来又去做过搬运工、仓库管理员、汽车旅馆经理。

说来好笑，20 世纪 90 年代初美国流传一个段子，说一块招牌从空中掉下来砸到十个中国人，有六个是画家，四个是教师。由此可见这些处境卑微的中国留学生，原来在国内的地位并不低。

某工友曾问我，你上星期还在高校讲坛上侃侃而谈，今天就成了打工仔被资本家呼来喝去，心里怎么想？其实，对社会身份的骤然坠落，对生活环境的急剧变化，尤其对中西文化差异的强烈冲击，我并不像很多人那样张皇失措。

原因是，一来，想起当年在云南边疆插队落户，什么样的苦没有吃过？有这杯酒垫底，什么样的酒都能应付。二来，我学的专业是中国哲学史，素来服膺王阳明说的"人须在事上磨，方能立得住"。必须低处做人，低到尘埃算什么？尘埃里也能开出花朵。

我跟几位复旦校友相互砥砺，1991年成立了南加州复旦校友会，由伤痕文学的开创者卢新华担任会长，我做副会长。卢新华从加大洛杉矶分校东亚系硕士毕业，就去赌场做发牌员。我问他为何不搞专业？他说，我写小说，需要素材，美国赌场是一个体验生活、观察社会和人性的最佳切入点，可以尽快丰富自己的阅历。诚哉斯言！我打工虽苦，也应作如是观。

但是，人的生命法则，一是生存，二是发展。打工解决了一家生存问题，发展怎么办？人总要有自己的事业吧？我在复旦大学讲授东西方比较哲学，不能抛荒。于是我在打工之余，选修了加州州立大学洛杉矶分校的相关课程，为读博做准备，当时是1991年。

弃文经商做家具生意

没料到，一年后中国出现了天翻地覆的变化，影响之大，波及大洋彼岸，也改变了我的人生道路。

1992年初春，邓小平发表南方谈话，重启改革开放的大门，顿时春潮滚滚，出现全民经商的火热局面。美国市场上，中国制造的进口比率急剧上升。

在参加一个朋友聚会时，我结识了一位慈祥的老绅士鲍伯·布卢门撒尔（Bob Blumenthal）。闲聊中，我对他说，Blumenthal可是个很著名的犹太姓氏。他问，你怎么知道？我说，你有个本家，就是卡特总统时期的财政部长迈克尔·布卢门撒尔。20世纪30年代，他随父母举家逃离德国，来上海避难，就住在虹口舟山路一带。二战后，他曾经多次来沪寻根，说了一句话让我牢记。他说："不是我们选择了上海，而是上海选择了我们。上海救了我们。"

鲍伯听了沉吟良久，说作为犹太人，一直想寻找报答中国的机会。他退休前担任南加州家具协会的主席，也许可以利用自己的专业背景和广泛的人际关系，开拓中国家具出口到美国的市场。他郑重地对我说："如果你愿意，我们可以合作，成立一家公司。我负责美国市场销售，你负责中国的货源和品管。你回去考虑一下。"

严捷（左）和美国中和实业公司的合伙人鲍伯·布卢门撒尔的合影

我对经商并不陌生。1969 年 4 月，我到云南西双版纳州勐腊县傣寨务农，风里来雨里去地干了 3 年后，被抽调到县药材公司做采购员。除跋山涉水收购药材外，我还负责发动村寨的南药种植。但那时经商，盈亏跟个人无关，没有心理负担。现在如果下海，一是要押上自己那点血汗钱，二是经商必须全职，无法继续做我的学问，整个人生即将改弦更张，另起炉灶。

可惜吗？当然可惜！原因在于，第一，我做学问有家学渊源，父亲是国内著名学者，他于 1990 年在我赴美前过世，临终时叮嘱我清贫为学、守死善道。第二，来美前我已经有几本书出版，多篇论文发表，其中两本书被多次再版。学界同仁都以为我将来必有大造诣。倘若我弃文经商，岂非一悖家训，二违所长？

但机会难得，稍纵即逝！我一向感叹中国知识分子的困境，就像同系老师胡守钧对我说的，为几块肉骨头打得不可开交。原因是，没有经济自由，就没有独立人格。如果经商致富，做到财务自由，我就可以继续做学问，从此不必为五斗米折腰。

于是，我们很快在加州注册了一家进出口贸易有限公司：Pax Sinica Enterprises, Co.。Paxsinica 是拉丁语词，意思是"中华盛世"，代表我们希望参与中华崛起的意向，中文译作"中和实业公司"。鲍伯从各州家具公司接到许多订单。那时我已办好绿卡，方便来往于中美之间，给国内厂家下单并指导生产实木家具，主要是各种床具，包括木架床、高低床、沙发折叠床等。

问题远非我们设想得那样简单。鲍伯拿到的订单都是组装家具，要求统一规范、尺寸精准、组装容易、拆卸方便，部件可以随意互换，就连金属零件的钢质强度和使用次数都有严格要求。

但在 20 世纪 90 年代初期，国内家具厂大多是乡镇企业，缺乏现代化的加工机械设备，基本属于手工作坊，靠木匠师傅锯刨铣凿。那时国内高分子化学工业也比较落后，嵌缝补洞用的都是传统的猪血老粉，许多木工从未听说过聚酯腻子和环氧树脂。

真正卡脖子的还是木材干燥设备，好一点的厂家有老式烧窑，此外大多是自然风干。至于热泵烘干、远红外烘干、真空烘干，听都没有听说过。美单要求实木家具出厂含水量 6%—9%，经海运略有吸湿，抵港后含水量不得超过 12%。但这些厂家设备和工艺都落后，很难达标。产品漂洋过海运到美国，打开货柜，木器四处开裂，惨不忍睹。

这或许只是我基于个人遭遇的管窥。事实上，20 世纪 90 年代初已经陆续有台资、韩资、日资的木制品企业进入中国，带来先进的加工工艺和机械设备。我也接触过，但他们的产品成本相对较高，缺少价格优势。

所以，我选择的还都是乡镇企业，用订单来促使厂方尽快改善机械设备，引进现代生产工艺技术。美单指定表面工艺必须使用荷兰阿克苏·诺贝尔公司的涂料。当时这家公司已进入中国市场，我联系他们的工程师，帮助厂家提高家具的涂装水平。从宁波到襄樊，从大连到牡丹江，我经常连轴转，两年左右使得这些乡镇企业进入快速发展通道，实现产品质量达标。

中国木制家具很快就成了美国市场的主流，一度占据美国进口家具总量的 46%，每年增速都在 30% 以上，进口额从 1992 年的 3.23 亿美元猛增到 1996 年的 10.33 亿美元（中国海关数据）。其中，自然有我们中和实业的涓滴之功。

另辟蹊径创办美资企业

但作为大宗进口产品，家具也和纺织品一样，成为美国政府反倾销的主要目标。那时中国尚未参加世界贸易组织（WTO），每年都面临美国贸易制裁的风险。加上 1996 年因床档断裂造成用户坠地受伤，公司在美国经历了一场法律诉讼。最后虽以和解告终，但公司元气已亏。在家具主业面临双重压力的情况下，我们必须找到一条新的出路。这时，我接到国内的一通电话。

这个越洋电话，是在国内一家医院工作的朋友打来的。他开门见山地说："老兄，你不是卖床的吗？我们医院需要床！"

我丈二和尚摸不着头脑，只好听他继续说下去。他说国家卫生部即将开展医院评级活动，他们医院希望进入三级甲等行列，这就需要在医院管理、医技水平、医疗器械和病房设备上有一个大的提升。他负责病房设备这一块，首先想到的就是给特需和外宾病房更换病床。"病床！你知道吗，目前国内医院用的是什么病床？"

我当然知道，不就是手摇铁皮床嘛。记得以前在国内因病住院，晚上摇起床头，背靠着看书，想睡觉的时候却放不下去了。护士折腾半天，说轴杆卡住了，夜里找不到维修工，只好委屈我坐着睡觉。

"是啊，所以我们需要更换现代化的电动病床。"朋友接着说，"我们医院有1000 多张病床，计划把 1/3 更换成电动病床。有三条渠道，一是购买国产电动病床，现在虽然有国营厂家生产少量电动病床，但用的是交流电机，功能少，噪音大，操作起来惊扰病人，很不可取。二是购买美国或日本的全新电动病床，但价格太贵，目前医院的财政无力承受。三是购买美国二手电动病床，价格便宜，翻新以后，外观和功能就像新的一样。我们现在选择第三条道路，于是就来找你这个卖床的朋友。"

我总算明白了他的意思，笑着说："此床非彼床，我卖的床属于家居行业，你要的电动病床属于医疗行业，是两个完全不同的领域嘛！"

朋友哦了一声，接着说："我们原先是通过一家台资公司经手这笔采购，但台商报价太高，没有谈成。我们要的床虽说跟你卖的床是两个不同的领域，但请你至少帮我们了解一下美国二手电动病床的行情。"

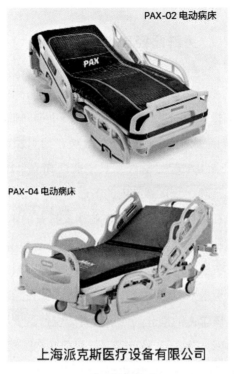

电动病床

　　美国的市场咨询十分发达，我稍一了解，立刻明白，这项业务大有可为！电动病床的历史可以追溯到 1874 年，美国发明家塞缪尔·哈珀（Samuel Harper）获得了第一项电动病床的专利，这种病床具有多种功能，可以通过电机来控制床头、床尾和床板的高度和角度，改变患者的各种体位，配合医疗措施的施行，并促进患者的康复。

　　随着全球医疗技术的进步，电动病床以其人性化和智能化服务，首先在欧美发达国家得到普及。目前美国医院用的全部都是电动病床。随着智能技术的发展，电动病床更新的周期也在缩短，每年都会有大批二手货以很低的价格进入市场。

　　而此时的中国医疗事业正在经历改革，万象待新，对现代化的医疗设备包括电动病床的需求极大。但当时各级医院依靠国家拨款，经费有限，无力购买昂贵的全新进口设备。作为过渡，先从国外二手设备入手，未尝不是优选。

　　但问题的关键在于，当时中国的政策是否允许进口二手医疗设备？从今天的发展视角看，二手医疗设备涉及环境污染和医疗安全，监管难度很大。经历 30 多年发展，如今中国已经成为世界制造大国，连 CT 和 MRI 等高端医疗影像设备都已走向国际，电动病床这类产品更是不在话下，进口二手医疗设备已完全失去必要性。所以 2018 年，中国司法部和市场监管总局公布《医疗器械监督管理条例》，明确禁止进口二手医疗设备。

但从历史角度看，凡事都有一个发展过程，20 世纪 90 年代是改革开放初期，国家是允许进口二手医疗设备的。一来可以尽快满足日益增长的医疗服务需求，二来可以从国外二手设备中汲取经验和技术，以促进国内的生产和创新。关键在于监管，杜绝进口二手设备可能带来的环境污染和技术安全隐患。要达到这个监管目的，我们公司制定了两项要求：第一，必须采购原始状况最好的病床；第二，必须全部翻新。

好在美国二手医疗设备市场很大，足够让我们做选择。很快，我就联系了北卡罗来纳州一家专门经营二手电动病床的皮特蒙医疗设备公司。300 多张病床的单子对他们而言有足够的吸引力，他们热情欢迎我们前去验货。

中国医院立即派出两位采购代表飞到洛杉矶跟我们会合，再一同飞到北卡罗来纳州夏洛特道格拉斯国际机场。皮特蒙公司的 CEO 拜伦和销售总监赛格曼已经在机场恭候多时，一番寒暄，便把我们一行迎上专车，驰经风景秀丽的蓝岭山脉，来到山脚下的公司总部。

宽敞的仓库中摆满二手电动病床，整齐一色，都是我们确定的 Hillrom 品牌。中方代表仔细验看，并测试了各种功能之后，表示满意，再听到美方报出价格，更像捡到大便宜。但是谈及翻新要求，双方产生了分歧。美方提供的菜单有两种，一种是低度翻新，一种是深度翻新。低度翻新是对旧病床进行全面消毒清洗，修补脱漆，抛光金属部件，更换床垫。深度翻新则是全床架重新烤漆，更换新的床头板、床尾板、护栏及控制线路，这样翻新以后，跟新床无异。我们当然选择深度翻新，还提出附加变压器，因为美国电压是 110 伏，中国是 220 伏，电源必须变压才能使用。

美方告知，刚才的报价，是低度翻新的价格。如需深度翻新，则将涉及更多的人工和材料。经重新核算，美方报出的价格，中方无法接受，谈判陷入僵局。

美方几位高管进入里间办公室商量后，那位"高富帅"CEO 拜伦出来对我们说："那就这样吧，今晚我们举行美中饮酒比赛，谁赢了，就按谁说的办！"

这就撞到中方的枪口上了，那两位北方人都是饮酒无量的汉子，正好从中国带来两瓶五粮液，原来是送给我的，这下派上用场，立刻欣然同意。

暮色苍茫中，我们驱车来到拜伦建在山顶的别墅。绿茵如毯的草坪上灯光通明，摆着一张长台，一边摆着美方的两瓶 XO，一边摆着中方的两瓶五粮液。当五粮液的瓶盖打开，一股浓郁的酒香在夜空中飘散开去。拜伦闻到，惊诧莫名，凑到瓶口嗅嗅，立刻转头对销售总监赛格曼说："我从来没有见过这种酒，这下我们可能要输了！"我把这句话翻译给中方代表听，他俩顿时信心大增。果然，喝到半夜，拜伦和赛格曼酩酊大醉，都趴到了台子底下。

这场比赛，中方告赢，获得了满意的报价。事后，赛格曼告诉我，美方珍视这张订单，情愿自己消化深度翻新的额外成本，希望能和中方长期合作，饮酒比赛就算一场互信仪式。

这次经历，使我意识到，二手电动病床的生意能否开展，完全取决于翻新的成本。美国人力成本高昂，不适合从事深度翻新业务。最佳选择，就是在中国办厂。

于是经过一年筹备，1998 年年末，我在上海嘉定注册了美商独资企业——上海派克斯医疗设备有限公司。这项投资受到当地政府的重视，上海食药监督管理局的领导和南翔镇党委书记都参加了开业典礼。美国皮德蒙医疗设备公司也派赛格曼前来中国祝贺。可以说，当时我们是在对的时间、对的地点，开展了对的项目。

美商独资企业——上海派克斯医疗设备有限公司开张仪式

开始两年，我们通过了上海药监局严格审查论证，取得"医疗器械注册证书"，翻新电动病床、产床和手术台的销路逐渐打开，上海、广州、南昌等地几家二甲、三甲医院都在使用派克斯的产品。那时，国内厂家尚未掌握直流无刷静音电机的生产技术，历届全国医疗设备博览会在病房设备这一块，参加展示的寥寥无几。

但中国人的仿造能力举世闻名。很快宁波某民营电机厂两位国外留学归来的小伙子就仿造成功德国直流电机。这一核心部件的破解，直接导致各地生产电动病床的厂家如雨后春笋般涌现。2001年后的全国医疗器械博览会上，国产电动病床林林总总，触目皆是，在价格上有绝对的竞争优势。

这时派克斯面临的问题是，如果固步自封，必定死路一条；但如果开展创新研发，自忖缺乏资金和技术实力。正所谓"山重水复疑无路，柳暗花明又一村"，2002年，上海复星医疗器械公司跟我联系，希望组建合资企业。他们的产品研发和市场能力我是了解的，复星旗下的胜利牌牙科椅和齿科器械一度占有国内市场近30%。他们对开发电动病床，特别是手术台、无影灯很有兴趣，正好派克斯有现成的医疗器械注册证，双方合资会是一个很好的新起点。

2003年，中美合资上海派克斯医疗器械有限公司正式成立。复星控股，我虽挂着董事长的头衔，但大部分时间在美国，企业的一切生产研发销售都由中方操作。

重归学术去哈佛做研究

2005年，我萌发了重归学术的念头，跟当代新儒家的代表人物、哈佛大学燕京学社社长杜维明教授取得联系，在复旦大学时，我曾跟杜维明教授有过接触。他来函邀请我去哈佛燕京做东西方哲学比较研究，不支薪，但可承担研究资料等项费用。我在商海浮沉十多年，是时候重回本行了。

于是，当年由合资方复星医疗买断我的股份，并购了上海派克斯，我彻底离开了自己亲手开创的企业。但我深信，这家企业在复星手里必将苗壮成长，大放异彩。果然，今天当我重新看到PAX的企业徽标，看到上海派可斯医疗器械有限公司在德国MEDICA医疗博览会上的风采，我怎不激动？

"严总，你植入的派克斯种子，正在绽放！"

雨林，谢谢你这句话！

作者简介

严捷，美籍华人。

1952 年 12 月，出生于上海。

1969 年 4 月，赴云南西双版纳勐腊县插队务农。

1978 年，毕业于云南大学生物系。

1987 年，获复旦大学哲学系硕士学位，留校任教。

1990 年，赴美留学，后转入商界。

1998 年，在上海嘉定成立上海派克斯医疗设备有限公司。

2003 年，与复星医疗器械公司组建中美合资企业。

2005 年，由复星医疗器械全面并购。

2005 年至 2009 年，担任美国法斯空气隔离净化公司亚洲区总监之后重归学术界，曾出版合著《列子译注》《中国古代哲学寓言故事》《中国哲理寓言》等书。

我在美国做寿司

陈　荧

我是七四届初中生，曾在上海市长征农场务农。2007年因儿子赴美求学，我也踏上大洋彼岸，开始我的第二次出征创业。我热爱生活，从零起步，一晃已有十余年的光景⋯⋯

刚到美国时由于语言不通，自身又没有背景，我的生活并不事事如意，我的生活及生存能力面临着艰难的挑战。好在我本人自小喜爱艺术，对美学有着一定的追求，又擅长烹饪与美食，在好心朋友的推荐下，我去了一家日餐店学做日式料理。这样既有一份稳定的工作，又不失以前自身的一份爱好。朋友们相信我凭一双巧手，一定能做得得心应手。我也很乐意做这门工作，因为在国外所谓好的生活，其实就是拥有稳定自适的，能让自己的心性安稳下来的一份职业，这其实就算是成功了。

在异国他乡为了谋生，我学会了日本料理这门手艺，并且做了餐厅的主厨。凭借多年累积的经验，我工作起来还是游刃有余的。在美多年我观察到，美国人喜欢品食日本料理，于是我在鱼的食材及料理的做法中下功夫。平时，我有意结识了很多美食家，倾听他们对口味的追求，根据他们的口感味觉作进一步探究。在这些调查了解的基础上，我推陈出新，努力改良，制作出适合美国人口味的创新寿司。美国南方人喜爱吃牛肉，于是我选用上好的神田牛肉，加芝士及牛油果，做成新品寿司，取名 KOBE 圈，结果一炮而红，深受食客们的喜爱，成了餐厅的招牌菜系。

我在料理台前精心捏着人们点餐的美味寿司，看着食客们津津有味地温馨品尝，心中的喜悦不言而喻。能得到人们的接受与喜爱，对我而言在某种程度上就是一种鞭策与前进的动力。

在长年累月的工作中我还注意到，美国小孩的兴趣爱好及独立动手能力较强。记得有一回，餐厅来了一对父子用餐。当我做完寿司，服务生端盘为他们送上美食时，这对父子的脸上表露出惊喜的神态，他俩被我的立体摆盘深深吸引。小孩还走到寿司吧前聚精会神地看着我操作，然后对他父亲提出了小小请求：要跟我学包寿司卷。本以为小孩是一时好奇，说说玩玩而已，哪知道在随后的几天里，他经常在父亲的陪同下来我餐厅，几次三番站在寿司吧前专心致志地看着我捏寿司。我在与他父亲的攀谈中了解到，小孩幼托班里老师布置了作业"做自己喜欢的事"，注重培养小孩学龄前的个人兴趣爱好、独立思考动手能力。五六岁的他爱上了做寿司，并得到长辈的引导和支持。我被小孩虚心求教、孜孜不倦的求学精神所打动，愉快地接受了他的请求，尽可能友善地给予帮助……我与他父亲开玩笑说：制作寿司手起刀落飞快过人，刀具可不是一般人都能玩得转的。

做寿司看似简单，但要让每一粒米都晶莹剔透有光泽，有饱满度且富有弹力。如何把米饭做成好吃的寿司，实际考验手上的柔韧性和真功夫，需曝饭均匀，需细心合理地采用多道工序，等分地捏饭团及掌握切圈的刀工技巧，这些都是做寿司时必不可少的关键环节。看着这孩子个儿与寿司吧台差不多高，我用小板凳为他做了一个崭新的垫脚平台。看着他全神贯注、天真烂漫、认真学习的那股劲儿，

大手牵小手，手把手地教美国小孩儿学包寿司卷

我感受到了童真之美。小孩在我耐心地手把手言传身教下，很快就掌握了包卷的要领，成了我所带的徒弟中最小的小不点儿。在制作过程中我问他："你动手学会做了以后，准备第一个先包给谁尝？"他吧嗒吧嗒闪着大眼睛不加思索地回答道："等幼托班的同伴们过生日之时，亲手包卷作礼物庆生日！"可见在他幼小的心灵有着浓浓的伙伴情意……

　　寿司是现代人喜欢的美食之一。经常有食客当看到餐盘端到面前时，会对着食品端详欣赏许久，舍不得先吃，而是情不自禁拿起手机第一时间拍照留念转发朋友圈，然后发出啧啧赞叹。

　　我为食客们喜爱美味佳肴之情所动容，心中的幸福成就感油然而生。当食客们笑容满面地给我们送上小费时，也是在对我们的辛勤劳作付出表示赞誉和认可！

　　我拥有一双烹饪的智慧巧手。记得在情人节之际，我用自己独特的美食风格，做出了带有自我创意的时尚元素"爱心造型图案"寿司圈，深受情侣们的厚爱。饮食除了带来一种味觉的满足、感官的享受，更多了一份人们对食材颜色搭配的追求。独特的设计创新风格会给自己带来更多乐趣，更给食客们带来口感上的满足。人生最好的生活，是忙有所值、闲有所趣。每个人心中都有自己的志向，当把工作当作生活和艺术，你就会享受工作带来的乐趣。对我而言，我对美食是相当感兴趣的，我视日本料理为一种手工艺术，而我的工作不仅是一个极好的自我

食客们见到寿司爱不
释手，纷纷拿出手机记录
下自己所点的心爱美食

展示平台，更是在向人们传递这一艺术的美……

　　记得有一次，餐厅的一位熟客要在节假日举办私人 party，让我上他府中为他的亲朋好友做一餐融合美国口味的日式料理。当食客们见我以熟练的刀工将整条三文鱼作了解剖，对鱼肉拔刺去骨，并用鱼的不同部位制作了刺身拼盘及包卷时，无不惊喜称赞。

　　还有一次，当我操作完料理流程后，主人向宾客们隆重介绍我是一名华裔上海籍日餐主厨，宾客们向我投来赞许的目光。在场有一家曾多次去过中国上海的美国人深情地说，中国变化真大，他眼里的魔都正日新月异地飞速发展，浦东、浦西齐头并进，建设蒸蒸日上，正赶超欧美时尚……在场的乐队当众即兴特意为我演奏了一曲爵士乐改编的《上海滩》主题曲。动听的旋律响起，音乐无国界，在人们心中架起了一座中美友谊之桥梁，让我为之感动。

　　我凭借对艺术那份最纯粹的热爱与执着，重视艺术的创作之美。我喜欢烹饪美食，注重创新精致的摆盘模式及颜色搭配。我很喜欢法国大文豪福楼拜的一句话：人生最为辉煌的时刻，并不是你功成名就的那天，而是你在悲叹和绝望中产生对人生挑战的欲望，并勇敢迈向这种挑战的那一天。人间烟火各有遗憾，只要

精致的寿司摆盘及色彩搭配

我们今天过得比昨天好，就有希望！

　　生活的底色，本就是人间烟火。换句话就是：工作中你有能力去选择与掌控一种你喜欢的并且真正适合你心性的生活方式，成就是来源于昨天今天的奋斗与努力！

作者简介

　　陈荧，旅美华人。

　　1956 年 9 月，出生在上海。

　　上海崇明长征农场七四届中学毕业，曾在长征农场粮油站保管组工作。

　　1983 年，至上海市嘉懿文化公司，做公关团队执行大型会务等工作。

　　2007 年，随儿子赴美求学。

　　2008 年以来，曾任职于 KOBE、MOMO、AMA SUSHI 等日式料理店。

从"全工半读"到"率性而读"

沈安妮

　　在中国当过知青的我，自从来到美国就意识到：要想寻更好的工作，就要上更多的课。而后却变成了为兴趣上课，在知识的海洋中上下浮沉，亦喜亦悲。

　　一到美国，我就在成人学校英语班练口语和听力。几个月后，我在社区大学读英文，学电脑普及课，甚至参加了护士训练计划。学习何种技能和专业不由我定，而是由社会需求决定。当我收到银行工作录用通知后，我立刻退出护士训练计划。领工资永远是首选。身负养家糊口重任的我从来就只能全工半读，白天在办公室看老板脸色，夜晚在教室听教授讲课，老板为我发工资，我向老师们奉上"束脩"。长了点儿本事更上一层楼后我继续读书，书中自有黄金屋。

读书苦，有时候苦不堪言，有时候苦中作乐，但总有一天，苦尽甘来。美国的学校对大家开放，人人都有机会求学。可为提高生存技能走进学校，也可为兴趣所好学习，当然更可以去学校寻朋求友且社交多多。"土插队"挣工分糊嘴，"洋插队"挣学分养家糊口。全工夜读确实艰难辛苦，好在半夜做功课，考试时脑子一片空白的日子都是"过去式时态"，更是"过去完成式时态"。"现在进行时态"是我潇潇洒洒地读小说、杂志、报纸，看新闻和电影、电视剧，在微信、电邮平台上与人谈天说地，夜深人静时写杂文、回忆录。人生如此，夫复何求！

在太平洋畔全工半读

我所居住的城市位于美国西部太平洋畔，夜晚时分常常雾气朦胧寒风阵阵，然而学校的教室永远明亮如昼温暖如春。走进教室，作为新移民的我开始了漫长的求学之路。偶尔，听老师讲课时我的思路会滑向多年前插队落户的小山村茶叶寨，想起油灯闪烁的寒夜，吹熄油灯后的漫漫长夜，忆起风潇潇、雨潺潺，青蛙鸣、夜鸟啼、狗儿吠、猫儿叫和蚊子嗡嗡、蟋蟀声声的意境。

曾耗在茶叶寨的稻田、玉米、小麦和荞麦地里的漫长岁月，以及之后在上海家中无所事事的几千个日日夜夜，将我塑成电脑专业老学生。在长达14年的电脑本科学龄间，那些高中毕业入校的男女孩们视我为小姐姐或大姐姐，其实我已与他们的老妈同龄。他们白天精神抖擞听老师讲课，周末开派对、看电影、玩游戏，一切随意。而我在办公室的工作是打字写程式和寻找电脑系统错误、研究工作进程、开会或向老板汇报工作等。下班后，赶回家接孩子做饭，饭后再出发，去学校学习电脑操作系统、软件设计、网络原理、微积分、线性代数、物理、英语、历史、社会学、心理学、亚裔研究和艺术等各种课程。

在国内读到初中二年级，在美国大学入学审查人眼里只是"白纸"般的学历，而"白纸"上需记录100多个学分后才有望获得毕业证书。我的入学情况有点悲催，美国的大学学位有点遥不可及，但我有信心，自己会一步一步摘下胜利果实。

家——办公室——学校三角行程图

那时，边工作边读书的我活得很累很累。早上 6 点半起床，7 点拖着孩子奔向车站，将其送进托儿所。然后坐车，在拥挤的车厢里用身子抵住硬硬的座位，手匆匆忙忙地在脸上刷点颜色算作上班妆。公车一阵摇晃，我东倒西歪，手上的口红毫不客气地沾到了隔壁男士的白衬衫领子上，到站下车就挤散了，我欠陌生男人一句道歉！出站后，我通常是奔向工作银行的高楼办公室。许多亚洲人包括我拿着最低的工资却都争抢着早上班、晚下班和放弃工休。下午是最难熬的时段，电脑屏幕上的数字变得越来越模糊，赶紧喝咖啡，浓烈微苦的咖啡似乎使屏幕上的数字变大了。银行高管一向都很慷慨地为大家备足免费咖啡。

我上英文课时尽量躲在教室角落保持低调，避免与老师四目相对。此外，我最讨厌物理实验课，晚上在同一张板凳上坐 3 小时之久后，没人能保持一直清醒。9 点以后，坐在物理实验课桌边靠在墙上的我一闭眼就迷糊了。

对大多数学生来讲，物理都是一门艰难的学科。物理实验课老师警告我："对大多数学生来讲，物理都是一门很难的学科。我看你是没办法在我的课里待下去的，你不应该修物理课。"老师一心要将我踢出教室，我怎么会甘心！物理实验课是电脑专业的必修课，我必须坚持。后一想，我只能哀求："老师，请让我继续上课，概念物理课我得了 A，力学我得了 B，我够格上物理课。"

毫无怜悯心的老师不为所动。学期结束时，毫不留情地判我不合格了。幸运的是，申请电脑专业毕业时，物理实验课虽没过关，物理系系主任仍然大笔一挥批准了！也许是因为我读电脑专业，不是电脑工程专业 Double E，系主任放了我一马。

我极少在课堂上提问题，怕引来哄堂大笑。我的妹妹在加拿大上电脑课，尽管说一口破英文，但她在教室里总是大胆提问。一次讲解电脑计算过程中的虚拟数 dummy 时，不知道虚拟数一词在平常生活中作傻瓜和呆子解的妹妹举手提问："什么是虚拟数？""什么？什么是虚拟数？"老师非但没有回答问题，反而大声重复了等同"什么是傻瓜呆子"的问句，登时，全班爆出哄笑，笑声中妹妹止不住流下了眼泪。自此，我们全家都永远记住了英文单词 dummy。那时有一条新闻：

一个日本留学生走近美国人家时，房主喝令他 freeze（中文不许动），留学生听不懂那个单词就继续向前行进，房主一枪打死了这名年轻的留学生。自那以后，全日本的老百姓都学到了单词 freeze，那是用生命换来的永久记忆。

我喜欢穿显年轻的紧身牛仔裤，却在去学校的路上被浇成落汤鸡。坐在教室中的 3 小时里，我好像不是穿着布料制成的裤子，双腿简直是被坚硬的铁片紧绷绷包裹着，又冷又硬。休息一刻钟，老半天我才从座位上站起来，再费更大的劲才勉强坐下去。本想回家，想了想，还是继续上课吧，电脑操作系统的课程太重要了，绝不能早退。

电脑学位也许遥不可及

在我可以充大姐的电脑班里，我总是疲惫不堪。白天上班晚上夜课，而重要的课程如三门微积分从来都没有夜课。因此，我不得不使用休假，连续 6 个星期白天参加微积分的课程。夏天，学期短而课程紧张，星期一至星期四每天早上有 3 小时的课程。下午，我须赶到工作的办公室，检查和处理公司电脑系统运作中的各类杂事。晚上，才能定下心来做功课，最多只能完成老师布置的必做作业。那次微积分考试，我紧张到脑子里一片空白。考完后，当身边人一如既往地祝贺我再次攻克了一门课程时，我简直快哭了。他们不知道我在考试时一度神经紧张，被一道有关初速度和加速度的考题难住了。那一刻，我不是在考虑如何使用微积分公式解题，而是在脑子里野马奔腾：过不了考试关这堂课肯定报销（上海话，指完蛋了），且不谈我在办公室的"读书名声"，我浪费的是两个人的时间精力，我的休假学费统统打了水漂，家人用休假接送我上学、上班统统成了无用功。

我告诉家人，考试时我会突如其来地感到焦虑和挫败。他说，考砸了没关系，可以下学期重读微积分的。他对我的学习能力很有信心，只是担忧：考试时我那出乎意料、突如其来的紧张无助与我的能力无关，而是来自我的年纪和全工半读的巨大压力。如果重读再考试，那我会更紧张或再次失败，至完全丧失信心，恐怕永远无法获得电脑专业学位了。也许有一天，我得哀叹一声：面对现实吧。即便如此，我还是热爱电脑专业，这辈子我捧定了电脑饭碗。

教"网络原理"的女教授很细心，关照大家需要在凌晨测试我们的作业，因为半夜里网络世界比较清净，她在网络上发数据信号，我们上网搜寻收取并检测她的数据信号。三更半夜，人们都已进入梦乡时我倒是很清醒，折腾两三个小时后天亮了，此时此刻的我睡意袭来却不敢多睡，调好了闹钟后最多在床上眯眯眼便要出门上班了。

爱上什么课就上什么课

我喜欢读书，读各种我可以抓到手的书籍，好读书而不求甚解。下乡时，在几乎为文化沙漠的茶叶寨里无书可读的我，甚至细读了当地小学老师的中文语法书，从枯燥的语法书里知道了语言学家王力，也发现文法书里的例句常常很优美。

我走进了电脑系专管毕业事务的教授办公室，递上了我的毕业申请书，并请求教授审核批准。我说："下午好，教授。我对教授你所教的课程非常有兴趣，打算下学期上你的课。"教授不言语，低头扫视桌上的文件后，抬头检视电脑上我的学分，接着他拿起笔来在我的毕业申请上画了符。他的签名犹如茶叶寨病家贴在屋梁上的驱病符，我笑着连喊："谢谢，谢谢！"教授也笑了，说出他的最后金句："算了吧，你是不会来上我的课的，你毕业了。"

从此后我为兴趣读书，在大学工作的我"近水楼台先得月"，有各种免费课程免费学位，我于是开始了"爱上什么课就上什么课"的新生活。

美国课堂里所见所闻

我上过一堂专为母语非英语学生设立的英语课。按常规，第一堂课上师生均作一番自我介绍。我谈了所学专业及职业后，中年妇女英语老师高声说道："学电脑？在电脑上做工的人都很古怪。"古怪？什么话？我简直不敢相信我的耳朵，一个英语老师居然用"古怪"来评判电脑从业人员。兴许电脑从业人员确实具有一些特质：考虑问题重逻辑，思考后发表评论，说话不那么冲口而出，比如不会在课堂上对某行业公开发表负面评价。如果我和那位英文老师一起观看美丽日落，我相信，老师将会手舞足蹈连声"啊，啊，啊"的，而我只是安静而"古怪"地欣赏美景。

在"电脑软件开发"课程考试结束前半个钟点时，坐在我边上的男同学不知为什么急急忙忙地交了考卷，然后他就坐在位子上等我交卷后一起走。就在他无所事事东张西望时，那位曾经在南斯拉夫贝尔格莱德大学工作过的教授将考卷退还给了他。教授的不寻常举动令我俩大吃一惊，我立刻明白了男同学一定是做错了考题，而且是很明显的大错，男同学赶紧改错后向教授的善心表示感谢。教授告诫说："一个工程机械电脑等学科类的学生，必须牢记在学习与工作中永远保持常识性的判断力。"

教授"逻辑学"的老师是令人难忘的学者，高高的，满头白发，从来不按时下课。"逻辑学"的最后一堂课是期终考试，教授一进门便宣布考试完毕他还要继续讲课，大家都很不高兴。我觉得大考后应该立刻丢掉书本回家睡觉。不管怎样，或许是出于尊重或让教授开心，考完试后大家都安安静静地坐在椅子上装模作样听课，身在教室而心在家里的床上。工作几年，我渐渐意识到从白发教授课堂上学到的第摩根定律是电脑从业人员职业生涯必备知识中的重中之重。

印度裔教授用印度口音极重的英语讲"线性代数"。教授热心帮助我解决电脑制作地图时所遇到的困难，也请我为其他学生介绍工作。令人印象最深刻的是，教授喜欢手指教室角落，建议大家以墙角落为基准，在脑中建立三维空间的概念。教授的建议确实有助于形成抽象思维三维空间坐标系，但这总让我联想起茶叶寨我们居住的茅草屋里，高低不平的凹凸地面，布满细碎砂石的墙面缝隙里冒出的苍白嫩草芽，那倒是可以成为人类学课程的研究范例。

美国的老师们通常对外国学生尤其是具有不同文化背景的女学生缺乏了解。在一次物理课期中考试的考卷上，我读到"棒球赛"里的"本垒打"，很是莫名其妙，估计是有关抛物线距离的计算。在中国，最普及的球类运动是乒乓球、篮球、排球和足球，在上海长大的我从来没听说过"棒球"。给物理考试出题的教授，肯定以为全世界的男男女女都是跟他一样的棒球迷。

电脑系犹太人教授受邀访问过中国，他爱吃中国菜，学期结束时安排大家在中国餐馆聚餐。师生之间通过烤鸭、干烹鸡、核桃虾仁、清炒豌豆苗等菜肴建立了友谊。教授告诉我，他在读博士学位时一度因为压力太大而去了非洲大草原，他在那里为旅行团开车，在长颈鹿和狮群野象队伍中转来转去。在那种地方讨生活，永远得牢牢记住不准下车，一旦双脚离开汽车就彻底完蛋了。身为电脑系教授，他也是在经历过"压力山大"后才晋级为终身教授的。

老师们肯定想不到，学生们从他们一堂堂的讲课中所获几何。翻百页英中词典才能读一页英语课本的我上了必修课之一的"心理学"，按照老师的要求购了好几本包括《自我论EGO》在内的心理学书籍，尽管只读了"自我论"的第一页，也是唯一的一页，我还是勉强过了考试关。自那以后，我一直弄不清楚"自我"这个单词的确切语义，甚至弄不清是贬是褒。一学期的"心理学"课程后，真正过耳不忘的是老师对进食的见解，老师说："凭着自己的身体需要吃东西。"我同时牢记了老师的举例，她在一个炎热的夏天竟然吃了一大袋番茄。

老师们的闲扯常常比课本上的正宗教学更令人印象深刻。尽管必须借助英中词典才能读英文著作，我还是因对文学的热爱而一次又一次地走进英文文学课的教室，心甘情愿地读书做功课，翻词典不息。那位后现代主义的英文文学教授不下一次向我们解释概念，而上文学课数年后的我，依然在后现代主义上纠结不清，却牢牢记住了教授及他的小同伙们如何憋出老男人的声音打电话，为邻居老头点披萨、送披萨，然后一窝蜂堵在窗户前等着看戏，而送披萨的员工按老头家门铃的那一刻就是好戏开场。教授的随便一说缠进了我的脑海，以后凡是吃披萨，我便想到了后现代主义，而一读到后现代主义，我便立刻联想起披萨。

美国犹太人作家菲利普·罗斯的作品是美国文学课程中的必读书。拜读罗斯小说的我，开始关注有关二战犹太人集中营的报道，一则真实记录令人难以忘却。一个长年被关押在集中营中随时随地可能被杀害的犹太人，并不是整日里愁云惨雾地度日，偶尔吃上一碗面，获得片刻享受的他就会高兴一整天。很多人会觉得不可思议，在我看来这确乎反映了真实人生。"习惯"是上帝的恩赐。当一个人习惯于每天挨饿时，一碗热面条汤自然成了人生的最高享受，并为此而由衷感恩。习惯了艰难困苦的我为所有的赐予而由衷感恩。

作者简介

沈安妮，美籍华人。

1951年，出生于上海。

1969年，上海市新沪中学六七届初中毕业，赴贵州省长顺县茶叶寨务农。

　　1983年，赴美国留学，之后任职于美国银行、市政府卫生局、加州农业局、加州政府保险公司及加州大学。

　　长期全工半读后获电脑学士学位，修习英文文学及中文课程后获中文文学硕士学位。《我的电脑生涯》获《世界日报》、"知青征文"三等奖，应中文报《星岛日报》之请为华人社区介绍美国新书，在美国华人报刊、中国《美文》及《花城》期刊上发表过文章。

让中国民族舞蹈之花在北美舞台绽放

王 平

我一生钟爱中国民族舞蹈，从小就接受舞蹈的磨炼。2009 年夏，我随女儿定居美国，至今已有 15 个年头了。

我在黑龙江生产建设兵团时，利用业余时间与爱好文艺的战友们组织业余文艺小分队，在食堂、晒场排练节目，我是舞蹈编导。在每年团部汇演中，我们连队的创作舞蹈总能获奖。

之后团里成立文艺宣传队，我被调去担任舞蹈创作编导。我根据培育东北细毛羊的生活题材创作的舞蹈，还在五师汇演中获了奖！

来到美国以后，我用自己擅长中国民间舞蹈的一技之长，为中美民间文化交流做了点事。

组建"美华乡韵"舞蹈团

2010 年，我应聘于马里兰的哈维中文学校，在三个成人舞蹈班中任教。之后应众多舞蹈爱好者的请求，我开办了校外舞蹈普及班，为在北美大地上继续舞蹈教学和舞蹈创作打开了广阔天地。

王平应邀参加中国大使馆晚宴留影

来舞蹈班学习的很多是来自各行各业热爱舞蹈的职业女性，她们有学习舞蹈的热情，缺乏舞蹈的基础技能。有的学员学了几周，觉得很难学会，想打退堂鼓。我就与学员们讲自己学民族舞蹈的经历。

我说道，这活跃的文艺细胞，不仅因从小对音乐舞蹈有特别的喜好，还因受到小学特别是中学时的艺术活动的熏陶。我在小学四年级考入了上海市工人文化宫红孩子艺术团舞蹈队，在上海舞蹈家协会专业老师的指导下学习了数年，有了扎实的基本功。

进入向明中学，学生课余文工团为众多爱好艺术的同学提供了成长的空间。大礼堂的舞台上，高质量的合唱、话剧，及高水平的琴手、乐手、歌手的表演令人赞叹不已,非常享受!

我参加了舞蹈队后,又和班上数位同学参加了校口琴队和迎宾腰鼓队,对文化艺术求知的眼界更为开阔!

中学的文艺生活是多姿多彩的!教我们音乐课的是在上海业余合唱团唱女高音的卢淮伯老师,我的五线谱基础知识就是在她的课堂上学的。我饶有兴致,随后又买了学习乐理知识的书,对音乐的兴趣愈加浓厚。

"文革"动乱的年代,学校图书馆清理出一批所谓"封、资、修"的书籍堆在地上。我无意中翻出一本《和声学》(苏联音乐家所著),匆匆看了几页就爱不释手了……后来这本差点遭厄运的书伴我去了兵团,成为我当年学习和参与音乐创作的最佳理论指导。

我对舞蹈班的学员们说,学习中国民族舞蹈,一要有痴迷民族舞的爱心,二要有坚持不懈学习的恒心,我有信心让大家学会、学好民族舞。

在每周两次的舞蹈培训课上,从严谨扎实的基本训练开始,一个个舞蹈基本动作练习,让学员们增进了身心健康,美化丰富了生活,自身艺术修养和舞蹈技能也得到不断提高。

有一位在国内从小学芭蕾的学员,来学民族舞蹈,就是为了好玩开心。但没想到跳民族舞需要柔软的身体,而她现在已是中年人了,身子有点僵硬了,有点儿没心思学了。我就鼓励她,你学过芭蕾有本钱,坚持就有收获。我不厌其烦地教她拉伸,做一些简单的体操,很快她成了班里的舞蹈骨干!

我在基础培训结束以后,将其中的"舞蹈苗子"组成提高班。让学员掌握中国民间舞蹈的五大技巧,即传统风格浓郁、丰富多彩的动作,自由流畅的起伏节奏,富有地域性特点的表现手法和追本溯源的传承方式,并提升理解中国民族舞特征的个人素质。在有了一批优秀的民族舞学员后,我组建了"美华乡韵"舞蹈团。

舞蹈团在美社区弘扬中华文化

"美华乡韵"舞蹈团活跃在社区中,以弘扬中华文化为宗旨,使得中国民族舞的演出特色在所在城市里小有名气。

当地媒体会问我："为何要在海外传播中国民族舞蹈?"我说："博大精深的中华文化是我们海外华人的根,而中国民族舞蹈是中华文化的重要载体。我希望能在海外呈现民族的艺术,让更多人了解、走近中华文化。"

我常常想,中国舞蹈种类繁多,其中民族舞蕴含着东方韵味,具有很强的艺术感染力,因此,我的舞蹈教学课程更多围绕中国民族舞展开。特别是在编排参加社区演出的节目时,我会选择有特色的民族舞蹈,如蒙古舞、红绸舞、秧歌舞等。虽然十分有挑战性,但是如果做得好,一定会充分展现中国民族舞的魅力,让外国人眼睛一亮!

我每年都会在除夕夜看中央电视台的春节联欢晚会,我觉得这是学习国内民族舞发展趋势的最佳"课堂",比如这些年的江南旗袍秀、板凳舞等。我会思考每个舞蹈的民族性,美的动作就像摘花一样,都会给我带来创作民族舞的灵感。

自2012年起,"美华乡韵"舞蹈团多次参加地区亚裔文化节、哈维春晚,特别是高规格的大华府(包括首都华盛顿、马里兰和弗吉尼亚两个州)春晚、新年晚会、元宵晚会及一年一度华盛顿中国文化节。

舞蹈团还多次应邀参加了与来美交流的国内艺术团、艺术家的联袂演出。我创作表演的舞蹈作品均受到观众的喜爱与好评,受到当地主流媒体的关注与报道。

在那段"美华乡韵"舞蹈团演出"火爆"的日子里,我作为团长和编导,更是拿出了在黑龙江兵团文艺队创作编舞的拼搏精神。

在兵团的岁月,我和大多数知青一样,人生的甜酸苦咸都尝过了,比比长眠在黑土地中的战友,自己够幸运、幸福的了!在北大荒,无论是艰苦的劳动还是创作排练,甚至零下20度身着单薄的演出服起舞,都磨炼了我不向困难低头的意志。

在团部文艺队,我特别受到了两位专业老师的指教。一位是专业艺术团下来的导演金康民老师,他曾是话剧《北大荒人》的主演;还有一位是金老师的妻子、女高音独唱演员褚益华老师。他们对艺术满怀热爱与执着,对文艺创作热诚认真且一丝不苟,成了我后来从事舞蹈创作的最直接的榜样。

我坚持演出的舞蹈节目要原创,要彰显中国传统民族舞蹈的独特意境与优美舞姿。

我不仅在民族舞蹈的编舞上用足心思,还在演出服装上动足脑筋。我从上海当年团文艺队的"荒友"那里知道，随着城市市民文化活动的蓬勃兴起，上海演出服装市场的生意十分兴隆，各式各样的演出服装都价廉物美，这在美国是找不到的。

于是，我在回上海探亲时，会根据我要创作的民族舞服饰的要求，约上文艺队"荒友"，去服装市场定制。由于要的服装量大，老板会在价格上给予优惠。然后，我回美国时带的行李几乎都是"演出服"了。

有几年，我没法回上海，就将新设计的演出服样式传回去，让上海的"荒友"姐妹们代办和托运！

就这样，我们舞蹈团每次在美国亮相时，所穿的华丽而有特色的演出服饰，也是评委们关注的"加分点"！

2012年秋，在国会山庄前举办的中国文化节大舞台上，我们表演了原创的中国民族舞蹈《茉莉情》和《蝶之韵》。当耳熟能详的中国经典乐曲《茉莉花》和《梁祝》的悠扬旋律响起时，只见观众席上的一外国人端起录像机，弯着腰冲到台前跪蹲着录像……中美观众在享受美的同时，给我们送来了雷鸣般的掌声和喝彩声！

表演结束后，有外国女孩找到我，说中国民族舞太美了，我真想跟你学舞蹈。我此刻深深感悟，舞蹈是一种无声的语言，以后有条件可以教外国人学民族舞。

改编"兵团原创作品"获大奖

我在中国民族舞蹈编导和自演的经历中，对富有地域特性的内蒙古草原舞蹈表现手法情有独钟。这与我在的兵团连队与内蒙古莫力达瓦旗接壤有关，尤其是闻名于世的成吉思汗边墙就蜿蜒在团部北边。

记得我所在的十四连，是东北细毛羊培育基地。兵团战士在剪羊毛的季节里优美地剪羊毛的动作，激发了我的创作灵感。我编导了富有草原特点的舞蹈《剪羊毛》，我还自己领舞，首次在团部文艺汇演中获奖。

我被调入团文艺队创作组后，当时不知天高地厚，斗胆与金康民导演合作，他写歌词，我试着谱曲编舞。

根据我在连队放羊的经历与感受创作的民族舞蹈《我为祖国献羊毛》，具有很强的草原表演风格，通过特有的舞蹈动作和音乐表现了蒙古族独特的文化内涵。这支原创舞蹈在首届师文艺汇演中获得"优秀节目创作奖"。

王平表演蒙古族舞蹈

2014年，我发挥自己擅长的内蒙古草原民族舞蹈的编导特色，将兵团获奖作品改编创作为舞蹈节目《草原激情》。

蒙古民族的舞蹈文化与他们的狩猎、游牧生活有密切联系，特点是浑厚、含蓄、舒展、豪迈，风格凸显力量感，表现蒙古人民豪爽的性格。蒙古族舞蹈动作优美、大气，舞姿矫健，热情奔放。蒙古族乐曲节奏感强，舞蹈随着音乐而呈现出极强的节拍，让人不由自主地投入。蒙古族舞蹈刚劲柔和，对于肢体的力量是非常讲究的，体现在动态上的最鲜明、最有表现力的特征部位是肩、臂和腕。

我们进行《草原激情》排练时，很多演员找不到舞蹈节奏，因此肩、臂和腕的动作乱了套。我就反复播放舞蹈音乐，让每个演员能哼出音乐旋律。然后，我跟着音乐节奏，示范肩、臂和腕的动作。

蒙古族舞蹈是在音乐的配合下表现出来的，舞者的每一个动作都是根据歌曲的节奏做出的。就这样，反复地随音乐节奏排练，直到舞者动作整齐、舞蹈节奏一致。

《草原激情》经层层审核选拔，最终参加了在深圳举行的"2014文化中国·全球华人中华才艺（舞蹈）大赛"的决赛，获"十佳表演奖"。

2016年，我们"美华乡韵"舞蹈团又以新创作的舞蹈《沂蒙情怀》，在第二届

2016 年新创作的《沂蒙情怀》荣获金奖。王平与北京舞蹈学院著名舞蹈教育家潘志涛等三位评委在颁奖后合影

海外"桃李杯"国际舞蹈大赛华盛顿赛区参赛并荣获金奖。

2017 年中秋之际，我们原创的舞蹈《吉祥雀歌》与全国侨联组派的"亲情中华"访美艺术团演出节目一起，在"秋月乡情"综艺晚会上获得好评。大幅彩色剧照被选登在报刊封面上。

2018 年，作为唯一一支华人艺术团队，我们应邀参加马里兰军部举办的多元文化团结日活动的演出，表演的中国传统腰鼓舞受到官兵们的热烈欢迎！一位官员第一时间在脸书上发出我们腰鼓舞的剧照并加以赞扬。

同年末的华府新年晚会上，我们又以精心创作的舞蹈《青花蓝与中国红》让人耳目一新，令观众感受到海外游子心里共有的那份源源不断的乡情，使得华人观众赞不绝口。

恢复高考专攻民族舞蹈

在每次获奖之后，我都会感恩这一切得益于 1977 年国内恢复高考，让我这个在农场失去上大学愿望的青年，得以考入北京师范大学，不仅圆了梦，还干上了自己最喜爱的舞蹈编导一行。

20 世纪 90 年代，我先后成为上海交通大学本科生、研究生和舞蹈选修课指导教师。退休后直至赴美前，我在三所老年大学、一个社区学校的八个舞蹈班任教，自编教材，因材施教，创作的舞蹈多次参加市、区的文艺汇演并获奖，我还有幸获得"上海市老年教育先进教师"荣誉证书。

如今虽身在海外，但延续十多年的教学、创作热情依旧。

一半以上学员从零基础开始的舞蹈普及班起步，逐步成为"美华乡韵"舞蹈团的"骨干演员"。我们的舞蹈团不仅积极参与地区的公益活动，还每年雷打不动去当地老年中心慰问演出。

如今团队的舞蹈表演水平更是今非昔比，令人刮目相看！"美华乡韵"舞蹈团的演出剧照和有关报道，已数次登上当地主流媒体的头版。

在美国有两则文艺新闻，让我更加感到在海外传播中国民族舞的意义深远。

一是中国民族民间舞蹈等级考试 7—9 级在美西部洛杉矶圆满收官。我看到中国民族民间舞等级考试的教材推广是极具现实意义的，对海外舞蹈学习者来说，有了统一的结业标准，对我们教民族舞的老师而言，也有了教学依据，更有利于今后中国民族舞融入世界标舞大赛！

二是 2023 年 9 月在美国国会山中国文化节上，华裔少年跳黎族竹竿舞成为"爆款"，为世界"舞"出中华传统。我是通过两位华裔中学生创办的"载道"网站获悉的。7 月底，她俩听说中国文化节缺个竹竿舞，就在网上招收舞者，并从自家后院锯下竹竿作道具，还请来著名民族舞老师当指导，40 天解锁古老的"东方健美操"，并在中国文化节上一鸣惊人！由此，我深深体会到中国民族舞花开海外，不仅吸引许多华二代、华三代，还让越来越多外国民众感受到中国民族舞民间舞的文化魅力！

当看到中国民族民间舞的绚丽之花盛开在异国舞台时，心中那份喜悦和自豪是不言而喻的……

作者简介

王平，旅美华人。

1950 年，出生于上海。

上海向明中学六六届初中毕业生。

1968 年 8 月，赴黑龙江生产建设兵团六十七团务农，后调团文艺宣传队任舞蹈演员及舞蹈编导。

1977 年，考入北京师范大学。毕业后在上海卢湾区教育学院师范部任舞蹈教师。

2009 年，赴美国定居。在中文学校任舞蹈教师，开办舞蹈普及班，并创建了华人舞蹈团，让中国民族舞蹈在海外弘扬传承，取得显著成绩。

三次赴美——从读书到创业

何佩鑫

被推荐上复旦并连读研究生

我在 1965 年考入上海中学，1969 年 3 月到吉林省梨树县沈洋公社翻身大队第二生产队插队务农，1973 年 9 月被推荐去复旦大学化学系稀有元素化学专业读书。

我的大学学制是三年半。班里同学们入学前的教育背景差异很大，有"文革"

前已经准备高考的六六届高中生，也有没有读过初中文化课的六九届初中生。考虑到这一因素，第一个学期是中学补课阶段。也很奇怪，可能是年纪大了，理解能力强了，过去初中高中需要五六年学习的内容，我在补课阶段的一个学期内就已完成，并没有觉得有很大困难，至少在课程内容的理解方面没有问题。

进入大学课程学习后，当时学校强调教育和生产实践相结合，每学期都有一定的时间去工厂开门办学。开门办学期间，老师们除了讲解有关化学原理和生产工艺流程外，还常让同学分组做分析测试，或完成一些有关生产的课题。三年半的学习过程里，没有一次测验和考试，但大多数同学都很努力。

我们曾去京华化工厂开门办学。这个厂生产氧化锌和锌钡白，在焙烧的过程中产生的烟道灰经喷淋回收后，含稀散元素（镓铟铊）。我们分成几个小组用分光光度法测量不同稀散元素的含量，一方面学习光分析原理，另一方面完成实际样品的测量。在上海试剂二厂，我们看到了化学试剂生产的工艺流程和测试，有些是我们的常用试剂。在燎原化工厂，我们看到了大规模生产的氯碱工业。在跃龙化工厂，我们在稀土生产车间待了两周，看到了上百级的逆流串级萃取，用于稀土元素的分离（例如镨钕）和纯化（例如氧化钇）。

我的毕业论文的课题是石油化工废催化剂的贵金属钯的回收。当时的感觉是，如果有足够量的废钯催化剂，则值得做工业规模的回收。

我们在大学期间上课较少，书本知识学习也较欠缺，但是见识了许多化学工业，培养了分析问题和解决问题的方法和能力，也培养了对做课题的兴趣。

1977 年 2 月大学毕业后，我和陈晓明二人被分配为分析化学教研组的研究生。我们师从邓家祺老师做电分析化学研究。邓老师是五三届的毕业生，是对研究很感兴趣的老师之一。他在 20 世纪 60 年代初只带了一名研究生，课题为钼的催化极谱。他们最早发现了钼的催化极谱波，使得钼的分析灵敏度比传统的极谱分析方法提高了数万倍。邓老师还喜欢无线电技术，我们给他做学生前，他完成了阳极溶出伏安仪的研制。他对我们说，他不担心我们的化学知识和背景，但是希望我们能学好电子技术和数学。由于当时中国的科学技术比较落后，在"文革"中发展停滞，实验室的设备都十分老旧。学好电子技术就能够自行开发研制实验室仪器设备。分析化学是一门高度依赖实验设备和测量技术的学科，而数学是理解电极过程动力学和传质过程解析的重要手段。

除了英语课外，我们并没有其他的课堂教学。邓老师要求我们自学一本英文专著，同时自己找研究课题。我们做的课题是痕量砷的阳极溶出伏安法测量，采用在玻碳电极上同位镀金膜的方法，可将砷的检测下限达到 ppb 量级。后来有了自行研制的差分脉冲极谱仪后，检测下限更是达到了 ppt 量级。

完成此项工作后，我们又继续进行了痕量碲在金膜电极上的阳极溶出伏安法测量，同样达到了相似的测量灵敏度。

我在 1980 年全国化学学会的年会上就这两项工作作了报告，并分别发表在《化学学报》上。

在做电分析化学研究的同时，我们去物理系无线电专业听课，先后听了晶体管电路和运算放大器、数字逻辑电路、计算机原理等课程。因为是旁听，我们没有教科书，没有作业，也不能做实验，好在电子技术的参考书到处都有。邓老师的实验室有一个 SB05 的小示波器，做几块铆钉板，就可以将元器件焊上去并连线，我们就可以自己做各种电路实验。一学期下来，我们基本掌握了晶体管电路及运算放大器的原理，就设想自行研制一台差分脉冲和常规脉冲极谱仪。懂得电化学方法的测量原理和用以实现测量的电路原理后，制作一台这样的仪器就没有技术障碍了。

1978 年春天，长春应用化学研究所的汪尔康教授来复旦大学访问，到了我们的实验室，看了我们自行研制的脉冲极谱仪，十分赞赏。汪教授建议我们给《分析化学》杂志投稿。他当时正是《分析化学》杂志的副主编。

1979 年 2 月，我们研究生试点班毕业。我被分配在分析化学教研组做教师。这以后我继续了一段时间的科研工作，直至出国进修。

在此期间，我们完成了污水中痕量三硝基甲苯的测量方法的建立。

我们用差分脉冲伏安法，同时测定了微量 DNA 水解产物中的鸟嘌呤和腺嘌呤的含量，从而建立了一种快速测定 DNA 之（G+C）/（A+T）比值的方法，灵敏度比层析分离后紫外吸收法提高了两个数量级，测量时间也大大缩短。

此外，我们继续开发研制了循环伏安仪、交直流极谱仪、相敏交流极谱仪、计时电位溶出仪。

1979 年，复旦大学科教仪器厂决定生产脉冲极谱仪，型号定为 F78 脉冲极谱仪，可做差分脉冲极谱、常规脉冲极谱和直流取样极谱。该仪器生产至 1986 年。

第一次出国两年进修

1980 年年初，化学系确定了要送我出国进修。此事由于我们分析教研组的组长宋鸿锰老师和我们的研究生导师邓家祺的极力推荐，也得到了化学系的大力支持。当时的环境下，以工农兵学员的身份出国做访问学者的情况极为罕见。1980年 10 月中旬，我到中国驻华盛顿大使馆集训时，使馆工作人员说我们这一批来美的人员中有迄今为止最年轻的访问学者。我十分感谢复旦大学的安排。

我去进修的学校是伊利诺伊大学香槟分校，师从化学系的 Larry R. Faulkner 教授。

Faulkner 教授的研究方向主要是电化学和光谱化学。我先做了两三个月的荧光研究。有一天他问我是否有兴趣做微机化的电化学测量仪器，他知道我有电化学仪器设计的学习背景。虽然我在复旦大学修过计算机原理，做过 Algol 60 的简单编程，这却是我第一次接触微处理器。开发工具实际上就是一个汇编器，能产生二进制的机器码，然后写入 EPROM（可用紫外线擦洗的可写只读存储器）用于微机的控制。在掌握了微机的指令系统、外部设备［串行口、并行口、计时器（Timer）、键盘输入、外接荧光屏的显示、数字绘图仪等］，以及数模转换器（DAC）和模数转换器（ADC）用于计算机和外部的模拟世界的联系方式后，就可以开展微机化的电化学测量仪器的研制了。由于我对电化学的各种测量方法和数据处理比较熟悉，所以进展极为顺利。

整个设计是以汇编语言（低级语言，二进制机器码）完成的，所以比较繁杂。包括用户界面、显示、绘图、数据的外部储存等。显示装置是一个 256 点（宽）×192 点（高）的黑白显示屏，每一个点就是 1 位（1 bit）。总共是 49152 bits。每一个内存是 8 bits，所以是 6K（6144）内存。要用此屏幕显示文字并且作图，需要先做一个字符库，将来给出 XY 坐标，便能在此位置显示某字符。作图时给出 XY坐标，程序就需要计算对应于哪个内存地址的哪一个 bit。现在想来挺麻烦的，当时年轻没觉得有很大困难就用汇编语言实现了。作图是用的 Houston HiPlotter 数字绘图仪，分辨率为每英寸 200 点。普通信纸（11"×8.5"）是 1700×2200 点。控制时用的是上、下、左、右、左上、右上、左下、右下 8 种位置移动，以及抬笔和落笔两个动作。也是要先产生一个字符库,将来可以在不同的位置用不同大小的字体写字并画图。此外我用汇编语言写了数据处理的程序,例如滤波平滑、导数、积分、峰电位、峰高度、峰面积搜寻及计算、最小二乘法线性回归,以后还用 AMD9511 算术协处理器完成了傅里叶变换的汇编语言程序。

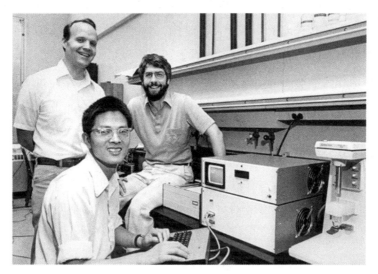

1982 年初,何佩鑫在伊利诺伊大学香槟分校实验室完成了微机化的电化学测量仪器的研制。左一是导师 Larry R. Faulkner 教授,右一是 James P. Avery 教授

　　我用了将近一年的时间完成了整个仪器的硬件和软件设计。同一台仪器允许 20 多种常用的电化学测量方法,而且切换方便快速。程序和数据超出了微处理器的 64K 存储器大小限制,于是我采用了存储器分页方法。

　　这项工作使我在 1982 年 3 月初的匹兹堡分析和光谱化学的年会中的电分析化学研讨会(Symposium)上获得大会报告的邀请。会后,美国《分析化学》杂志(*Analytical Chemistry*)的编辑邀请我组稿,在当年 10 月期美国《分析化学》杂志的 A 页上发表这项工作。A 页是专门刊登分析化学各领域的综述文章和最新进展工作的。匹兹堡会议是美国分析化学界的盛会,包含分析化学的各个领域的学术会议及测量仪器展览会,有 3 万多人参加。我因此有机会看了许多分析仪器的展台。当时的仪器基本上还都是模拟和数字电路的仪器,极少有微机化的仪器。在这方面我们确实处于领先状态。

完成两年的研究工作后，到了回国的时间。回国之前，教研组来问我在美国读学位的可能性。1982 年起国内实行了学位制度，教研组觉得如果能读学位则会有助于将来的工作和发展。我问了 Faulkner 教授。他说应该可以，事实上一年以前他就和系主任讨论过我读学位的可能性。他认为我的工作（微机化仪器的研制、自动 iR 补偿、蒽醌磺酸盐在汞电极上的吸附研究等）可以满足博士论文的要求。但是不同于欧洲可用论文答辩授予博士学位，美国的学校必须完成其他的一些要求，例如入学考，通不过的课程必须补课，还需承担至少一年的助教工作，修完 5 门专业必修课和选修课（每门课必须满足每学期四学时的课程），通过 Cumulative Exam（累积考试，别的校系可能是资格考）、Preliminary Exam（预试），参加两次 Seminar（文献和研究工作的讲座），撰写毕业论文并通过最后的论文答辩。通过论文答辩和将装订好的论文交到学校的有关部门，就可以毕业了。Faulkner 教授说由于我的身份是访问学者，自己也从未表达过读学位的愿望，他没有向我提起过他和系主任的讨论，以免产生不符合本人意愿和派出单位意愿的导向。

第二次出国四年读博

1982 年秋天回国工作后，应复旦大学化学系主任吴浩青先生的要求，我给化学系有兴趣的教师和研究生开了一个学期的应用电子学的课程和实验，目的是让化学系的教师和研究生掌握一些实用电子技术，工作中可能有用。为此，我还制作了十来台带有三组电源和不同波形的信号发生器的实验平台。

同时应上海分析仪器厂的要求，我和他们合作开发了微机化数控多通道气相色谱仪温度控制系统，采用 PID 算法，通过控制可控硅的导通周数比（而不是导通角，导通角控制会造成电压瞬变的干扰信号），达到控制功率和温度的目的，控制精度可达摄氏 0.1°。由于双方配合得十分密切，此项工作于 1983 年暑假的近两个月内完成，当时也是一项十分领先的工作。

与此同时，教研组出面帮我申请再次赴美读学位。经学校各级同意后，我于 1983 年 5 月向伊利诺伊大学提出了读学位的申请。由于各种手续和签证都需要时间，等我再赴美时已经是 1983 年 9 月，开学已经两周了。

经过一年零一个学期的学习和各种要求的考试，以及两次 seminar 讲座，我于

1984 年 12 月完成了论文及其答辩。我论文答辩的当天，陈晓明到达美国，和我同在 Faulkner 研究小组做研究。

正式将论文交到学校是 1985 年 2 月，但正式毕业是 1985 年 5 月春季学期结束后。这时国内政策允许做博士后了。经复旦大学同意后，我在伊利诺伊大学和普渡大学共做了一年半的博士后研究，于 1987 年 1 月返回复旦大学工作。

1987 年初再次回国工作后，恰逢国家自然科学基金启动青年基金。青年基金只提供给不超过 35 岁的年轻研究人员，资助强度大于面上基金项目。这是我最后一次机会。我于春夏之交提交申请，10 月接到通知去成都答辩。我的课题是化学修饰电极中电荷转移动力学研究。据说是根据评审人员的打分积分排名进行挑选。化学领域一共有 10 个候选人。

复旦大学科技处出面帮我申请国家教委的青年教师基金并大力推荐，项目是计算机在分析化学中的应用。

此外，我还申请了上海市科委的基金。

1989 年，复旦大学出面帮我成功地申请了国家教委的霍英东研究类奖。

第三次出国创业并回馈母校

1990 年初，我在复旦大学工作满三年后第三次出国。

在美国工作了一段时间后，我们产生了另一个想法，即自己办个电化学测量仪器的公司。我们有技术上的优势，也不需要很多的启动资金。公司最好是在美国办，因为有较好的材料来源和全球市场。

我们于 1994 年 4 月在孟菲斯注册了 CH Instruments 公司。

到了 1994 年 12 月底，我们收到了第一个订单，是从摩托罗拉来的。

1995 年初，我们收到了几个订单，都是美国大学的，其中一个来自我们的教授朋友。1995 年 3 月，我们收到中国长春应化所汪尔康教授的一个订购 7 台仪器的订单。这是我们当时收到的一个很大的订单。到 1995 年年底，我们当年销售了 20 多台仪器，之后销量逐步增加。

作为曾经下乡的青年，在复旦大学度过的日子是我们人生中至关重要的阶段，从本科教育、研究生教育乃至留校任教、出国进修等十余年的岁月中，一路走来，我们得到了母校一贯的支持和帮助。没有这段经历就不可能有如今的发展，我们一直怀念在母校学习和工作的日子，关注母校的发展，希望能给复旦大学做点事情。2012 年，我们作了一次捐赠，支持复旦书院建设。2019 年我们再次捐赠，成立了"复旦大学陈晓明何佩鑫校友基金"，襄助家庭经济困难学生和学校教育事业发展。

作者简介

何佩鑫，旅美华人。

1952 年 9 月，出生于上海。

1969 年 3 月，上海中学六八届初中毕业，赴吉林省梨树县沈洋公社翻身二队务农。

1973 年 9 月，复旦大学化学系学生。

1977 年 2 月，复旦大学化学系研究生试点班学生。

1979 年 2 月，复旦大学化学系助教。

1980 年 10 月，美国伊利诺伊大学化学系访问学者。

1982 年 10 月回国，任复旦大学化学系助教。

1983 年 9 月，赴美国伊利诺伊大学化学系博士研究生。

1985 年 5 月，美国伊利诺伊大学化学系博士后。

1985 年 11 月，美国普渡大学化学系博士后。

1987 年 2 月，复旦大学化学系讲师。

1988 年 6 月，复旦大学化学系副教授。

1990 年 1 月，美国伊利诺伊大学访问学者。

1990 年 7 月，美国生物分析系统公司资深电化学工作者。

1993 年 8 月，美国孟菲斯大学化学系助理教授。

1996 年 8 月至今，美国 CH 仪器公司创始人及经理。

从美国归来创办首家民办护理高校

沈小平

由于回国 20 年来对上海经济建设和社会发展作出的突出贡献，2022 年 12 月 8 日，上海市市长龚正为我颁发了"上海市白玉兰荣誉奖"。这对于我一个在美学成归来的上海市海外教师来说，是莫大的荣幸和鼓励。我这一生回想起来，下乡和留学，是自己最重要的两段成长经历。

从下乡青年到硕士研究生

1951 年 11 月，我出生在上海市愚园路 81 号的一幢老式洋房里。那里原是我外祖父、当年中共地下党市委书记张承宗的故居。我父亲当年作为地下党员经常来此活动，母亲也经常为地下党组织做联络工作，解放后全家就一直在此居住。

2001年，这幢老房子作为上海市首次运用整体推移技术的建筑，被整体东移了133米，经过修复后挂牌为"中共上海地下组织斗争史陈列馆暨刘长胜故居"，我住过的那间屋子也被布置成地下革命活动展室，正式对外开放。

身处这样的环境，我自幼接受着一种比较正统的教育。从小学起，我的功课如果得四分的话，就要受到父母和老师的批评。1965年考进上海市重点中学——市西中学后，我经常听到就读北京大学、清华大学和中国人民解放军军事工程学院的市西老校友回母校作报告，不禁被激起一番雄心壮志。

1969年3月，17岁的我离开上海到吉林省怀德县和气公社和气九队插队务农，开始了意想不到的艰难生活。白天太阳升起前就下地参加生产队的劳动，晚上太阳落山后才收工回家，住在点着昏暗的煤油灯的房子里，想想自己今后的人生路该如何去走。

1971年，命运向我打开了一扇窗户。我和数十名怀德县上海青年有幸一起被招工到内蒙古科尔沁草原的总后五七军马场当工人。这里虽处草原深处，荒无人烟，但总算开始了"有工资、吃食堂"的生活，月薪37元9角5分，大家戏称自己是"3795部队"。

头一次吃菜肉包子时，我一下子吃了12个，外加两大碗粥，第一次有了饱腹之感。吃饱了就要好好干！三个月后，由于我带领知青打草班出色超额完成了任务，受到场政治处的通令嘉奖，随即被调去担任八连子弟学校教员。坐在教师办公室里，有条件看书啦。在那里，我把握住了人生中一次重要的机会。

1973年，由于我平时非常注重看书学习，各方面表现出色，两次全场子弟学校教师文化考试均名列第一，受到各级领导的关注，幸运地被推荐参加工农兵大学生入学考试。我以优异的成绩名列前茅，拿到了军马场唯一的大学名额，进入长春白求恩医科大学（以下简称"医大"）学习。儿时的梦想似乎兜兜转转又回来了。

毕业留校担任医大二院内科医生不久，改革开放的春风开始吹拂大地，我意识到我们的黄金时代降临了。我加倍如饥似渴地学习，要将失落的时光都补回来，并开始积极备考肾病内科专业硕士研究生。

当时条件不好，炎炎夏日蚊子猖獗，屋内没有空调，我就把双脚泡在凉水盆里降温，坚持每天学习到深夜。拿到研究生录取通知时才发现，全身上下都是蚊子包。

研究生毕业后，我终于被分配回到了日思夜想的家乡上海，到上海市第六人民医院担任内科主治医生。在工作中，我逐渐感觉到自己的外语水平和科研能力确实还差很远，外文书籍一天也看不完几页。看来攀登的标尺还得刻上一个新的高度。

为了攻克外语，除了学习英语强化班课堂上的内容，我还想办法买来国外英语教材，背单词、练会话，并积极与国外医学院校知名教授联系。不久，我收到了美国俄亥俄州立大学医学院的录取通知书，于1988年第一次乘飞机去美国留学。

主治医生成为海外优秀华教工作者

初到异国他乡，我遇到了极大的困难。首先就是外语关。即便在英语上做好了相当的准备，自认在国内时英语不算太差，可是我在机场跟接机的导师寒暄几句之后，居然就无法再深谈了，只能以微笑应答。我意识到自己的不足，开始拼命练口语与听力。三四个月后，就能比较自如地与美国导师和同学交流了。

留美的日子过得飞快，我转眼完成了医学博士后研究，留校担任美国国立卫生研究院（NIH）资助的IgA肾炎研究计划协调人，之后又进入医学生物信息学研究室工作。这段时期，我曾先后在国内外专业杂志上发表了近30篇论文。

在美国站稳脚跟并初见成效后，过去国内学生时代热衷的社会工作又向我伸出了双手。如何报效培养哺育过我的祖国，促进中美文化教育科技交流，时常在我脑海里转悠。

我先后担任过俄亥俄州立大学中美文化交流协会主席、俄州现代中文学校校长和董事长、全美中文学校协会总干事和副会长、美国中西部中国科技文化交流协会会长等社团职务，策划过俄州华人春节联欢晚会和国庆中秋晚会等各种大型活动，邀请组织过中国艺术团、中国民族舞蹈团、南京小红花艺术团和上海东方小伙伴艺术团等多个国内文艺团体赴美访问演出，为弘扬中华优秀文化，促进中美文化教育交流做了许多有益的事情。1999年，我荣幸地被国务院授予"海外优秀华教工作者"荣誉称号。

鉴于广大旅美华人华侨、中国留学生在海外的杰出表现，由杨澜率领的上海东方电视台"杨澜视线"摄制组，不远万里来到美国，采访了包括我在内的许多代表人物。我也曾应新华社香港分社邀请，于 1997 年中国对香港恢复行使主权之际参加香港举办的盛大庆祝活动，见证了这个难忘的历史时刻。

1999 年 10 月 1 日，应国务院侨办的邀请，我作为 800 名海外华人华侨国庆观礼嘉宾代表之一，出席了天安门广场国庆五十周年阅兵式观礼和人民大会堂国庆招待会，受到党和国家领导人的接见。我也曾作为旅美华侨华人代表，应邀赴纽约华尔道夫大饭店，受到赴美进行访问的中共中央政治局常委、国务院总理朱镕基的亲切接见。听到朱总理召唤华人华侨回国服务的讲话，我激动不已，决心回国创业，报效祖国。

外公张承宗曾长期在上海从事中共地下党的领导工作，尤其是在 1947 年担任上海地下党市委书记，以及在新中国成立后历任华东纺织工业局局长、上海市副市长和市委统战部部长，与宋庆龄同志有过长期的联系和接触。1996 年春，外公在上海华东医院病危时，曾急招我从美国回来看护，我在病房里陪他度过了整整 14 个日日夜夜，听外公讲了许多当年的故事，外公一再要求我在美国学成后一定要回国为宋庆龄的事业贡献力量。我先后担任了中国宋庆龄基金会理事和上海宋庆龄基金会海外理事，为中国儿童福利事业贡献自己的力量。

身为美国国家儿童癌症治疗（中国）联合委员会总干事，我曾联络了一批国际著名儿童肿瘤专家，为提高中国儿童癌症治愈率不遗余力、到处奔走。2002 年，我与上海宋庆龄基金联合会主办首届"关心中国儿童癌症研讨会"，共同创立了关心中国儿童癌症基金。

回国创办上海最大的护理高校

2003 年，我从美国回到上海浦东新区，决心用自己所学的知识和各种资源，回报养育过自己的祖国。我来到筹建中的上海思博职业技术学院，带领助手叶萌，经过九个月的筹备，牵头创办了上海民办高校系统第一家卫生技术与护理学院，并担任院长、教授。

这所学院是由上海市政府批准、教育部备案的，并被纳入全国高考统一招生计划。我认为高校应当树立起一切为教学第一线服务的观念，尊重教育的基本规律，把以德育人、成才先成人摆在极为重要的地位，将政治思想教育、人文教育、道德教育和职业规范化教育融入教学计划之中。我提出了"勤勉、诚信、仁爱、敬业"的院训，教育学生"以人为本、诚信服务"，树立"一切以病人为中心"的整体护理理念。

我和同事们积极引用美国先进的医疗护理技术和行业标准，狠抓教学质量，带领护理学院全体师生努力拼搏，在上海市民办高校系统中打响了专业品牌。

为了进一步提高学院的教学质量，2008年，我邀请了以上海市护理学会理事长翁素贞为首的"上海市护理学会考察团"一行26人，于2008年1月16—31日对美国俄亥俄州立大学医学中心等医疗卫生机构进行了为期两周的考察与培训。

考察团成员大多来自我校护理实习基地医院，包括复旦大学、上海交通大学、上海中医药大学等附属医院及上海市公共卫生中心等医疗机构的护理部主任及主管。我陪同考察团一行来到我的美国母校俄亥俄州立大学的医学中心。俄亥俄州立大学医学院常务副院长赛德·马克教授、护理学院副院长凯伦教授、大学总医院副院长兼心血管医院副院长戴维斯教授、哥伦布儿童医院副院长兼首席护理官琳达教授、总医院麻醉科教授夏云博士，以及癌症医院住院护理部主任克瑞斯博士等会见了考察团全体成员。

在会见仪式上，俄亥俄州立大学医学院常务副院长赛德·马克教授和护理学院副院长凯伦教授等分别作了热情洋溢的欢迎词，并向大家详细介绍了各附属医院和护理学院的概况。考察团成员参观考察了护理学院、总医院、心血管医院和癌症医院，并在哥伦布儿童医院听取了护理专题讲座。

在美期间，考察团一行还参观考察了洛杉矶等地数家医院的临床护理系统，并就我校护理专业人才培养模式和课程设置等问题进行了充分的磋商。这次设计并组织的此项出国考察与培训活动，对护理学院积极推进校企（院）合作，深度开发教学合作的有关项目，切实有效地夯实教学实习基地的组织建设，进一步提高教学质量具有重要的意义。同时，在积极促进对外交流的活动形式上也是一个富有意义的尝试和实践。

2011年2月17日，应美国威士廉大学沃特梅德中心和中国文化俱乐部的邀请，我前往俄亥俄州戴乐维市为该校美国大学生作了题为《我的经验，我的故事，美国毕业生在中国的事业发展前景》的演讲，介绍了中国改革开放和发展的现状，

2023 年，沈小平及家人在美国阿拉斯加游轮上

以及在上海创办民办高校卫生技术与护理学院的经验与感受，回答了有关美国院校毕业生和专业人才到中国创业和发展的具体问题等，受到与会者的欢迎。结束后，威士廉大学沃特梅德中心主任约翰·布斯教授在致谢词中说，沈小平的演讲为他们上了生动的一课，很有参考价值。

走出一条有品牌的特色办学之路

从无到有，我们思博学院走出了一条与众不同的办学道路。根据临床医院一线的需求，学院开设了"多元文化与护理""循证护理""护理信息学""护士人文素养"这四门与国际医疗行业接轨的特色课程，创建了第一个医院信息管理系统实训室（HIS），给学生们打开了全新的国际化、信息化视野。

此外，我带领团队引进美国国际护士执业资格水平（ISPN）考点项目，与欧盟护理教育专家对接完成通用能力 31 条衔接国内的初步调研工作，创新中国护理办学理念和课程体系对标欧盟护理专业质量标准与学分转换积累系统（ECTS）。我们首次制定了以学习成果为导向的中国护理专业本科及高职护理专业的课程参考框架英文版，并对最终形成教育部《中欧高等教育学分互认和转换指导纲要》

的制定起了重要作用。

办学 20 余年后的今天，上海思博学院卫生技术与护理学院每年六七百名的毕业生，已经成为各大医院急需的护理人才。"勤勉、诚信、仁爱、敬业"这八字院训篆刻在每一个思博护理人心中。毕业生多年来在医疗卫生一线深耕发展，捷报频传。

2019 年，沈小平接待荷兰鹿特丹市市长（右二）来学校访问

2020 年，我院 60 余位毕业生随国家暨上海市援鄂医疗队和中央军委组织的医疗队奔赴武汉抗疫一线的感人故事，得到了各级官方媒体多次报道。

疫情防控期间，广大毕业生逆行而上，分批跟随上海援鄂医疗队员在武汉雷神山、金银潭等 17 家医院、28 个病区，参与救治病患的艰苦卓绝战斗。广大青年教师、学生党员在线上教学、心理救助，社区治理、志愿服务等战场上发挥了主力军作用。在筹集捐款工作中，学院教职工纷纷慷慨解囊，为国分忧，为奔赴武汉抗疫一线的毕业生们购买慰问品。

在宣传工作中，我们以历届毕业生抗疫救治事迹为重点，充分利用官微、官网为平台，持续报道历届毕业生、在校生抗疫事迹，再现白衣攘甲、救死扶伤的动人事迹。学院累计报道抗疫事迹近 40 篇，刊登了我作为院长撰写的《致我亲爱的学生"最美逆行者"》的一封信，鼓励全体毕业生树立信心，全面夺取战"疫"胜利。在医护人员慰问工作中，全体教职工自除夕夜战"疫"号角吹响起，日夜关注疫情发展动向，克服物流运输限制等多方困难，为抗疫一线医护岗位毕业生们寄去慰问用品，使她们感到巨大温暖和鼓舞。

2022年疫情的大上海保卫战中，我以"白衣使命、责任担当"为主题向全体师生发出一封信，一方面阐述疫情当前情况与校园防疫措施，另一方面倡导护理学院师生们肩负白衣使命和责任担当，以更科学的方式防疫。在校园封控期间，我多次来到封控宿舍楼外与同学们互动，加油鼓劲，多次深入学生宿舍，加强学生舆情引导、心理健康指导和人文关怀，以捐款、防疫物资发放等方式给予贫困学生切实帮助。

我还积极联系中国宋庆龄基金会捐赠了价值22万元的防疫物资，为校园疫情防控工作提供重要物资保障。特别是2022年全国各地疫情此伏彼起，大量思博学子纷纷踊跃参加上海奔赴海南医疗队，支援全国抗疫一线工作。

由于多年来对文教卫生教育事业和对外交流活动作出的贡献，国务院侨务办公室曾授予我中国"优秀海外华教工作者"称号，上海市人民政府先后授予我上海市华侨华人专业人士杰出创业奖、上海市归国华侨侨眷先进个人等。2009年以来，我还荣获"上海市级教学成果一等奖"两项和"上海市级教学成果二等奖"两项，以及"上海高等学校市级教学团队带头人""中国民办高等教育先进个人"等荣誉称号。

目前我还担任世界中医药学会联合会护理专委会副会长，中华护理学会英文杂志《国际护理科学》编委，上海市高职高专医药健康类专业教指委副主任兼医药分专委主任，上海市护理学会理事/护理教育专委会副主任，上海海外联谊会常务理事/教育文化专委会副主任，美国国际儿童癌症治疗（中国）联合委员会总干事，美国俄亥俄州立大学中国事务顾问等。此外，我主持教育部中欧联合调优研究护理专业项目等十余项省部级课题，主编40余部专著及教材。

我曾数次在学院的大会上告诉我的学生：我这一生回想起来，就像是在不停地追求一个又一个梦想，实践着自己永不满足的人生价值。我的最后一个梦想，是在故土，用自己的心血和知识，浇灌一批又一批鲜活的幼苗，看着他们成材，为中国和国际医疗护理事业贡献力量。没有中国40余年的改革开放，就没有我的

2022年12月，上海市市长龚正（右）给沈小平颁发"上海市白玉兰荣誉奖"证书和奖章

今天；没有当年务农的经历，就没有我今天坚韧不拔的奋斗精神；没有出国留学和工作，就没有我今天放眼世界的国际视野。

作者简介

沈小平，美籍华人。

1951年11月，出生于上海。

1969年3月，从上海市市西中学赴吉林省怀德县务农。

1973年，被录取为长春白求恩医科大学医疗系学生。

1985年，硕士研究生毕业后回沪担任上海市第六人民医院内科主治医生。

1988年，赴美国俄亥俄州立大学医学院留学、工作。

2003年，回沪创办上海民办高校系统第一家卫生技术与护理学院，是上海市海外名师，国家外国专家局科教文卫类专家。

现任上海思博职业技术学院董事、副校长，卫生技术与护理学院创始院长，教授。

改行当电脑培训师的波折

刘　珏

屈指数来，离开上海远赴北美已三十余载。从美国到加拿大，留学打工，改行求职，历经我被老板炒鱿鱼和我炒老板鱿鱼的职场起伏，直到最终实现周游世界的梦……回望过去不胜感慨，一路走来起起伏伏，长长短短的故事很多，取其一段，与朋友们分享。

艰难的选择

1998 年 3 月那个繁星闪烁的夜晚，我对正在看电视的先生说："我决定改行学

IT（电脑信息技术）!"

先生沉默片刻说："你不后悔?"

"后悔?! 有其他出路吗?"我反问。

我何尝不明白，人有选择的自由，却没有后悔的权利。人生没有回头路。只是与过去说再见有些沉重，更有太多恋恋不舍。

我与文学结缘已有 20 多年。当年上山下乡时，文学是寂寞时光的陪伴，默默地写啊写啊，指望她助我一力跳出修地球的困境。1978 年考大学时，我选择的是汉语言文学专业，研究生读的是中国现代文学，去大学教书和后来在社科院从事研究的是中国现代文学和戏剧，赴美读的是比较艺术博士……文学艺术是我的事业、我的坚守。犹如相处多年的老夫老妻，她已潜移默化融入我的精神血液。

然而，严峻的生存现实像长长的鞭子不断抽打着我：要生存，要发展，要安居乐业。我的专长无以致用，何以给自己和家人提供物质生活保障？倘若我逃避现实，沉醉清高自大固步自封，结果只会被无情的社会现实抛弃。为维持做人起码的尊严，为担起义不容辞的家庭责任，为自己和家人的幸福未来，我必须重新思考今后的人生路。

在美国俄亥俄大学读比较艺术博士时，我曾动过转行的念头，学图书馆学会计学教育，哪一门都比比较艺术的工作前景广阔。可我就读的俄亥俄大学规定，超过 150 个学分就会被纳入"专业学生（professional student）"，你可以转其他专业继续当学生，但不得申请学校的奖学金。对我们这一代留学生来说，奖学金乃维持家庭生活的保证，没有物质基础作后盾，想改换门庭也只能望洋兴叹。

盼星星盼月亮，总算盼来有大学对我的学历感兴趣。几个回合交流下来，学校说不能用我，他们只考虑拥有绿卡的求职者。去移民局一打听，如果申请到大学终身教职，就符合特殊人才资格，半年内能够搞定绿卡。

没有工作不可能有身份，没有身份何以谈找到工作？荒谬可笑的现状真让人左右为难、无所适从。

移民身份、寻找工作和衣食住行，像套在头上的一条条紧箍咒，压得我透不过气来。正当身陷进退两难、举步维艰之困境不知所措时，加拿大移民带来一线光明。经过填表面试体检，数月后，一家人成功移民到加拿大。

春暖花开的四月，加拿大还淅淅沥沥飘着雪花。一家人踏上了移居加拿大的旅程。透过车窗玻璃望去，大地一片寂静。与美国相比，加拿大显得空旷安静。

加拿大地广人稀，工作机会比美国少得多。多伦多的大学寥寥无几，文学艺术系教职是稀缺资源少之又少，并早已一个萝卜一个坑，根本轮不到我这外来户。

去教中文行不行呢？不说机会少得如大海捞针，即使能找到，也只是合同工，工资低且没有任何福利，更没有稳定的工作保障和发展前景。

学文学艺术的，没有一技之长，即便肯找个一文不值的职位，也投门无路。

1996 年夏，在多伦多一公司面试客服职位的场景，令我至今刻骨铭心。

面试官问："我们需要双语职员，你会中文吗？"

"当然会。"我胸有成竹。

"你今后主要面向我们的香港客户，要求会读、会写、会说广东话。"

"中文读写绝对没问题，听和说广东话需要进一步学习。"我小心翼翼地回答。

面试官听罢惶然不解："不会听说，你怎么能说会中文？"

那时来多伦多的大多是香港移民，在当地看来，中文与广东方言画等号。孤陋寡闻的面试官只认广东话为中文。面试结果可想而知。堂堂大学的中文系老师居然中文不够格，让我哭笑不得也。

加拿大让人无所适从的现状比比皆是。根据加拿大人力资源部的规定：符合领取失业金标准的人，政府可资助其学习职业技能。找不到工作何谈失业？没有失业何以得政府教育资金？政府可以慷慨解囊给难民提供酒楼住宿一日三餐，可对技术移民来说，踏上加拿大土地的第一天，自己的选择自己负全责。当然如果落到一贫如洗的地步，又另当别论。

初到多伦多时，我曾因租房问题寻求政府部门的法律咨询。没想到咨询部工作人员的第一个反应是："你们为何不申请社会福利？"说罢，拿出一沓表格让我填。没有工作没有收入来源便可以由政府养着。一旦获得政府福利，生活无忧，且职业培训费用均由政府补贴。加拿大实在慷慨大方！

天上真能掉馅饼！就看你接不接？有手有脚有文化的我们，岂能落到不劳而获靠他人养活的境地！我所接受的教育、我自小到大形成的人生价值观，不允许我接受这个来之太易的大馅饼。我摆摆手谢绝了。再苦再难，我要靠自己闯出一条生存之路。

当然，勤劳肯干的人在加拿大绝对饿不着。进不了大学任教，进工厂打工还是有机会的。人生像个陀螺，转了个大大的圈又回到 20 多年前，卖苦力挣饭吃。水果店做收银、化妆品厂做包装工、电子厂流水线上做插板工……那年月，每小时工资六块八毛五。谁说不为五斗米折腰？已过不惑之年的我为了"五斗米"，正在与没多少文化且年轻力壮的人拼比体力。身体上的苦和累，还有精神上无处排遣的孤独无奈，唯亲身经历和体验过的我们这一代移民才能感同身受。咬着牙一分一厘积攒资金以求另辟蹊径的机会，内心深处不甘不屈的倔强支撑着、激励着筋疲力尽的我。

重新读一个学位已时不我待，当务之急是明确就业方向。所选职业必须既能迅速进入职场又含金量高。前思后想权衡左右，改行 IT 乃最佳选择。

不能不说，加拿大独特的人文环境给了我改辕易辙的勇气和决心。没有年龄性别歧视，没有学历和门户偏见，市场需求和个人能力主导一切。改行有几分把握？成功机遇有多少？试试才能见分晓！

五个月后的蜕变

随着各行各业中电脑使用的普及，IT 成为就业市场的香饽饽。到处急需电脑编程和管理人员，各种电脑培训班应运而生。我几乎调查研究了多伦多所有的电脑培训班，最后决定去 ACE Center（高级电脑培训中心）进修。给自己定下具体目标，3 个月拿下一门电脑编程语言，6 个月找一份电脑编程工作。

不是自己凭空胡思乱想，电脑中心的培训老师 Dicky 就是我的榜样和我的奋斗方向。Dicky 不到 20 岁，还是一个毛头小子，高中毕业已在社会上闯荡。小伙子对电子计算机理论和历史一无所知。他说得倒轻松："我喜欢音乐，用电脑编程玩音乐。没有人教过我编程，买一本《21 天学通 C 语言》(Teach Yourself C in 21 Days) 的书，在家看看就玩上了。"如今 Dicky 各种电脑编程语言都得心应手，他有一份正式工作，在培训中心只是兼职。原来他正在筹备创业公司，初出茅庐雄心勃勃。必须承认有人天生是电脑编程奇才。Dicky 嘻嘻哈哈说："我的师父是书，我只是转卖书给你而已。师傅领进门，修行看个人。"

Dicky 教的第一门课是"电子计算机编程 C 语言"。想去图书馆借本《21 天学通 C 语言》的书来看看，然而学电脑成风的年代，热门的电脑书根本借不到。

去书店买一本？走进书店一看，吓一跳！一本书80多元。不赚钱还得搭钱，纠结得很。"买还是不买？"买，书太贵；不买，没法学习。想一咬牙一跺脚买下，拿起又放下，80多元，一个多星期的吃饭钱啊。

书店老板很通情达理："如果你没法下决心买，可以先看看。"

找了个僻静之处坐下，快速地看完第一二章，三笔二字草草做下笔记。连奔带跑回家去，将所学的编程语言输入电脑。就这样日复一日蹲书店，居然把书中每个章节的语言要领全部背了下来。

那日，培训中心的老板对来接我下课的老公说："你老婆好学生啊，不到一个月，C语言掌握得溜溜的。"

若见我天天在书店坐地上拼命默记书本的模样，不知他作何感想。

北美的电脑培训纯粹以实用为核心，这一切的基础来自通俗易懂的教材。我不能不为这些学以致用的教科书点个大大的赞。只要能读懂英文，大脑思维清晰，掌握电脑编程语言不是天方夜谭。

当然，要学好学精成为名副其实的IT精英，还得具备严谨的形式逻辑思维能力和善于想象的创造力。思辨清晰想象力丰富，那是我的强项。原以为改行

那些年刘珏的部分电脑书

IT 乃不得已而为之，没承想越往深里钻研，学习兴趣和热情越大，效率也越来越高。

如法炮制，但凡已出版的能够找得到的电脑编程语言书，我都削尖脑袋弄来做了一遍。Visual Basic、C++、SQL、Microsoft SQL、Oracle database……我与 IT 较上劲了。经过一系列学习和考证书的强化训练，短短 5 个月，我从电脑编程小白一跃成为电脑信息技术的内行。

朋友君说，光学不干很难找到工作，没有工作经验就无法找到好工作。经她保荐，我进入 Sys-X 电脑资讯公司任义务编程员。

公司老板指示：一个月内必完成公司指定的项目。完不成走人，若保质保量完成即可转成正式员工，还补发一个月工资。

项目接下来了。编程用的是市场上不多见的语言 progress。一个月里，我要学一门新语言，要研究项目流程，并将其落实到每一行代码中。

时不我待，我废寝忘食，几乎到了忘我境界，中魔似地不知疲倦地写代码，项目做完了，工作落实了，我累趴下了。

昏昏沉沉发了 2 天烧，退烧后犹如死而复生般大彻大悟，学好干好需要能力，而日复一日劳精劳神写代码还需强壮的体力。半路出家已不年轻的我必须寻找一条适合自己走的 IT 路。

寻寻觅觅的焦虑

手里有一份工作，就有了"骑着马找马"的资格。高楼万丈平地起，想觅得一份力所能及的可心工作，本身就是复杂不易的大项目。

"知己知彼百战不殆"。我先将加拿大各公司招聘电脑人员的广告列表成册，逐一研究各大公司招聘的详细信息。IT 就业市场上无非几大方向：电脑编程、电脑系统管理、电脑技术培训和咨询。我学习能力强，易于接受新事物，善于与人打交道，从事第三类工作方能扬长避短。

经原国内一大学电脑系主任刘兄指点，我根据求职侧重点重新调整简历，一遍遍修改，力求精准简练。读着字斟句酌后最终定稿的简历，连我自己都产生一种非我莫属的感觉。

打上不同公司地址抬头，一份份打印邮寄。200多个信封200多张邮票里包装着200多份简历，纷纷扬扬悄然无声地飘入求职的汪洋大海。

焦急地等啊等，等来一个个东奔西跑的求职插曲。

有一次，我前往多伦多附近某小城的政府部门。走进市政府大门，长长的楼道里可见人来人往，每个人都西装革履，所见之人皆向我行注目礼。

过来一位身材高大略显肥胖的中年人，面色严肃且带有几分傲慢，官样化地打招呼后，没有一句多余的话，直接发卷开始考试。

在空荡荡的房间里，手握厚厚一堆试卷。一小时后，交试卷走人。

我和他彼此似乎都没有进一步询问的欲望。加拿大政府部门的办事人员大多和蔼可亲，如此冷漠实属少见。或许恰逢他今日心情不佳，或许小城少有异族人，不知如何应对。出了市政府大楼，先生摇摇头说："肯定没戏。"

还有一次，我来到多伦多市中心某银行。怕坐公交车时间不好控制，为防迟到，我提前一个小时来到银行大楼。门外徘徊着几个年轻人，一问，都是与我殊途同归的面试者，人人都比我年轻十来岁。

银行扩展业务，急着增添电脑人员。面试官办事干净利落，只问有何值得称道的工作成就？是否有不断学习的兴趣和热情？能否独立面对和解决工作中的难题？三五个问题，问完走人，简单利索。面试的人很多，橄榄枝没有抛到我身上。

那日，我在家中突然收到面试电话。一番询问，得知对方公司电脑管理系统的负责人突然离开，招聘者急需电脑系统的管理人员。可能对方招人心切，也可能因为我对答如流，对方希望我立马上任。我犹豫："让我考虑一下，明天给你答复。"面试者误以为我对薪资不满，立刻补充道："薪资待遇可以面议。我们不会让你失望。"

对方越是在乎我，我越发惶恐。电脑系统管理不是谁想干就可以干的。系统管理涉及整个公司的运营，系统不出错便罢，一旦发生故障，若不及时排除，后果将不堪设想。没有人带我实干几天，我哪里敢接。"没有金刚钻，不揽瓷器活"，我手里有几把刀子，但离金刚钻还差一大截火候，我不缺自知之明。

到手的山芋又香又甜，可惜太烫了难以下咽。

心心念念想要的，却得不到；轻轻松松给你的，又无力去拿。在日复一日寻寻觅觅的焦虑不安中，我煎熬着。

执拗的坚持

小时候，我得到父母的最高评价是死犟。认定的事情，不撞南墙不回头，为此我挨过母亲许多鞋底板子。长大了成熟稳重了，但骨子里的倔强或多或少潜伏着。很难评价自己性格的是非功过，个性就是局限，而局限又是作为个体区别于他人的存在价值。

我坚持不懈地寻找属于我自己的 IT 立足点。其实寻找工作的过程也是脚踏实地了解就业行情，了解自我需求自我定位的过程，需要时间，更需要恒久的耐心和洞察世事的眼力。

1998 年感恩节前夕，我期待已久的那个"真命天子"出现了。

家中电话收到留言："我们收到你的简历。如果你仍然有兴趣申请培训师工作，请于下周二上午 11 点来杰德爱德华公司面试。公司地址电话是……"

杰德爱德华公司？发了一堆简历，半年多过去了，怎么也记不起谁是杰德爱德华公司了。

打开面试备忘录一行行查找。哇，是她？该公司创建于 1977 年，是一家专业从事 ERP（企业资源计划）软件开发和咨询服务的著名公司。公司总部设在美国科罗拉多州丹佛市，在世界各地 60 多个国家和地区设有分支机构。我申请的是该公司在加拿大的分公司的职位。加拿大分公司主要提供 ERP 软件的客户培训和技术支持。我的意向职位是软件培训师，这就是我心心念念寻找的工作。

你相信人的第六感觉吗？我信。见面试官的第一眼就感觉有戏。彼此自报家门，得知他叫安杰勒·爵蒙、该公司加拿大培训中心的最高负责人。

"我已了解你的电脑知识和技能，想听听你对培训师工作的理解。"安杰勒问。

"培训师首先要具有公司日新月异的电脑知识和技术，需要运用现代培训理念和手段让学员们获得能够胜任其工作的各种技能。授课老师与听课学员的关系建立在彼此的交流互动之上。比如软件的系统安装、数据管理，以及软件与不同公司电脑设施的兼容和调整，每个公司电脑系统设备装置皆不同，课堂教学应掌握共性与个性的结合……"我有条有理地回答。

　　我边说安杰勒边赞赏地点头，还不时插问。

　　我在中国教过小学中学和大学。他对我的教学经历特别感兴趣，尤其是我在俄亥俄大学独立给本科生开课的四年北美教学经验。

　　一番对答下来，他和蔼可亲的微笑和颇为赞赏的点头，点燃了我心中的希望之火。

　　当然大公司并非那么容易进。他告诉我，接下来还有第二轮面试，还要让技术部门鉴定我的教学能力，另外还要3封推荐信和人事部门的审核和面试。因为他马上要去日本出差，接下来的面试将安排其他负责人来主持。

　　面试和教学展示顺利结束，我以为胜利在望，没想到一盆冷水从头浇来。

　　圣诞节前夕，我收到安杰勒电子邮件："非常遗憾，我不能接受你为培训师。但我很珍惜你的学识和能力。如果愿意，我想推荐你去公司技术咨询服务部门。"

　　课堂教学是我的强项，是我最得心应手的技能。即便他已否定我，我也不想轻易放弃，犟劲又上来了。

　　我给安杰勒回电邮："非常感谢您对我的欣赏和推荐。我认为我是一个不可多得的电脑教学人才。我就是你一直想找的那个人。如果你给我一个机会，我会向你证明：我将是你最好的员工，你会为我的能力和人品而骄傲。假如可能，希望你能在百忙之中给我5分钟，我想明白为什么我不能得到这个机会，我想当面亲口与你说再见。"

　　安杰勒回信了，让我次日去他办公室。

　　我们又见面了。安杰勒说："非常遗憾我不能雇用你。"

　　能感觉出来他对我的善意和好感。

　　"如果可以的话，能告诉我什么原因吗？"我小心翼翼地问。

　　"他们认为你各方面都很优秀，可惜英语有口音。我们直接面对客户，语言要求高啊。"他感叹。

　　有口音就不能当老师了？我得据理力争一下。

　　"我知道我说英文有口音。来自五湖四海的移民，谁没有口音呢？"

　　"是啊，我是英格兰移民，也带口音的。"听得出来他不想让我太失望。

　　"我想，问题的关键不是有没有口音，而是能不能胜任招聘的岗位。大家不是认为我很优秀吗？如果他们不能听懂我说的话，怎么定义我的优秀？如果仅因为有口音而摒弃我，是不是有违职场招人原则呢？美国总统说话也有口音，难不成就不能当总统了！总统经常面对民众，他演讲时，人民大众在意的是他的能力呢还是他的口音？"我滔滔不绝一顿雄辩。

安杰勒笑了。"你口才很好，我被说服了，让我想一想，你回去听消息。希望我能带给你好消息。"

他为我重新安排了一次面试和教学展示，结局圆满。

我赢了。其实也是安杰勒赢了。他真心欣赏认可我，相信我就是他想要的员工。与其说我说服了他，还不如说我给了他说服别人的理由。

忘不了接到入职聘用书的那个日子。聘用书由挂号信寄来，我忐忐忑忑地打开封条，一看给我的薪资，先生和我激动得不由击掌庆贺。为了得到这份工作，我根本没敢提工资待遇和任何要求，但我相信凭自己能力会越干越好。意外的惊喜是，工资待遇远远超出我的预期。

朋友们见我找到称心如意的工作便来打听："面试有何窍门？""我觉得，面试实质上是一种销售，不过销售的产品是自我的智慧和能力。'老王卖瓜，自卖自夸'，把自己当成优质产品来推销，面试就成功了。"

我兑现了自己对安杰勒的承诺。进公司后，我得到客户的高度好评，年年被公司评为优秀员工。我兢兢业业地为公司创造利润和价值，随之而来的是公司奖励我的奖金和股票。更重要的是，在新的工作岗位上，我重新寻回了一个文化人不可缺少的自尊自信和事业心。

作者简介

刘珏，加拿大籍华人。

1953 年，出生于上海。上海徐汇区日辉中学六九届初中毕业。

1970 年 3 月，下乡到南京军区安徽生产建设兵团二师九团，曾任副连长。

1978 年，考入安徽大学中文系。

1982 年，考入北京广播学院（现中国传媒大学）中国现代文学研究生。

1992 年，离开上海社会科学院文学研究所，赴美国攻读比较艺术博士学位。

1996年，移民加拿大后，转行电脑信息行业，在 J. D. Edwards、peopleSoft、Johnson & Johnson 等世界五百强公司从事大公司管理软件（ERP）的高级技术顾问、培训和系统管理。现退休后周游世界，去过欧洲、非洲、拉丁美洲等地区的多个国家，时不时重温年轻时的文学爱好，写作一些随笔。

我在加拿大的创业根基

马君强

第一桶金

2001年3月，我通过香港移民公司办理申请加拿大移民的手续批下来了。6月，我从上海来到加拿大西部阿尔伯塔省的埃德蒙顿市，一下飞机还是感到有很大落差。与移民公司的介绍和书籍上查到的信息不太一样，这个阿尔伯塔省的省会，同时也是加拿大的第五大城市，市区人口才90万，其中华人约4万，规模比我想象中小了很多。

　　我是个六八届初中生，虽然后来读过大专课程，但英文基础很差，所以碰到的第一个困难是语言关。好在我在 1974 年自找出路时曾到江苏靖江乡镇企业做销售员，1979 年回上海后在国企工作，1986 年辞职下海经商，去浙江温州合伙办私营企业。在这些实践的过程中，我积累了从外贸来料加工、出口订单加工，到自创产品出口的初步经验。带着这些经验，我用了两三个月的时间调研，对加拿大市场有了清晰的了解，也为自己的创业找到了机会。

　　首先，加拿大资源丰富，出口基本由美国公司代理，而中国当时正在放开外贸进出口，由于中国具有劳动力市场的优势和密集型产品加工的竞争力，中国制造的服装、日用品等低价值商品在世界上已经到处都是，中国如此快速的发展必然形成对各种资源的大量需求，进出口贸易正是改革开放初期的一个新兴产业。

　　其次，出于环保的要求，加拿大政府为促进工厂或者民用的回收物质的再生利用，出台了一些措施，这些商品在购买时附加了回收费用，比如买啤酒要加啤酒瓶回收费，买电器用品要加电器产品报废处理费。简单地讲，政府从销售产品开始，就已经从消费者手里收到了保护环境、处理产品污染的费用。而这些回收费、报废处理费在环境保护局有专门的账户，用于回收企业补贴。比如你建立一个瓶子回收站，政府按回收瓶子数量给你补贴；你建立一个报废汽车处理工厂，政府按你处理的报废车辆给你补贴。

　　再次，同样出于环保的要求，加拿大政府对冶炼工厂的建立和管控非常严格，造成再生利用工厂的稀缺。尽管政府制定回收废金属政策，起到了保护环境的作用，但对这些可回收再生利用的资源缺乏处理能力，要么堆积在一个处理工厂，要么没有价值地运到可以处理的地方。比如废纸、废塑料、废金属都没有进入再生利用的渠道，主要原因是没有做到有序化的分类，没有寻找到合理的最终买家。

　　最后，我在中国时期已经对浙江台州地区废金属拆解市场有了一定的了解，于是迫不及待地在加拿大注册了一家公司，并在中国台州地区找到了合作的企业，请了有拆解经验的工人，也从中国运来了简易的打包压制设备，开始利用国内的生意背景，做进出口贸易。

　　我在加拿大的回收工厂教会了那里的工人如何根据废金属回收再生利用、生产环节的材料分类、打包压制。比如有色金属中的废铜就可以分成紫铜和黄铜两个大类，而紫铜又可以分成 1 号光亮废铜（含铜量 99%）、1 号废铜（含铜量

96%—97%）、2 号废铜（含铜量 93%—94%）、3 号废铜（含铜量 90%—91%），这些不同的废铜都有不同的规格要求，混在一起积少成多，再要分类，人工方面将会产生很大的费用。黄铜又可以分成青铜（铜锡合金）、普通黄铜（铜锌合金）、白铜（铜镍合金）等，每个废有色金属元素的含量不一样，材质的变化也不一样，废金属回收来自十几或者几十个小的区域回收站，如果从基层就开始分类堆放，每一吨的人工分拣费用就会省下很多。而每个品种分类得越干净，销售给不同工厂使用时价格也就会越高。

就这样，当年我的公司年出口量就达到 8000—10000 吨。可想而知，从基层开始分类省下的人工费用，和分类价格的提高，再加上国际贸易差价的正常利润，所产生的盈利就已经是一个很高的部分。每年有近 400 个集装箱被运到亚太地区，2001—2018 年那个时候主要是运到中国。而阿尔伯塔省在加拿大的西中部地区，当年中国出口的商品多，所以集装箱回亚太地区的利用率低，有时候是空箱运回去的，凭我们的集装箱数量就可以拿到一个比其他零散客户更好的价格。几年下来，公司的废金属回收出口的国际贸易做得红红火火。

近年来，随着中国进口废金属的要求提高，国内企业需要评估环保处理能力和资格，每年定点定量发放环保批文。而国外供货企业需要中国质检总局派驻外国的质检公司作"进口可用作原料的固体废物供货商注册登记申请书"的评估，对企业的规模、设备，尤其是放射性探测器的要求，对企业从事出口可用作原料的固体废物的操作时间，对出口可利用有色金属的检验要求也越来越高。我公司前几年已经在企业管理出口验收、质量控制上参照国际废金属协会 ISRI 标准和中国限制进口的可用作原料的废物目录为依据，以严格遵守《控制危险物品越境转移及其处置巴塞尔公约》为原则，坚决按中国国家环境保护局、国家技术监督局《废物进口环境保护管理暂行规定》执行，在 2015 年就申请了企业 ISO9001 认证证书。我们公司成了加拿大西部第一批拿到中国质检总局批准的"进口可用作原料的固体废物国外供应商注册登记证书"的国外企业。

通过 20 多年的发展，我们的企业不但为增添加拿大员工就业、增加企业纳税和促进加中贸易发展作出了很大贡献，而且为我在加拿大背井离乡第一次创业打下了一片天地，赚到了第一桶金，让我走上了在海外创办企业的成功之路。

总结起来，这里面既有加拿大企业生存环境的土壤，也有加中两国贸易互补互需的机遇，更有我们这一代人身上具有的吃苦精神和面对压力不屈服、顽强努力的可贵品质。

贸易再发展

2012 年，我受贵州省政府和第二届中国（贵州）世界酒博会委托，带领加拿大四家葡萄酒厂和一家啤酒厂参会。当时酒博会有个"引进来，带出去"的口号，就是把世界各国的名酒引进来，带着贵州的酒走向世界。在这次酒博会议上，我与贵州茅台酒进出口公司签了"茅台飞天""茅台王子"和"茅台迎宾"共一个集装箱的酒。由于我在加拿大当地华人圈子有一定影响力，加上酒还未到，我们就在华人圈子里做推广宣传，结果，货到后一个月就销售了一半，三个月就全部销完了。当时，加拿大的最大华人报纸《星岛日报》以《贵州茅台熏醉加西刘伶》为标题，做了大篇幅的宣传报道。

在酒的销售中，我们碰到了来自中国不同地方的华人华侨，每个地方的人都希望喝些自己家乡的酒，都问我们有没有其他的中国白酒。得到了这个信息，我陆续和国窖、泸州老窖、孔府、杜康、五粮液、洋河、习酒、北京华都等工厂签订了加拿大代理。我们在多伦多、温哥华两个大城市的华人社团举办"家乡酒品尝会"。虽然加拿大华人数量目前只有 300 万，但是我相信通过宣传和推广，可以让更多的华人喜爱、了解中国各个地域的名酒。并让中国人带着他们在国外的朋友一起来了解中国白酒、品尝中国白酒，做好中国白酒文化的宣传，让加拿大人了解中国，让中加两国人民的友谊延绵不绝。

随着中国移民越来越多，中国白酒在加拿大的市场也越来越大。中国白酒进入加拿大的品种、数量多了，问题也来了。加拿大是联邦制国家，十个省的酒类管理政策都不一样，你必须去每个省注册登记，需要的时间很长。而且，由于加拿大酒类管理有规定，加拿大不能开酒类专卖店，各种中国白酒只能在政府统一的酒铺开展活动。但是中国白酒在洋人的眼中是不能放在威士忌、白兰地一类的，当然也不能放在葡萄酒一类，放在哪里都不合适。

中国白酒进入华人圈子并不难，但总不能只是在华人圈子里卖中国的酒啊。于是我们设想在温哥华开一家中国白酒品鉴店，在每个展示间摆放中国的地方名酒。同时采取了很多洋人能接受的办法，比如用中国白酒调鸡尾酒，让洋人的酒吧能出现中国白酒调的鸡尾酒，逐步让洋人知道中国也有好酒。刚开始时可能度数高了一点，洋人喝一口会有点惊讶，但喝习惯了也会喜欢。这些问题经过这几年的磨合，慢慢得到了解决。我们现在很多中国白酒有了大量的洋人客户。

另外，我们华人企业在海外销售中国白酒，不能光为了赚钱，还要宣传中国文化、推广中国品牌。中国是一个拥有五千年悠久历史的文化古国，我相信我们在做酒的时候也会讲好酒的故事，讲好中国的故事，只有让洋人知道中国悠久的传统文化和中国悠久的酒文化，才会被洋人看得起，才有我们海外华人扬眉吐气的日子。我们参与当地上层社会活动，在一些政治人物的竞选活动宴会上赞助中国白酒；我们不但赞助华人社团的各种活动，而且赞助洋人的节日、洋人的活动。我们还经常拿中国的名酒参与洋人的慈善拍卖活动，将拍卖的钱捐给慈善活动，这样做既推广了我们的中国白酒，又宣传了中国人博爱世界、善于助人的精神。

从 2012 年开始进口中国白酒，到目前，我们已经逐步成为中国白酒在加拿大的主要销售公司。我们坚信，通过全体员工的努力，中国白酒在加拿大销售不仅仅是对中国酒的宣传，也是对中国文化、中国品牌的宣传。

促进加中文化交流

作为一位成功的华人企业家，在融入加拿大社会后，我也经常参加一些社会活动，以促进居住国和祖籍国之间在文化、经贸上的交流，为增强加中两国人民的友谊起到桥梁作用。2012 年 2 月，恰值加拿大总理访问中国，我和贵州省外侨办进行联系，在他们的大力支持下，贵州省友好交流访问团暨贵州省杂技团首访了加拿大阿尔伯塔省埃德蒙顿市，受到了当地政府、华人社区，以及中国驻卡尔加里总领事馆的热烈欢迎和大力支持。

这次访问虽然只有短短的几天，却收到了开创性成果，为打开中国贵州省和加拿大阿尔伯塔省的友好交往大门，以及进一步开展更广泛的互利合作打下了坚实的基础。由贵州省外侨办、国家港澳办副主任王扬女士率领，成员包括贵州省文化厅副厅长卢培仁、贵州省文化厅处长李忠东、贵州省侨办谭桦处长及主任科员曹军军在内的一行五人友好访问团，先后拜会了阿尔伯塔省政府和埃德蒙顿市政府，受到副省长道格·霍纳（Doug Horner）、市长斯蒂芬·曼德尔（Stephen Mandel）的欢迎和接见。宾主就贵州省与阿尔伯塔省及埃德蒙顿市之间的友好交流和经贸、旅游、文化及科教等领域的互利合作进行了亲切交谈，对今后的合作方式进行了卓有成效的探讨。友好交流团在访问期间还参访了麦科文大学（MacEwan），会见了中加亚太研究院副院长、亚太管理系主任魏小军博士，就双方交换留学生议题及具体交流计划作了初步落实。此外，友好交流团还特别前往卡尔加里拜会了中国驻卡尔加里总领事馆，受到王宪民副总领事及相关领事的热烈欢迎，总领事馆对贵州友好交流团初访探路、开拓合作渠道、搭建交流平台、建立友好纽带的积极努力给予高度评价，并提出许多宝贵的指导性意见，期待贵州省与阿尔伯塔省的友好交流结出丰硕成果，为中加战略伙伴关系添砖加瓦，为加深中加两国人民的友谊作出贡献。

贵州省友好交流团代表贵州旅游局与加拿大阿尔伯塔省埃德蒙顿旅游局和贾斯伯旅游局就双方旅游业的合作签署了备忘录，旨在共同推动旅游业的发展，增进两国人民的了解和友谊，促进贵州省和阿尔伯塔省的经贸、科教及文化等领域的多方面合作。贵州友好交流团的访问取得了开创性和实质性的成果。王扬副主任表示，这次访问对贵州省进一步扩大改革开放的成果，开展与北美的深入交流与合作有了良好的起步。通过与各层面的沟通，双方对未来合作的可行性、互补性进行了有益的探讨，看到了合作的广阔前景。

当地重要媒体还纷纷报道了贵州省杂技团于 2 月 6 日晚七时在埃德蒙顿温斯媲亚音乐厅的隆重演出。中国驻卡尔加里总领事刘永凤，阿尔伯塔省政府文化厅长希瑟·克利姆丘克（Heather Klimchuk）亲自观看并致词，省长艾力森·雷德福（Alison Redford）、市长斯蒂芬·曼德尔分别发来贺信。杂技团在演出中转达了贵州人民对加拿大人民的问候，向加拿大华人拜年，同时庆祝埃德蒙顿华人社区建立一百周年。当晚，容纳 1700 人的大厅座无虚席，创埃德蒙顿华人团体于温斯媲亚音乐厅举办的表演史上观看人数的最高纪录。整场 13 个节目以惊、奇、美、险、难的文化特征和艺术魅力，大展地域风民族情，让观众看到了传统杂技与时俱进的发展技巧及其与艺术的完美结合，现场许多中外观众不时发出"不可思议""令人震惊""真是太棒了"等赞叹。良性的互动在无形中讲好了中国故事，加深了中加两国人民的友谊，赢得了全场观众格外响亮的掌声。

可以说，通过短短的几天访问及杂技团的演出，在埃德蒙顿从政府到民间掀起了一股贵州热：政府层面有意组团前往贵州考察、探讨合作项目；工商界也有意组团到贵州寻找投资良机；民间更有意组团前往贵州旅游，开拓眼界、加深友谊。多层面的活动为两国友好省、市关系的建立创造了有利条件。

王扬副主任在谈到这些成果时，没有忘记当地华人社区广大侨领的作用，她还特别提到被贵州省誉为友好使者的我，称赞说："马君强先生虽然是加拿大籍的成功商人，但不忘祖籍国，有深厚的贵州情结，贵州也是他 20 世纪 60 年代下乡务农的地方，是他的第二故乡。在事业有成之后，他首先想到回馈贵州，先后资助 300 名当地贫困优秀学生，希望他们以人才和知识改变面貌创造未来。他的这一义举得到当地政府的赞扬和认可。这次贵州团到埃城，没有他的出面统筹、共同策划，调动各层面的华人力量，沟通主流社会，上下同心协力，就不会有那么可观的访问成功。今后贵州省仍然希望他以友好使者的身份协调贵州省和阿尔伯塔省的各项合作，团结各方力量，为双方的广泛合作作出贡献。"

这么多年来，类似的中国文艺团体来加拿大访问演出，我已经接待和主办了多场。虽然每次举办活动都要做大量的工作和统筹，很复杂很辛苦，但是能让中国的文化通过表演的方式来感染加拿大人，加深两国人民的相互了解和友谊，我就感到无比的欣慰。

对第二故乡的回报

2009 年 3 月，在我离开贵州省绥阳县 40 周年的日子，我重回我的第二故乡，在那里，我能感到乡亲们的热情、友好，可是看到他们的生活现状和乡村面貌没有太大的变化，我心中感慨万千，我想帮助他们。我可以给他们一笔资金作为资助，但资助只能解决一时的困难，不能解决根本问题。我和当地政府商量，觉得多大的资金资助都是一次性的资源，只有教育才是一种可再生的资源。中国目前的义务教育是九年制，为了让乡村的优秀学生不会因为家庭贫困而付不起高中学费，失去升学机会，我想资助优秀贫困学生，让他们掌握知识，提升技能和创造力，帮助家乡改变落后面貌，待他们有能力之日再继续帮助那些需要帮助的人，长期坚持下去，实现一种良性循环。于是，我和贵州省绥阳县教育局于 2009 年 3

月18日正式签订了《马君强先生助学金协议书》，我作为甲方，绥阳县教育局作为乙方，我连续三年无偿向乙方提供100万元人民币，用于资助每年100名，共300名家庭贫困、品学兼优的高中学生，绥阳县教育局负责制定具体管理办法，由贵州省外事侨务办公室、遵义市外事侨务办公室和绥阳县人民政府三方监督。

该协议书于2009年9月1日起实施。至2013年，这些受资助的300名高中生已分批毕业，以百分之八九十的升学率分别升入50所大学中的30多个学科深造。三年中，我还向这些学生中每年前十名的高中生赠送电脑一台。为此，绥阳县政府在2013年教师节上授予我"尊师重教楷模"的光荣称号。

对于受资助学生取得的可喜成果，我感到由衷的高兴。我希望有一天能和这些学生坐到一起畅谈成功的经历，交流"感恩、回报"及传递爱心的实际体会，那将是一种永远的温暖和美好的重逢。

除此之外，在2010年10月，我资助过黔南州福利院建院50年来第一位考进大学的孤儿3万元人民币，帮他解决大学期间的学费问题；2014年4月，我资助50万元人民币用于改建绥阳县达木小学，使之成为全镇第一所农村寄宿制学校；2015年5月，我资助务川县25万元人民币给砚山小学修建图书馆；2017年7月，我捐赠六盘水市教育局50万元人民币设立助学基金；2017年11月，我捐赠茅台学院教学科技奖100万元人民币以设立基金。在四川汶川地震和新冠疫情蔓延时，我都在海外带头捐献爱心。

为促进中加两国民间友好交流，我长期服务于华人侨社，主办加拿大江浙上海同乡会、联谊大会，为加拿大的海外华人华侨和祖国有关部门架起沟通的桥梁。

我觉得人生短暂，不论你拥有多大的财富或者多高的名望，也不论你有多大的希望、雄心和计划，个人所拥有的一切最终都将终止，都不重要。有生之年的价值和意义，不是你所得到的，而是你付出的；不是你的成功，而是你的贡献。至于赞助多少钱并不是我的目标，我的目标是通过这个行为，能够让人充实、让人强大或是能够激励他人。我最大的希望是让我资助过的学生拥有善良、懂得感恩，这比什么都重要。

在加拿大20余年的时间里，我由于做了一些力所能及的事情，得到国内各界领导的支持，祖籍国给了我很高的荣誉。2009年、2019年我两次应邀到北京参加国庆 60 周年、70 周年的观礼阅兵活动。2012 年、2016 年、2023 年，我应邀回国出席世界华侨华人社团联谊大会，这是海外华人回国规格最高的活动。在大会期间，我先后多次受到胡锦涛同志、习近平同志的亲切接见。2023 年 3 月，我获颁英女王伊丽莎白二世登基 70 周年白金禧年勋章，伊丽莎白女王白金禧年勋章（Queen Elizabeth II Platinum Jubilee Medal）是加拿大含金量最高的奖项。正如阿尔伯塔省前省长肯尼说："感谢他们，也正因为有像他们这样的人，阿尔伯塔省社区精神及关爱他人的精神得以延续。"

作者简介

马君强，加拿大籍华人。

1952 年 8 月，出生于上海。

1969 年 3 月，上海市凤城中学六八届初中生毕业，到贵州省绥阳县务农。

1974 年，自找出路到江苏靖江乡镇企业工作，其间在江苏商业专科学校获得大专学历。

1979 年，回上海任杨浦区工贸公司供销员。

1986 年，辞职下海自主创业。

2001 年 6 月，移民加拿大。成立 3L 金属资源回收有限公司。

2011 年 12 月，受聘担任贵州省侨办海外交流协会副会长。

2012 年 12 月，成立加拿大汉嘉酒业有限公司，代理中国白酒在加拿大市场销售。

2013 年 12 月，受聘担任中国侨联第九届海外委员。受聘担任贵州省统战部海外联谊会副会长。

2018 年 1 月，受聘担任上海市政协第十三届海外代表（委员）。

后 记

本书讲述的是上海知青在返城后，跨出国门，人生再出发的经历。

2023 年 4 月中旬，本书编委会成立，5 月开始征稿，10 月底截稿，共收到稿件 49 篇，录用 37 篇，余篇作为史料储存于上海市知识青年历史文化研究会资料库。

本书的出版，我们要感谢所有参与成书的朋友，感谢研究会领导、众多会员，以及各地知青团体给予的指导和帮助。感谢各位作者的辛勤付出，他们在百忙之中走笔疾书。

特别感谢上海颐若文化传播有限公司（老辰光网）董事长赵大砥和上海市知识青年历史文化研究会名誉会长阮显忠及海外理事周励在出版资金上的支持。

感谢上海厂长经理人才有限公司董事长肖建安为我们提供的便利……没有大家的鼎力相助，就没有本书的问世。我们打心底里感谢大家携手完成此书的出版。

让我们珍视这些岁月记忆，海阔天空扬起风帆，共同期待更美好的未来！

本书编委会

2024 年 7 月

图书在版编目(CIP)数据

海外扬帆:与新中国同成长的那代人 / 方韧主编. --
上海 :上海人民出版社,2024. -- ISBN 978 - 7 - 208
- 19105 - 1

Ⅰ. K820.7

中国国家版本馆 CIP 数据核字第 2024LH0122 号

书名题字　龚心瀚

书名刻章　贺　飞

责任编辑　张晓玲　宋　晔

封面设计　一本好书

海外扬帆

——与新中国同成长的那代人

方　韧　主编

出　　版　上海人民出版社

　　　　　(201101　上海市闵行区号景路 159 弄 C 座)

发　　行　上海人民出版社发行中心

印　　刷　上海盛通时代印刷有限公司

开　　本　720×1000　1/16

印　　张　24

插　　页　6

字　　数　383,000

版　　次　2024 年 10 月第 1 版

印　　次　2024 年 10 月第 1 次印刷

ISBN 978 - 7 - 208 - 19105 - 1/K・3408

定　　价　138.00 元